포스트휴먼 지식

포스트휴먼 지식

지식

비판적 포스트인문학을 위하여

로지 브라이도티 지음　　김재희·송은주 옮김

POSTHUMAN
KNOWLEDGE

아카넷

감사의 말

이 책의 집필을 위해 조사하는 단계에서 나는 타마르 가르브의 팀이 세운 유니버시티 칼리지 런던 고등학술연구소의 초빙 석학교수를 2017년에 지내며 지적 자극이 넘치는 이곳 환경의 혜택을 크게 입었다. 유니버시티 칼리지 런던의 전지구적번영연구소에 나를 2017년 명예 방문교수로 초청해준 헨리에타 무어 소장에게도 감사한다.

나는 독일의 바이마르 바우하우스 대학에 있는 문화기술 및 미디어철학 국제연구소IKKM에서 선임 방문연구원으로 아주 생산적인 두 달을 보냈다. 연구소를 훌륭하게 이끌어준 로렌츠 엥겔과 베른하르트 지게르트에게 감사하고, 나를 헌신적으로 지원해준 연구조교 에두아르트 콜로소프에게도 감사를 보낸다.

이 책의 내용 가운데 일부는 2017년 예일 대학의 태너 강의에서 먼저 발표되었다. 그 자리에 초청해준 예일 대학의 태너 강의 위원회와 유타의 태너 재단에 감사하고, 특히 피터 샐러베이 예일대 총장의 따듯하고 재치 있는 환대에 감사를 표한다. 엄청난 환대를 보여준 휘트니 인문학 센터의 게리 톰린슨 교수와 교직원들에게도 심심한 감사를 보낸다. 공개 토론에서 통찰력 있는 답변으로 도움을 준 조애나 레이딘과 뤼디거 캄페에게 감사하며, 일련의 세션에서 공식적, 비공식적 논평을 제공해준 여러 동료와 학생들에게도 감사를 건넨다. 또한 감동적인 소개말을 들려준 내 친구 모이라 프라딩거에게 고마움을 전한다.

이 책의 초고를 써나가는 과정 전반에 걸쳐 현명한 가르침으로 나를 깨우쳐준 제너비브 로이드에게 깊은 감사를 표한다. 매슈 풀러와 키스 안셀-피어슨의 아량 있는 통찰과 이론적 조언, 서지학적 지식에 감사한다. 마를리서 멘싱크의 따듯한 우정에 큰 빚을 졌다. 또한 내 개인 연구 조교로서 논리적이고 조직적인 도움을 한결같이 준 그뤼 울스테인, 에벨린 헤이르츠, 로런 호헌 스투벤벌트에게 감사하고 싶다. 얄라타 오스트레일리아 원주민 공동체와 함께한 '핵의 미래 미술 프로그램'에서 설치한 몰입형 예술 작품 〈응구리니Ngurini〉를 2015년에 제시 보일런이 촬영한 사진을 린다 디멘트가 소개해주어서 큰 도움이 되었다.

이 책의 몇 장은 2016년 폴 길로이와 공동 편집한 『갈등하는 인문학 Conflicting Humanities』의 내가 맡은 장과, 2018년 마리아 흘라바요바와 공동 편집한 『포스트휴먼 용어집The Posthuman Glossary』 서문에 발표되었다. 이 자리를 빌려 두 사람에게 깊은 감사를 보낸다. 포스트인문학을 위한 이론적 프레임의 초고는 2018년 5월 《이론, 문화, 사회Theory, Culture & Society》에 발표되었다.

이 책은 출판사 대표 존 톰슨의 충실한 지원이 없었다면 나오지 못했을 것이다. 나의 포스트휴먼 프로젝트에 대한 그의 지속적인 헌신에 진심으로 감사한다.

마지막으로 내 삶의 동반자 아네커 스멜릭이 보내준 지적, 정서적, 도덕적 지원에 영원한 감사를 보낸다. 함께 산다는 것은 너무나 재미있는 일이다.

차례

포스트휴먼,
너무나도
인간적인

POSTHUMAN

KNOWLEDGE

웹사이트나 디지털 서비스를 이용하는 사람들에게, 매일같이 인간임을 입증하라는 요구를 받는 것은 이제 일상이 되었다. 컴퓨터 메시지는 대개 이런 식이다. "가입을 승인하기 전에 당신이 인간임을 확인하고자 합니다." 메시지는 이렇게 생겼다.

자신이 인간임을 보여주어야 한다는 사실은 그 기본 준거가 인간적 문화가 아니라 계산적 네트워크의 알고리듬 문화임을 전제한다. 이런 일상적 사례는 현대 사회에서 인간이 물음표가 되었음을 보여준다. 오늘날에는 누가 혹은 무엇이 인간으로 간주되는가?

이것은 간단한 문제가 아니며, 우리의 포스트휴먼 시대의 맥락에서나 가장 잘 대답할 수 있다. 오늘날 무엇이 혹은 누가 인간인가는 포스트휴먼과 인간-아닌 것non-human을 다 아울러 고려해야만 이해할 수 있다. 나에게 포스트휴먼은 우리가 처한 상황을 표시하는 역사적 표지인 동시에 이론적 형상figuration이다. 포스트휴먼은 미래의 디스토피아적 비전이라기보다는 우리의 역사적 맥락을 정의하는 특성이다. 나는 포스트휴먼 조건을 선진 자본주의 경제 안에서 한편으로는 포스트-휴머니즘, 다른 한편으로는 포스트-인류중심주의의 융합으로 정의한 바 있다(Braidotti 2013, 2017). 전자는 이른바 만물의 보편적인 척도라 하는 '대문자 인간Man'의 휴머니즘적 이상을 비판하는 데 초점을 맞추는 반면, 후자는 종들의 위계질서와 인류중심적 예외주의를 비판한다. 두 가지가 겹치는 부분이 있고 일반적인 논의에서는 바꾸어 쓰이기도 하지만, 지적 계보학이나 사회적 현상에서는 오히려 구분되는 별개의 사건들이다.

이론적 형상으로서 포스트휴먼은 첨단 기술의 발전(나는 로봇인가?), 기후변화(나는 살아남을 것인가?), 자본주의(나는 이것을 구매할 여유가 있는가?)가 낳은 돌연변이들의 물질적, 담론적 징후들을 조사할 수 있도록 방향을 잡아주는 도구이다. 포스트휴먼은 진행 중에 있다. 그것은 우리가 생성하고 있는 어떤 주체에 관한 일종의 작업 가설이다. 그 '우리'가 누구인지, 그리고 그 집합체를 어떻게 개방적이고 다중적이며 비-위계적으로 유지할 것인지가 이 책 전반의 관심사가 될 것이다.

포스트휴먼에 매혹되었음을 감추기는 어렵겠지만 그래도 나는 그 개념과 비판적 거리를 두고자 한다. 포스트휴먼 조건은 '우리'—바로 이 특수한 행성의 인간과 인간-아닌 거주자들 ― 가 현재 4차 산업혁명과 여섯 번째 대멸종 사이에 놓여 있음을 암시한다. 그렇다, 우리는 다 함께 바로 여기, 알고리즘 악마와 산성화된 푸른 심해 사이에 있다. 4차 산업 혁명은 로봇공학, 인공지능, 나노기술, 생명공학, 사물인터넷과 같은 첨단 기술들의 융합과 관련되어 있다. 이는 디지털적, 물리적, 생물학적 경계들이 흐려졌음을 의미한다(Schwab 2015). 여섯 번째 대멸종은 현재의 지질학적 시대에 인간 활동의 결과로 종들이 죽어가고 있음을 가리킨다(Kolbert 2014). 더 구체적으로 말하자면, 우리는 서로 나란히 진행하면서 어느 정도는 서로를 반영하는 두 가지 형태의 가속, 즉 선진 자본주의의 체계적인 가속과 기후변화의 엄청난 가속이 접합되는 지점에 있다. 더 큰 그림을 염두에 두고자 이처럼 상충하는 힘들 사이에서 균형을 유지하는 것이 현재의 포스트휴먼 도전이다.

우리가 다다른 전례 없는 수준의 기술적 개입, 그리고 기술적 장치들과 더불어 발전시켜온 친밀함이 우리가 처한 곤경의 핵심에 ― 유일한 원인은 아니지만 ― 놓여 있다. 하지만 포스트휴먼 조건을 단지 기술적 매개의 극단적 사례로 환원할 수는 없다. 이러한 융합은, 급속한 변환transformation과 사라지지 않는 불평등의 선명한 결합과 더불어, 전지구적 차원에서 다양한 규모로 일어난다(Banerji and Paranjape 2016). 그것은 개인적 심리 및 공유된 정서적 풍경에뿐만 아니라 사회적, 환경적 생태계에도 영향을 미친다. 결코 단선적인 사건이 아니다.

나는 우리가 이러한 모순들을 지적으로만이 아니라 정서적으로도 다루어야 하며, 또한 긍정적인 태도로 다루어야 한다고 주장하고 싶다. 이런 확신은, 물론 비판적이면서도 창조적인 방식이어야겠지만, 당대에 부합하도록 행동하고 당대의 가치에 합당하게 처신하는 것이 더 중요하다는 윤리적 원칙에 의거한다. 그러므로 우리의 역사적 모순을 다소 부담스러운 짐이라기보다는 지속가능한 현재와 긍정적이고 희망찬 미래를 구성할 수 있는 요소로 보고 접근해야 할 것이다. 이렇게 접근하려면 우리의 익숙한 사고방식과 기존의 가치를 과감히 바꿀 수밖에 없다 해도 말이다.

포스트휴먼의 위치를 단지 변환의 여러 모순적인 속도들의 수렴 지점으로 기술하는 것으로는, 변환이 야기하는 고통과 불안은 물론이고 그것이 생성하는 긴장과 역설들에 근접조차 하지 못한다. 그런 맥락에서는 '대문자 인간'이라는 보편주의적 관념도, '안트로포스Anthropos'가 예외적 존재라는 주장도 우리가 이런 도전에 어떻게 대처해야 할지를 설명하기에는 충분하지 않다. 이런 낡은 입장들은 첨단 기술적 매개의 시대, 그리고 인류세Anthropocene[1]로 알려진 생태학적 재난의 시대에 지식이 어떻게 생산되고 전파되는지를 이해하는 데 도움을 주지 못한다. 인문학적 오만이 아니더라도, 다차원적 복잡성을 받아들이지 못하면 아무도 21세기를 편하게 보낼 수 없다.

포스트휴먼 조건은 얼핏 보면 독자에게 대파국을 쉽게 말한다는 인상을 줄 수 있지만, 이 책에서 나는 이 상황에 대한 더 복잡하고 통찰력 있는 설명으로 이런 부정적인 평가에 대해 균형을 잡고자 한다. 이 책은 포스트휴먼 융합의 적극적인 잠재력을 강조하고 그 융합에 긍정적으로 대처할 도구들을 제공한다. 기회을 추진할 수 있는 힘은 긍정이지 절망이 아니다. 이 책은 포스트-휴머니즘적인 접근과 포스트-인류중심적인 접근의 수렴에서 출현하고 있는 앎의 새로운 방식들과 자기 이해의 형태들을 다룬다. 두 접근 방식 사이의 분석적이고 계보학적인 구분을 유지하면서, 나는 두 방식의 융합이 현재 새로운 방향으로의 질적인 도약을 산출하고 있다고, 즉 포스트휴먼 지식을 생산하고 있다고 주장한다. 이것은 단일한 발전이 아니라 갈지자로 나아가는 경로들로, 다양한 포스트휴머니즘 입장들과, 또한 다양한 네오-휴머니즘[2] 주장들의 개정안을 아우른다. 인간을 구성하는 기본 단위가 무엇인가에 대한 현대의 연구들을 전부 다 개괄하는 것은 이 연구의 범위를 벗어난다. 그에 대해서는 이미 다른 책에서 다루었다(Braidotti and Hlavajova 2018).

이 책에서는 이중의 목표에 초점을 맞추고자 한다. 우선, 출현하는 포스트휴먼 주체들의 특징을 개괄하고, 다음으로 이런 주체들이 (포스트)인문학 분야 안팎에서 만들어내고 있는 새로운 학문을 탐구할 것이다. 나는 수많은 작동 원리들과 추론의 메타 패턴들을 감지하는 지도그리기 cartography를 제시하고, 그것들을 분석하고 평가할 비판적 틀을 제공하고자 한다. 이 책의 밑바탕에는 포스트휴먼 융합이 위기이기는커녕 ─ 멸종의 표지도 아닐뿐더러 ─ 오히려 풍요롭고 복잡한 역사적 이행을 나타낸다는 확신이 깔려 있다. 또한 포스트휴먼 융합은 위험으로 가득하면서도, 인간과 인간-아닌 행위자들 모두에게, 그리고 인문학에도 스스로를 재발명할 엄청난 기회를 제공한다. 하지만 모든 이행들이 그렇듯, 이를 위해서는 상당한 인내와 더불어 어떤 비전과 실험적인 에너지가 요구된다.

이 책의 목적은 실생활의 조건에서 포스트휴먼의 기초를 가르치는 것, 포스트휴먼 주체의 대안적 구성들을 찾아내는 것, 급속히 팽창하고 있는 포스트휴먼 지식 생산을 평가하는 것, 긍정적인 윤리학 안에 포스트휴먼 인식 주체들과 그들의 지식을 기입하는 것이다.

1장에서는 이론적, 정서적 용어들로 포스트휴먼 융합의 규모를 개괄할 것이다. 2장에서는 무엇이 포스트휴먼 주체로 간주될 수 있는가를 다루고, 출현하고 있는 포스트휴먼 주체성의 패턴들을 추적한다. 3장에서는 포스트휴먼 지식 생산의 이점을 따져본다. 4장에서는 비판적 포스트인문학Critical PostHumanities의 부상을 살펴보고, 빠르게 움직이는 인지 자본주의의 풍경들 속에 그것을 위치시킨다. 5장에서는 포스트휴먼 사상의 기존 패턴들을 분석하고 이것들을 평가하기 위한 구체적 실천을 논의한다. 6장에서는 긍정의 윤리학과 이것이 요구하는 시간적, 공간적 규모의 변화가 어느 정도인지를 더 깊이 파고들어간다. 끝으로 포스트휴먼 저항의 끝없는 잠재력과 생명 그 자체의 소진될 수 없는 본질을 다루면서 마무리한다.

이제 이 서론의 말미에서 내가 로봇인지 묻는 질문에 답해야 할 것 같다. 아니, 나는 로봇이 아니다. 하지만 내 최고의 친구 몇은 로봇이다! 나는 포스트휴먼, 너무나도 인간적인 포스트휴먼이다. 이는 내가 물질적으로 신체화되고embodied 뿌리박혀embedded 있으며, 변용하고 변용되는 힘을 갖고서, 급격히 변화하는 포스트휴먼 시대를 살아가고 있음을 의미한다. 이 모든 것이 어떤 의미인지를 지금부터 설명할 것이다.

1장

포스트휴먼 조건

POSTHUMAN
KNOWLEDGE

융합

　지금까지 일상 대화, 공적 토의, 학술적 토론 등을 통해서 인간에 관한 논의들, 더 구체적으로 말하자면, 어떤 기본 준거 단위를 가지고 인간이라는 존재를 정의할지에 관한 논의들이 이루어져왔다. 그러나 역사적으로 볼 때, "당신은 인간이라는 말로 무엇을 의미하는가?", "우리는 충분히 인간인가?" 혹은 "인문학에서 인간이란 무엇인가?"와 같은 질문들은 인문학자인 우리뿐 아니라 누구에게도 익숙한 질문이 **아니다**. 습관의 힘에 이끌려 우리는 대문자 인간Man, 인류Mankind, 혹은 (언제나 서구의 것으로 가정되는) 문명을 당연한 사실처럼 이야기한다. 우리는 서구 문명의 가치를 가르치고 인권을 지지하도록 권장하면서, 정작 '인간'이 실제로 무엇을 의미하느냐를 토론하는 훨씬 더 성가신 임무는 생물학자와 인류학자에게 넘겼다.

모든 것에 대해 질문하는 데 익숙한 철학마저도 인간이라는 문제를 분과학문적 사고의 규약과 방법 안에 던져놓고서 다루었다. 그 결과 이 논의는 인간Human을 통상 그것이 **아닌 것**에 따라 정의하는 이원론적 대립의 담론적 패턴으로 늘 빠져버렸다. 그래서 데카르트에 따르면, 인간은 동물이 **아니고**, 연장된 타성적 물질이 **아니고**, 사전에 프로그램된 기계가 **아니다**. 이러한 이분법적 대립은 부정에 의한 정의를 내놓았고, 이런 정의는 탁월한 사유 존재로서의 대문자 인간이라는 휴머니즘적 비전 안에서 구성되었다. 대립적 논리가 항수라면, 이런 이분법적 대립의 실제 내용은 역사적으로 변화할 수 있다. 그래서 존 멀라키(2013)가 재치 있게 말했듯이, 동물은 데리다(2008)에게는 죽음의 지표, 들뢰즈(2003)에게는 생명의 지표, 아감벤(1998)에게는 탈-인간화의 지표이다. 그러나 이러한 변주들의 효과는 핵심적인 주제, 즉 유럽 철학 안에서 인간/인간-아닌 것의 구분이 갖는 결정적인 기능을 거듭 주장하는 것이다.

그러나 인간/인간-아닌 것의 이분법적 구분은 계몽주의 이래 유럽 사상의 토대였으며, 이러한 구분을 채택하지 않는 문화도 많이 있다는 점을 반드시 기억할 필요가 있다(Descola 2009, 2013). 이것은 토착 인식론과 우주론에서 배울 수 있는 통찰과 이해의 힘이다. 비베이루스 지 카스트루가 웅변했듯이, 인간/인간-아닌 것의 구분의 이론적 작용은 대분할Great Divide을 실행한다. 즉 "인간 종을 인류학상의 서구인의 생물학적 유사물로 만들고, 다른 모든 종과 민족으로부터 타자성을 박탈하여 공통된 것으로 뒤섞어놓는 것 역시 배제의 태도이다. 실로 무엇이 우리를 타자들과 구별하느냐고 묻는 것 자체가 이미 대답을 담고 있다. 그 경우에 진짜 문제가 되는 것은 오직 '우리'뿐이기에 '그들'이 누구인지는 별 차이가 없다"(Viveiros de Castro 2009: 44). 그는 토착 관점주의가 모든 종을 가로지르는 '다자연적' 연속체를 상정하며, 모든 종이 조금씩은 인간성에 해당하는 관념을 나누어 가진다고 주장한다. 토착민들은 그 종들이 영혼을 가지고 있다고 본다는 것이다. 즉, 인간/인간-아닌 것의 구분을 종과 유기체들 사이에서가 아니라, 그들 각각의 **안에서** 작용하는 차이로 본다(Viveiros de Castro 1998, 2009). 이러한 개념적 작업은 인간-아닌 것들을 비롯한 모두에게 공통적으로 공유되는 인간 본성이 있다고 가정한다. 이런 접근을 '애니미즘'이라고 부른다면 핵심을 놓치는 것이다. 왜냐하면 아메리카 인디언의 관점주의가 우리에게 "각각의 모든 존재는 이미 동물, 식물, 혹은 영적 자연이라고 구분되고 정의되어 행동하고 있을지라도 다른 존재들에게는 그 자신이 나타나는 그대로―인간으로―나타난다"(Viveiros de Castro 2009: 68)고 가르쳐주기 때문이다. 다시 말해서 각각의 실체는 차이적differential이고 관계적이다. 그런데 이 점에서는 비베이루스 지 카스트루가―비판적이긴 하지만―분명 들뢰즈와 통하기도 한다. 나는 다음 장에서 다시 여기로 돌아올 것이다.

지금까지의 요점은, 포스트휴먼 조건이 우리에게 유럽중심적 휴머니즘의 재현 습관과 그에 수반되는 철학적 인류중심주의를 넘어서서 나아가도록 촉구한다는 점이다. 이제 더는 낡은 이원성들을 옹호하기 위해 무비판적으로 인간을, 즉 대문자 인간과 안트로포스를 중심에 놓고 출발할 수 없게 되었다. 이를 인정한다고 해서 반드시 분화되지 않은 카오스나 멸종의 공포 속으로 이끌려 가는 것은 아니다. 오히려 그것은 다른 방향, 다른 중간지대, 또 다른 **환경세계**milieu 쪽을 가리킨다. 바로 이 책에서 내가 탐색할 부분이다.

휴머니즘에 대한 이론적, 철학적 비판은 니체 이후 근대 대륙 철학에서 노골적이고 명시적으로 이루어져왔다. 더 최근의 휴머니즘 비판은 포스트구조주의(Foucault 1970), 생기적 유물론vital materialism(Deleuze 1983; Deleuze and Guattari 1987), 비판적 신유물론critical neo-materialism(Dolphijn and van der Tuin 2012), 페미니스트 유물론(Alaimo and Hekman 2008; Coole and Frost 2010), 반인종주의와 포스트식민주의 운동(Said 2004; Gilroy 2000)과 같은 사상 운동으로 진보해왔다.

그러나 포스트휴먼은 휴머니즘 비판에 그치지 않는다. 그것은 인류중심주의에 훨씬 더 복잡한 도전을 한다. 이 두 가지 비판이 내가 포스트휴먼 곤경이라 부르는 것으로 수렴되면서 각 부분들의 합보다 더 큰 일련의 이론적, 사회적, 정치적 효과들을 낳고 있다. 그 비판들은 포스트휴먼 연구 분야를 생산하는 포스트휴먼 주체라는 새로운 개념적 방향으로 질적 도약을 하고 있다. 포스트-휴머니즘과 포스트-인류중심주의의 융합에는 주의가 필요한데, 최근 논의에서처럼 이 두 가지를 종종 한꺼번에 다 해체하여 뒤섞는 식으로 성급하게 동화시켜버리거나, 아니면 거칠게 재분리하여 서로 대치하게 만드는 경우가 있기 때문이다. 포스트휴먼 융합은 결코 비인간적인 무관심의 표명이 아님을 분명히 하면서, 이 두 가지 탐구 노선 사이의 교차 지점이 서로를 강화하는 효과를 지닌다는 점 또한 강조해야 한다. 이와 동시에 포스트휴머니즘과 포스트-인류중심주의를 등가 관계로 환원하려는 모든 경향에 저항하는 것이 중요하고, 대신 이 두 가지 각각의 독특성 및 서로 융합될 때 겪는 변형 효과를 강조해야 한다. 가령, 휴머니즘에 대한 비판이 인류중심주의의 위상을 변화시키지도 못하고 역의 경우도 마찬가지라면, 우리는 새로운 위계질서와 새로운 배제들을 다시 세우게 될 위험에 처할 것이다.

융합 요인을 강조하면 또 다른 위험을 피할 수 있다. 이 위험은 새로운 지식과 윤리적 가치의 발전을 위해 단 하나의 방향을 사전에 선택함으로써 현 단계의 효과들을 미리 차단하는 데서 온다. 포스트휴먼 융합이 가리키는 것은 오히려 다수의 가능성을 허용하면서 실험적 형태의 동원과 토론, 때로는 저항까지도 요청하는 다방향적 개방성이다. 포스트휴먼 연구 분야의 키워드는 다양성이다. 이 책에서 추적하고 뒤쫓아 갈 테지만, 포스트휴먼 선택은 폭이 넓으며 점점 커져간다. 포스트휴먼 지식은 또한 이러한 발전들을 평가하기 위한 몇 가지 가이드라인을 제공할 것이다.

포스트휴먼 융합의 핵심은 단 하나의 대항-패러다임을 제안하는 것이 아니라, 비판적 요청을 제기하는 것이다. 즉 현재 상황의 복잡성을 다루기 위해서는 휴머니즘과 인류중심주의 양자에 대한 기존 비판이 지닌 생성적 잠재력을 기반으로 삼아야 한다. 이 책에서 나는 인류세의 도전에 상응하는 인류중심주의의 퇴거와 유럽 휴머니즘의 차별적 측면들에 대한 분석을 결합한 현 상황의 다층적이고 다방향적인 구조를 반영하기 위하여 포스트휴먼 융합의 혼종적 구조를 강조한다. 폭력적인 인간 활동과 상호작용이 영구화되고 있음을 고려하여, 나는 종과 국가를 가로지르는 사회적 정의를 강조하고자 한다. 이전의 책에서 나는 이를 조에-중심적 정의zoe-centred justice라고 불렀다(Braidotti 2006). 조에-중심적 정의는 관계적 윤리학으로 뒷받침되어야 한다. 이런 것들이야말로 우리로 하여금 '우리가 여기 함께 있다'는 것을 잊지 않게 해줄 것이기에, 포스트휴먼 어젠다의 핵심 요소들이다.

유럽 휴머니즘에 대한 비판은 바로 그 유럽 휴머니즘의 전통에 속해 있다. 에드워드 사이드(1994)가 예리하게 지적한 대로, 휴머니즘의 이름으로 휴머니즘을 비판하는 셈이다. 이런 비판은 해방의 근대적 기획 못지않게 근대성의 서구적 기획에 본질적인 것이다. 그 비판은 역사적으로 볼 때 '대문자 인간'의 인류형상을 띤anthropomorphic 타자들, 즉 배제, 주변화, 상징적 자격 박탈을 거부하면서 사회 정의를 주장하는 성차화되고 인종화된 타자들의 목소리를 통해 이루어졌다.

그러나 인류중심주의를 버리면 다른 행위자들의 집합과 더 복잡한 정서적 반응이 따라 나오게 된다. 유럽 세계관 안에서 안트로포스의 중심성을 버리면, 동물, 곤충, 식물, 환경 등 주변화되고 자연화된 '타자들'과 '대문자 인간' 사이의 수많은 경계들이 드러나고 폭파된다. 사실상 이 행성과 우주가 하나의 전체로서 비판적 탐구의 대상이 되는데, 이러한 규모의 변화는 자연=문화 연속체의 관점에서조차 낯설고 반反직관적으로 느껴질 수 있다.

포스트휴먼 지식에 담겨 있는 인류중심주의 비판은 이중의 변화를 실행한다는 점에서 인문학자들에게 대단히 어려운 일이다. 첫째, 그 비판은 우리 자신을 단지 하나의 문화나 정치체의 구성원이 아니라 한 종의 구성원으로 이해하도록 요구한다. 둘째, 그 비판은 우리 종이 패권을 잡아서 주권자인 안트로포스가 난폭하게 지배한 결과 야기된 전지구적 재앙에 대한 책임을 요구한다. 인문학과 사회과학에서 교육받은 사람들 대다수는 그런 식으로 종의 관점에서 생각하는 데 익숙하지 않고, 그런 훈련을 받은 적도 없다.

이런 점에서 보면 진화론에 대한 프로이트의 통찰은 예리한 측면이 있다. 프로이트는 다윈이 서구 주체의 나르시시즘에 깊은 상처를 입힌 나머지, 진화론을 인정하지 않는 등의 부정적 반응이 초래된다고 경고했다. 그리하여 인문학자들은 비오스bios와 조에zoe, 즉 인간과 인간-아닌 것 사이의 고전적인 구분을 사실의 문제로, 다시 말해 상식적인 기정사실로 유지한다. 비오스는 사회 속에서 구성된 인간의 생명을 가리키는 반면, 조에는 살아 있는 모든 존재자들의 생명을 뜻한다. 비오스는 주권과 규칙에 의해 규제되지만, 조에는 보호받지 못하며 폭력에 노출되어 있다. 그러나 나는 포스트휴먼 융합의 맥락에서 이런 대립은 너무 경직되었으며 더는 유지될 수 없다고 주장한다. 이 책에서 나는 포스트휴먼 융합의 과격한 측면들에 저항을 불러일으킬 수 있는 개념으로서 조에가 갖는 생성적 잠재력을 탐색할 것이다.

휴머니즘의 부인할 수 없는 강점 중 하나가 역사적으로 행해져온 여러 형태의 비판들이라고 할 수 있지만, 다양성과 포용을 강조하면서 휴머니즘을 강하게 비판한 사람들조차도 깊이 새겨진 인류중심적 사고 습관을 문제 삼는 것이 필수적이거나 당연하다고 여기지 못한다. 경제적 불평등과 사회적 차별을 자연스러운 것으로 보지 않기 위해서는, 비판적인 문화 이론과 사회 이론 또한 도마에 올라야 한다. 그것이 여전히 자연과 문화의 이분법적 구분을 지지하는 사회 구성주의 패러다임을 방법론적 기초로 삼는 한에서는 말이다. 당연하게도, 포스트-인류중심주의적 감수성이라는 것은 비교적 최근에 와서야 인문학 안에서 학문적으로 모습을 드러냈다(Peterson 2013).

이 책에서 나는 포스트-휴머니즘과 포스트-인류중심주의 사이에서 균형 잡힌 태도를 창안함으로써 포스트휴먼 지식을 위한 프레임을 개발할 것이다. 나는 휴머니즘과 안티-휴머니즘 간의 오래된 논쟁에 기초하면서도 그것을 넘어서 작업할 것이다. 그 논쟁은 20세기 후반에 대륙 철학을 사로잡았고, 포스트모던의 계기가 되었다고 알려졌으며, 특히 결과적으로 윤리적, 정치적 사상과 실천으로까지 광범위하게 영향을 미쳤다. 우리는 이 논쟁을 무시하거나 밀쳐놓을 수 없다. 그중 어떤 측면들은 다시 돌아와 포스트휴먼 융합 논의에도 계속 관여하고 있다. 그럼에도 불구하고 그 논쟁을 넘어서 나아감으로써 우리가 얻을 수 있는 것이 있을 것이며, 그것이 바로 내가 이 책에서 하고자 하는 일이다. 포스트휴먼 융합이 제기하는 중요한 도전은 휴머니즘과 인류중심주의 이후에 다시 인간의 자리를 어디에 위치시킬 것인가이다. 아니, 분명 나는 로봇이 아니다. 하지만 이것만으로는 이 포스트휴먼 곤경 안에서 내가 어떤 종류의 인간인지, 또는 우리가 점차 무엇이 되고 있는지에 대한 답이 되지 못한다. 인간에 대한 새롭고 다양하며 모순되기까지 하는 이해들이 최근에 다양한 원천, 문화, 전통에서 발생하고 있는데, 포스트휴먼적인 비판적 사유의 주요 임무는 바로 그 변화하고 있는 기반들을 추적하고 분석하는 것이다. 이러한 임무를 수행하자면, 전통적인 유럽중심적 휴머니즘의 가치들은 물론이요, 인간이라는 포괄적이고 무차별적인 형상에 여전히 단순하고 자명하게 호소하려는 수많은 도전에 직면하게 된다.

포스트휴먼 시대에 인간에 대한 설명을 시작하려면 '우리 인간들'이라는 말부터 신중하게 해야 할 것이다. '우리'가 다 같은 하나가 아니기 때문이다. 내가 보기에, 인간은 물질적으로 신체화되고 뿌리박혀 있으며 차이적, 정서적, 관계적인 존재로 간주될 필요가 있다. 이 문장을 풀어보겠다. 주체가 물질적으로 뿌리박혀 있다는 것은 추상적 보편주의와는 거리가 있다는 뜻이다. 신체화되고 뇌로 구현되어 있다는embrained 것은 초월적 의식의 탈중심화를 수반한다. 주체가 차이적이라는 것은, 차이를 무언가와 다른 것이라는 의미로 환원시키고 더 가치 없는 것으로 만드는 대립 논리나 이분법적 논리로부터 차이 자체를 구제한다는 것을 함축한다. 차이는 내재적이고 긍정적이며 역동적인 범주이다. 정서성affectivity과 관계성에 대한 강조는 개인주의적 자율성에 대항하는 대안이다.

보편주의라는 정신적 습관을 거부함으로써, 헤게모니적이고 제국주의적이며 계몽주의적인 방식으로 유럽 문화가 생산했던 인간에 대한 비전이 본질적으로 불완전했음을 인정할 수 있다. 그러나 '우리 인간들'이라는 단일하고 자명한 범주를 더는 믿지 않는다 해서 상대주의로 넘어가는 것은 아니다. 그보다는 인간 존재라는 개념을 내적으로 차이화되고 현장에 기반한grounded 것으로 받아들인다는 것이다. 인간의 위상을 신체화되고 뿌리박혀 있으며 관계적이고 정서적인 존재로 인정하는 것은 상황적 지식의 한 형태이다. 이 상황적 지식은 지식을 생산하는 대안적 방식과 윤리적 책무 모두를 감당할 단독적, 집단적 능력을 강화한다 (Braidotti 2018). 격동과 도전이 따르는 포스트휴먼 곤경은 지배적 비전에 맞서 주체의 대안적 관점들을 활성화할 기회를 제공한다. 바로 이 지점에 포스트휴먼 융합의 성패가 달려 있다.

포스트휴먼에는 경험적 차원과 상징적 차원이 다 있다. 포스트휴먼은 신체화되고 뿌리박혀 있기에 경험적으로 현장에 기반을 둔 것이지만, 또한 하나의 형상으로서(Braidotti 1991) 들뢰즈와 과타리(1994)가 '개념적 인물'이라고 부른 것이기도 하다. 말하자면 포스트휴먼이라는 개념은 이론적으로 강화된 지도그리기cartography의 도구이다. 지도그리기는 급변하는 우리 시대의, 인간을 다루고 있는 현재의 과정들에 대한 적합한 이해에 도달하기를 목표로 한다. 이런 점에서 포스트휴먼은 수많은 학제간 분야들을 가로지르면서, 휴머니즘과 인류중심주의에 대한 비판들의 교차에서 생성되는 포스트휴먼 담론들의 출현을 추적할 수 있게 해준다.

그 여정은 놀랍도록 간단명료하다. 인간 본성이라는 개념이 '자연문화naturecultures' 연속체로 대체된다(Haraway 1997, 2003). 이 자연문화라는 개념은 비오스와 조에의 범주적 구분에 종지부를 찍는다. 비오스는 인간에 특권화된 생명으로서, 탈-인간화된 인간뿐 아니라 동물과 인간-아닌 것의 생명을 뜻하는 조에와는 구별되는 것이었다(Braidotti 2006, 2018). 그 대신, 인간 안에서의 새로운 균열들, 인간과 인간-아닌 것의 새로운 연결들, 새로운 '동물존재론zoontology'들(de Fontenay 1998; Gray 2002; Wolfe 2003)과 더불어, 복잡한 미디어-테크놀로지 인터페이스들(Bono, Dean and Ziarek 2008)이 부상하고 있다. 더군다나 포스트휴먼 곤경은 살아 있는 모든 것의 편의주의적 상업화라는 틀 속에 놓여 있는데, 이것이 바로, 다음에서 논증하겠지만, 선진 자본주의의 정치경제이다.

소진되는 것의 중요성에 관하여

이 책을 시작하면서 나는 포스트휴먼 융합이 환희와 불안 사이를 오가는 분위기를 바꾸는 데 기여하리라 굳게 믿는다. '우리'가 성취한 놀라운 기술적 진보에 느끼는 환희의 계기 또는 시기가 있다면, 다른 한편으로, 우리―인간과 인간-아닌 것 모두―가 이런 변화에 치르는 엄청나게 비싼 대가로 인해 엄습하는 불안의 계기 또는 시기가 있다. 우리의 사회적 관계들을 틀 짓는 바로 그 기술적 장치들에 언제, 어디까지, 어느 정도로 연루되거나 연루되어 있지 않은지, 끊임없는 협상을 요구하는 끌어당김과 회전의 모순 속에 우리는 사로잡혀 있다.

분명히 이 중 어떤 것도 진공 속에서 일어나지는 않는다. 1990년대 냉전이 끝날 무렵의 공적 토론을 '역사의 종말'에 대한 수상쩍은―그리고 이데올로기적 함의가 있는―주장이 지배했다면, 2020년대에 와서는 그 밖의 모든 것에 대한 과도한 피로가 엄청나게 덮쳐 오는 것 같다. 민주주의부터 시작해서 자유주의 정치학, 일상의 정치학, 고전적인 해방론, 전문가들의 지식, 국가, 유럽연합EU, 학교 교육에 이르기까지 다양한 이슈들에 대해 소진되고 있다고 느끼는 것 같다. 비판이론의 자기연민에 젖은 탄식은 이런 부정적 경향을 반영한다. 무엇이 우리를 파멸이 다가왔다는 이런 세기말적 감정으로 이끄는 것일까? 이런 피곤함은 다 무엇 때문일까?

포스트휴먼 융합이 유도한 변형들은 불안정하며 놀라울 때도 많다. 서론을 시작할 때의 사례로 돌아가자면, 새로운 기술에 이미 살짝 지쳐 있는 시민-유저들이 특화된 웹사이트 등의 디지털 서비스에 접속할 때 인간임을 증명하라는 요구를 받는 것은 늘 있는 일이다. "당신이 인간임을 확인하고자 합니다"라는 메시지를 보고, "나는 로봇이 아닙니다" 박스를 클릭하고 나면, 아마도 "어떤 결제수단을 택하시겠습니까? 휴대폰으로 이체하시겠습니까? 페이팔? 비트코인? 현금은 받지 않습니다. …"와 같은 문장들을 마주치게 될 것이다. 매슈 풀러가 지적했듯이, reCAPTCHA 형식을 표시하는 박스는 구실[1]에 불과하다. 소프트웨어가 진짜로 찾고 있는 것은 다른 소프트웨어가 아닌 인간이 동작을 수행하고 있음을 보여주는 마우스, 트랙 패드, 혹은 터치스크린의 어떤 특징적인 반응 시간과 움직임이다. 그러나 물리적 로봇이 이런 행동을 모방하거나, 코드가 이런 행동의 효과를 복제하는 것도 불가능할 것 같지는 않다.

어쨌든 상품과 서비스에 접근하려면 인간임을 입증해야만 한다는 사실은, 예전의 좋았던 대문자 인간/호모Homo/안트로포스가 아닌 계산적 네트워크의 알고리듬 문화를 중심으로 한 '신new' 경제의 정언명령인 것 같다. 우리의 정보 시대에 인류형상적anthropomorphic 인간과 유사-인간적 기술대체물 사이의 경계들은 근본적으로 달라졌다. 고도로 정교화된 인간-로봇 상호작용, 중앙집중화된 데이터 뱅크, 인터넷 기반 자가-치료로 수행되고 있는 보건 의료 서비스가 현재 어느 정도인지만 생각해보아도 이를 알 수 있다.

전망은 우울하지만 그만큼 흥미진진하기도 하다. 그 많은 정보, 지식, 사고력이 이제는 그것들을 담고 있던 전통적인 그릇—인류형상적인 틀로 신체화되어 있던 인간의 마음이라고 하는 것—바깥에서 생산되고 있어서, 그 바깥에 놓여 있으면서 느끼는 박탈감이 극심하다. 위기와 기회를 생각하고 추론하고 평가하는 일을 알고리듬적으로 움직이는 계산적 네트워크가 실행한다면 어떻게 될까? 그리고 그토록 많은 생명, 세포를 형성하고 뱉어내는 살아 있는 프로세스들이 줄기세포 연구를 통해 인공적으로 작동된다면? 시험관 아기는? 인조고기는? 인공지능과 로봇공학 산업이 다른 종들의 신경과 감각 시스템 ─ 개한테서는 냄새, 돌고래한테서는 초음파, 박쥐한테서는 레이더 등 ─ 을 복제하고 있는 상황에서, 인간의 신체는 우리 기술의 빠르게 작동하는 지능을 담기에는 매우 부적합한, 다소 구식의 인류형상을 띤 엔진 같아 보인다. 이것은 그 자체로 '새로운' 문제는 아니지만, 점점 더 중요한 문제로 닥쳐오고 있다.

물론 신경을 지닌 인간 신체를 그릇으로 이미지화하는 것은 부적합하며, 이를 업데이트하여 흐름들과 분산된 프로세스들로 대체할 필요가 있다. 그러나 포스트모던 시대가 분명하게 입증했듯이, 유동적인 과정 존재론으로의 전환만으로는 충분치 않다. 포스트휴먼은 마음-신체, 자연-문화의 이분법 사이에 다리를 놓는다는 면에서 더 깊은 개념적 도전을 감추고 있다. 그래서 유럽 파시즘으로 오염되곤 했던 20세기 초 생철학의 전체론적 유기체주의도, 비-인간in-human 이성의 규약을 지지하는 주체성의 완전한 폐기도, 그런 도전에 상응하지 않는다. 나의 제안은 포스트휴먼 주체의 입장들로 이동하는 것이다. 그래서 이 변환들을 윤리적으로 긍정적이며 정치적으로 지속가능한 대안들의 방향으로 만들어갈 수 있도록 하는 것이다.

실로 '우리', 즉 서구 포스트모더니티의 인간 상속자들이 점점 더 지치고 소진되어가는 반면, '그들' ─ 우리가 탄생시킨 기술적 인공물들 ─ 은 그 어느 때보다 더 영리하고 생기 넘친다(Haraway 1985, 1990). 존재와 살아남음 ─ 그리고 아마도 점점 더 영리해짐 ─ 에 대한 질문들, 생명, 삶, 생기, 영리함에 관한 질문들이 광범위하게 퍼지고 있다. 그것들은 포스트휴먼 융합을 구조화하는 다층적 생태계들 안에서 불가피하고 고통스러운 모순의 매듭들을 형성한다. 포스트휴머니스트가 되는 것은 향수에 빠지지 않으면서 이런 이행의 고통을 인정하고, 이 고통으로부터 지식을 끌어내며, 긍정적으로 그 고통을 재가공하는 길이다.

그러나 이러한 기대와 낙담, 행복과 고뇌, 흥분과 우울 사이를 시소처럼 오가며 끊임없이 겪는 스트레스는 우리의 기운을 쭉 빼놓는다. 일상적, 사회학적 수준에서, 번아웃, 우울증, 불안장애와 관련된 놀랄 만한 통계가 이러한 소진 상태를 입증한다. 특히 젊은이들 사이에서 그런 수치가 높아서, 자살률이 충격적인 속도로 치솟고 있다. 정서적으로나 신체적으로나 과로로 기가 다 빠져서 버틸 수가 없다는 느낌은 변화가 빠르고 경쟁이 심한 우리의 세계에서는 아주 익숙하다.

이 시스템은 내적으로 모순된 목표를 추구하기 때문에 사람을 지치게 만든다. 한편으로는 경제가 24/7로 기능하며 자본이 결코 멈추지 않는, 기술적으로 상호접속된 사회의 '시간 없는 시간'(Castells 2010)을 작동시킨다. 다른 한편으로는 건강, 신체 단련, 자기 관리의 공적 담론을 통해 개인이 의식적으로 자신을 스스로 규제하며 건강한 노동력을 비축해놓도록 요구한다. 충분한 수면을 취하지 못하면 긴장이 해소되지 않는다. 생산과 소비, 항상적인 디지털 접속을 끝없이 추구하다 보면 결국 지쳐버리게 된다. 이런 상태의 부정적인 결과로, 수면의 회복 효과를 누리지 못해 제 기능을 다하지 못하고 업무 수행능력이 떨어지는 사람들이 나온다. 너무 지친 나머지 잠도 제대로 잘 수 없게 된 사람들이다.

여러 사회 현상 논평자들이 지적했듯이(Fuller 2018), 수면이 공공 정책, 경영, 대중매체의 주요 화제가 된 것도 당연하다. 기업계에서는 미디어 거물인 아리아나 허핑턴이 전 세계에서 가장 큰 블로그인《허핑턴 포스트》의 주식을 대부분 매각한 후, 최근에는 강도 높은 전문적 업무 수행에 없어서는 안 될 웰니스wellness, 수면, 정신건강을 다루는 벤처 사업에 전념하고 있다. 다른 대안으로는 불면증과 불안증 모두를 해결하는 처방약이 광범위하게 소비되고 있다.

최근 보도에 따르면 항불안 의약품의 판매는 미국에서만 2010년까지 37억 달러의 수익을 올린 것으로 추정된다. 현재 영국은 항불안제인 자낙스Xanax의 불법 온라인 판매 규모가 두 번째로 큰 시장이다(Mahdawi 2018). 2016년 세계보건기구는 조치를 더 취하지 않는다면 해마다 불안증 때문에 120억 영업일 손실이 발생할 것이라고 추산했다. 드 쉬테 (2018)는 자본주의 성공의 핵심 밑에는 정신 의약이라는 서브-플롯이 깔려 있다고 말한다. 약으로 기분을 좋아지게 하는 화학적 통제가 너무나 보편화되어서 자본주의와 코카인이 손을 잡았다는 농담이 그럴듯하게 들릴 정도이다. 소진 상태는 현실이다. 그러나 이것이 유일하거나 단선적인 현상은 아니다.

여기에서도 역시 복잡성이 작용하고 있다. 도발적으로 들릴지 모르지만, 나는 소진exhaustion의 조건에서 몇 가지 구성 요소들을 골라내고자 한다. 이 요소들은 부정성을 초월하여 발생적 상태들을 생산할 수 있다. 이 측면들은 전문가들이 '업무 수행능력 하락'이라 부르는 것보다는, 자기 자신을 다른 데로 대피시키는 느낌, 색인화된 자아 정체성의 틀 너머로 개방하는 저低에너지와 관계가 있다. 이러한 개방은 매우 해방적일 수 있고, 아직 실현되지 않은 퍼텐셜의 현실화를 가능하게 할 수 있다.

소진 상태에 긍정적으로 접근하면 예기치 않았던 대안들이 나온다. 이렇게 정의된 소진은 심리적 분위기가 아니며, 정신적 성향이기는커녕 오히려 특정 대상에 결부되지 않은 자동사적 상태이다. 이를테면 소진 상태는 우리 사회적 실존의 전 스펙트럼에 번질 수 있다. 들뢰즈는 베케트에 대한 해설에서 "우리는 무언가로 인해 피로하다. 그러나 아무것도 아닌 것으로 인해 소진된다"(1995b: 4)고 썼다. 나는 감히 여기에 창조적 퍼텐셜이 있다고 주장하고자 한다. 소진은 치료해야 할 병적 상태나 실제 질환이 아니라 힘들이 변환되는 문턱, 다시 말해서 창조적 생성의 잠재적 상태인 것이다. 물론 고통을 무시한다는 말이 아니다. 그보다는 불편함의 강도를 변화의 동력으로, 즉 인간-아닌 것non-human과 비-인간in-human과 인간 이외의 힘들에 개방하는 역량의 표현으로 보자는 것이다. 이렇게 잠재적인 것을 감지하고 파악하며 작동시키는 능력은 무엇보다 우리를 인간으로 만드는 분명한 성질들 중 하나이다. 우리가 항상 포스트휴먼이었다는 말이 아니라, 이런 특수한 모순이 구체적으로 현대에 나타났다고 해서 꼭 부정적으로 반응할 필요는 없다는 말이다. 인간이라는 것이 범주들을 가로지르는 횡단적 생성의 벡터라면, 포스트휴먼 융합은 그 가능성들을 복수화하고 수많은 상이한 방향들로 전개할 수 있다. 그것은 우리 자신이 거기에 얼마나 참여하여 행동하느냐에 달려 있다(Braidotti 1991, 2011a). 차이적인, 현장 기반의 관점들은 생성의 차이적 패턴들을 가능하게 하는 동력이다.

다시 한번 강조하지만, 포스트휴먼 융합의 부정적 측면들에 대응하여 내가 이 책에서 전개하는 현장 기반의 관점주의와 책무성accountability을 강조하는 접근법은 현재 우리의 곤경에서 나오는 고통과 어려움을 무시하거나 부인하려는 것이 아니라, 이 근본적인 불편함을 처리할 다른 방법을 제시하려는 것이다. 나는 생기적 유물론의 관점에서 포스트휴먼 긍정을 설명하면서 포스트휴먼 시대의 정치적 균열과 윤리적 도전에 대한 치유법을 제공하되, '인간'에 대한 잘못된 보편주의적 관점으로 회귀하지는 않을 것이다. 포스트휴먼 융합은 우리가 현재 겪고 있는 정서적, 사회적, 인식론적 과정들이 본성상 현장 기반의 관점적인 것이면서 우리의 책임과 관련된다는 점을 이해하고, 그 과정들을 공동 생산하고 있는 인간-아닌 행위자들의 역할을 이해하는 데 필요한 분석 도구이다. 그것을 '비인간적(비인도적)'이거나 모두의 복지와는 무관한 것으로 오해해서는 안 된다. 반대로 포스트휴먼은 낡은 도식과 사고방식이 소진된 바로 그 자리에서 발생시킬 수 있는 대안적인 힘과 가치를 벼려내는 데 이용할 수 있는 틀이다.

하나의 콘셉트이자 재현의 레퍼토리인 인간이라는 관념을 장식해왔던 '우리'의 모티브들과 정신적 습관들의 모음집, 익숙한 공식의 집합은 이제 우리 세계에서 소진되어버렸다. 베케트의 글에 나오는 등장인물들과 다르지 않게, '우리', 포스트휴먼들이 마지막으로 한 번 더 예전의 트릭을 끌어내어 만들어볼 수 있는 조합들도 다 떨어졌다. 라디오극의 대사 없는 구간같이 텅 빈 실존적 공백을 대면하고서, 존재의 거대한 함성, 로고스의 대변자들이 자신감에 차서 시끌벅적하게 우리 귀에 쏟아붓던 웅장한 선언과 거대 이론들을 기억할지는 모르겠지만, 딱히 그립지도 않을 것이다. 모든 것이 얼마나 바뀌어버렸는가!

이론은 시대에 뒤떨어졌을 뿐 아니라(다음 절을 보라), 귀에 들어오기는커녕 더는 같은 사회적 공간을 공유할 수조차 없다. 요즘은 다들 각자 자기 이어폰을 끼고 스포티파이Spotify의 리스트에 따라 듣는 음향 거품 속에 둘러싸인 채로 돌아다닌다. 한데 모여 있어도 같은 백색소음 안에 분리된 채로, 우리는 수량화된 자아들, 다시 말해서 개별화된 동시에 분할된 존재(들뢰즈가 말하듯이 '가분체dividual', 혹은 다른 이들의 표현을 빌리면 '핏비트fitbit'*)가 되었다. 우리는 정체 상태와 기대 사이의 어딘가에서 절망에 굴복할 수도 있고, 기회를 잡아 우리 자신을 재발명할 수도 있다. 인간과 인간-아닌 것 모두를 포함한, 충분한 양의 민중이 재생을 위한 조건들을 허공으로의 추락이 아니라 새로운 잠재적 가능성을 향한 개방으로 받아들이고 공유한다면, 소진은 긍정적인 것이 될 수 있다. 그렇게 되려면 우리에게는 민중, 공동체, 배치assemblage**가 반드시 있어야 한다. '우리' — 이 복잡한 다양체 — 는 홀로는 살아남을 수도, 행동할 수도 없

---

* '핏비트'는 피트니스에 수반되는 걸음 수, 심박수, 운동량, 소모 열량, 수면 상태 등을 체크하여 개인별 맞춤 정보를 제공하는 스마트워치와 같은 웨어러블 디바이스이다. 핏비트 제조회사는 2007년 설립되었으나 2021년 구글에 인수되어 현재 구글의 자회사로 있다. 이 글에서 핏비트는 인간의 모든 활동을 비트 단위로 쪼개어 계량하고 기록한다는 점에서 들뢰즈의 '가분체dividual' 개념의 구체적 사례라고 볼 수 있다. 들뢰즈는 「통제 사회에 대한 추신Post-scriptum sur les sociétés de contrôle」(1990)에서, 정보기술과 디지털 컴퓨팅 환경에 기반한 현대의 '통제 사회'는 인간의 삶과 사회적 관계들이 갖는 복잡한 질적 특성들을 무차별적으로 나누어질 수 있고 계산될 수 있는 양적 데이터로 단순화한다고 주장한다. 근대 사회의 주체였던 '개체individual'가 더 이상 나누어질 수 없다는 의미의 독자적 개인으로서 집단을 구성할 수 있는 역량을 지녔다면, 현대의 '가분체'는 정보기술적 통제 사회 안에서 데이터 마이닝을 통해 무한히 나뉘어 추출될 수 있는 추상적 데이터 집합체로서 탈-개체화되고 집단적 저항력도 잃어버린 존재를 의미한다.

** '배치'는 들뢰즈와 과타리의 『천 개의 고원Mille Plateaux』(1980)의 핵심 개념으로, 실체화된 집합이 아니라 탈영토화의 선들이 교차하고 있는 복합체이자 다양체를 의미한다. 프랑스어로 agencement이며, 다양한 관계의 이질적 항들로 구성되는 집합의 의미를 살리기 위해 영어로는 assemblage로 번역된다. 들뢰즈의 말을 직접 들어보자. "배치란 무엇일까요? 그것은 많은 이질적인 항들을 허용하고, 상이한 본성들, 즉 시대·성性·계界들을 가로질러 그 항들 간의 연결들 및 관계들을 수립하는 하나의 다양체입니다. 그래서 배치의 유일한 통일성은 공동-작동에서 오는 것이죠. 즉 그것은 공생이고 '공감'입니다. 중요한 것은 혈연 관계가 아니라 결연 관계alliance, 혼합 관계alliage입니다"(질 들뢰즈/클레르 파르네, 『디알로그』, 동문선, 2005, pp. 131-2).

기 때문이다.

이 책에서 나는 창조적인 포스트휴먼 접근을 제안하고, 포스트휴먼 지식 생산의 사례와 이를 증명할 포스트인문학이라는 부상 중인 분야를 조사할 것이다. 나는 소진 상태가 이미 우리 자신에 대해 다르게 생각하는 법을 배울 수 있는 발생적 선_先조건으로 활성화되었다고 주장하고자 한다. 이러한 지식은 우리가 인간적인 것이기도 하고 인간-아닌 것이기도 하며 비인간적인 것이기도 한 여러 구성 요소들의 횡단적 배치를 만드는 데 도움을 줄 수 있다. 포스트휴먼 지식은 횡단성과 혼종성에 힘입어 발전한다. 다양성과 복잡성은 우리를 인도하는 원리이자 우리 목표를 지속가능하게 하는 것이리라.

시작하려면 먼저 '우리'를 현장에 기반한, 책무를 지닌, 능동적인 존재로 구성해야 한다. 이것은 긍정의 정치학에 따른 집단적 실천으로서 우리가 행복과 절망, 아찔한 고양감과 유독한 부정성 사이를 오가는 상태에서 벗어나도록 도와줄 수 있다. 이런 포스트휴먼 시대에 기술적으로 매개된 사회적 관계들과 경제적 세계화의 부정적 효과들, 빠르게 망가져가는 환경 그 한가운데서, 우리의 '탈-진실post-truth' 정치 지도자들의 편집증적이고 인종주의적인 수사에 맞서서, 어떻게 우리가 긍정의 윤리적, 정치적 실천들을 구축하기 위해 함께 노력할 수 있을까? 어떻게 우리가 사회적으로 지속가능한 희망의 지평으로 창조적 저항을 통해 나아갈 수 있을까? 이 포스트휴먼 도전들에 대응하여 인문학자들은 어떻게 자신들의 지식 분야를 재설정하고 있는가? 허무주의에 저항하고, 소비주의적 개인주의에서 벗어나고, 외국인 혐오증에 맞서 면역을 얻기 위해서 우리는 어떤 도구들을 이용할 수 있을까? 그 해답은 연대와 횡단적 접속을 통해 '우리, 하나의 민중ₐ people'을 구성하는 실천과 우리를 귀찮게 하는 심각한 논의들에 적극 참여하는 것, 바로 그런 행동 속에 있다. 이런 관점에서 우리의 포스트휴먼 시대는 커다란 비인간적 구성 요소를 지녔으면서도 한편으로 너무나도 인간적이다.

이론의 피로

내가 익히 경험하는 소진의 현대적 특징 중 한 가지를 상세히 말해보겠다. 그것은 바로 이론과 이론가들에 대한 피로이다. 이론의 정의는 이를 둘러싼 격론에서 명확하지도 않고 일관성도 없지만, 특히 좌파 성향의 인문학과 사회과학이 생산하는 비판적 담론과 관련이 있고, 복잡한 다음절어多音節語를 이용하는 경향이 있다. '포스트-이론의 병폐'(Cohen, Colebrook and Miller 2012)는 흔히 사회 전반의 반反지성주의로 번역되고, 현재의 사회-정치적 맥락과 직접 연결되는 다소 냉소적인 분위기를 조성한다.

이 분위기는 좌우를 막론하고 정치적으로 폭넓게 퍼져가고 있으며, 서구의 근대화, 더 정확히 말하자면 그것의 정치적 유토피아와 해방 운동의 약속이 성취되지 않으면서 환상에서 깨어난 이후의 상태로 대략 설명할 수 있다. 냉전이 공식적으로 종식된 후, 20세기 후반의 정치 운동들은 대개 실패한 역사적 실험으로 치부되었고 그들의 이론적 노력 또한 그렇게 무시당했다. 처음에는 사회 여러 부문에서 노골적인 항의가 있었지만, 자유 시장경제라는 '새로운' 우익 이데올로기가 그 반대를 깔아뭉갰다(Fukuyama 1989). 더 최근에는 권위주의적 민족주의가 서구 민주주의 국가들에 만연하기 시작하면서 새로운 주권주의sovereign-ism(Benhabib 2009)가 등장했다. 반反권위주의의 역사적 보루였던 비판이 론은 현실을 이해하고 변화시키는 도구로서 비판적 이성에 대한 믿음을 본래적으로 고수한다. 그러나 오늘날 그와 같은 믿음은 이론적 사고를 폄하하는 이들이 이를 환상이나 나르시시스트의 방종으로 깎아내리며 그 목표뿐 아니라 방법론까지 공격하자 의문시되고 있다.

정치적 좌파에서 남은 것에 대해 말하자면 상황이 훨씬 더 복잡하다. 날카로운 세대 간 대결의 차원이 작동하고 있다. 2차 세계대전 이후 이 론적 창의성이 엄청나게 폭발한 시기가 지나자, 우리는 차이 없는 반복 의 서글픈 풍경 속에서 길을 잃었다. 어떤 면에서는 진보의 표시이다. 1980년대에는 신성모독이었던 것이 이제는 따분한 것이 되어버렸다. 푸 코와 데리다의 저작들은 "한때는 전통주의자들에게 담론적 폭탄 투척자 이자 골칫거리였으나 이제 정규 과정에서 인용되는 표준적 권위가 되었 다"(Williams 2014: 25). 그러나 그들의 저작은 우리에게 닥친 모든 악을 설명하기 위한 지적 희생양 역할도 톡하면 하고 있다.[2] 프랑스 이론을 향한 이러한 공격들은 미국에서 만들어졌으며, 이론적 성향이 강한 모 든 인문학으로 퍼져가는 듯하다. 그에 대한 대중의 지지가 급속히 사라 져가는 걸 보면 말이다.

우울증이 지배적인 분위기가 되었다. 중심이 자기-의심self-doubt으로 휘청이는 사이(Latour 2004), 수사적이고 실체 없는 차원이 우리의 사고 패턴 속으로 스며들었다. 정치적 스펙트럼의 우파 쪽에서는, 9·11 테러 로 촉발된 문명의 십자군 전쟁은 불가피하며 자본주의가 역사적 승리를 거두었다는 생각들이 이를 북돋운다(Huntington 1996). 정치적 좌파 쪽에서는, 이론을 거부한 결과 이전의 지성 세대에 대한 분노와 부정적 사유가 몰아쳤다. 이론에 피로해진 이런 맥락에서, 신-공산주의 지식인들(Badiou and Žižek 2009)은 더 이론적인 사색에 빠져들기보다는 구체적인 정치적 행동, 심지어 필요하다면 폭력적인 적대감으로 되돌아갈 필요가 있다고 주장했다. 몇몇 명망 있고 논리정연한 학자들이 과감하게 정치 생활로 들어가기도 했지만(Douzinas 2017), 다른 좌파 성향의 사상가들은 자신들의 무능을 고백하고 젊은 레닌주의의 신념으로 되돌아가거나(Badiou 2013), 아니면 무력하고 젠더화된 자유주의의 치료책으로서 독재자에게 총력을 다하여 호소하는 데(Žižek 2016) 만족했다.

똑같은 사례를 다른 식으로 말하려면, 사회에서 자칭 비판 세력으로서 지식인층의 부침을 보면 된다. 지식인의 모습은 역사적으로 2차 세계대전 이전부터 나타나지만, 파시즘, 홀로코스트, 히로시마와 나가사키, 냉전 시대의 세계 분할이 보여준 폭력과 공포 이후 더 또렷하게 드러난다(Braidotti 2016a). 사르트르와 보부아르가 대표하는 실존주의 철학 세대는 사회와 세계의 상태에 대한 책임감을 전후 시대의 핵심적인 철학적 임무로 만들었다.

지식인들은 '1968년 5월'로 알려진 전 세계적인 봉기가 일어난 후 훨씬 더 적극적이 되었다. 나의 대학원 선생인 베이비부머 세대—특히 푸코와 들뢰즈—는 자신들의 사회적 책임을 아주 진지하게 생각했다. 그들은 지식인이 갖는 보편적인 유기적 기능과 특수한 기능 사이에 유용한 구분을 두었다(Foucault and Deleuze 1977). 이런 각기 다른 모델들은 헤겔-마르크스주의의 보편적 전통, 안토니오 그람시의 유기적 모델, 그리고 사르트르-보부아르 세대의 참여 사상가들에서 시작하여, 결국 지식인의 임무에 대한 그들 각각의 '특수한' 이해로 끝났다. 이 범주들 간의 구분은 고정되어 있지 않고 서로 스며들거나 각각 따로 전개될 수도 있지만, 어쩌면 바로 이런 유동성 때문에 그 세 가지 사유 체제는 여전히 분석 도구로 대단히 유용하다. 이를 더 자세히 살펴보겠다.

유기적인 지식인과 특정 분야의 지식인이 가진 공통분모는, 보편주의를 거부하고 권력에 적합한 합리적인 지도그리기를 내놓고자 윤리-정치적으로 헌신한다는 점이다. 지식과 담론의 생산이 그렇듯이, 권력은 내재적인 측면에서, 또 역사적 상황에 따른 구성물이라는 측면에서 접근할 수 있다. 나의 세대가 보기에(Braidotti 2014), 그런 입장은 거대 담론의 몰락에 대한 리오타르의 통찰(1979)을 이어받으면서 유럽 휴머니즘에 대한, 그리고 그것의 격렬하며 때로는 호전적인 보편적 주장에 대한 비판과 함께 가는 것이었다. 특수하거나 상황적인 지식인들의 실천은 권력의 지도그리기를 통해서 뿌리박히고 신체화되어 있는 관계들을 비판하는 데 있다. 이 권력의 지도그리기는 페미니즘의 장소의 정치학과, 인종주의 및 식민주의에 대한 비판을 수반한다. 지식인들의 실천은 대중의 문해력과 민주주의적 비판 능력을 향상시키고자 하는 혁신적인 교육 방법들을 낳았다(Said 2004). 그 결과 학문을 자칭하는 무수히 많은 학제적 연구 분야들이 만들어졌다. 이 분야들이 비판적 포스트인문학을 만드는 데 핵심적일 것이기에, 4장에서 다시 이 주제로 돌아가겠다.

지식인의 비판적 임무가 갖는 특수성은 지난 수십 년간 꽤 많은 변화를 거쳐야 했다. '지식인'이라는 용어부터가 1980년대 후반 서서히 사라지면서 전문가와 컨설턴트들의 체제로도 알려진 '콘텐츠 제공자'라는 새로운 계급으로 대치되었다(Anderson 1997). 이런 강등된 지위 변화는 1989년 냉전이 공식적으로 끝나고 정보기술과 유전자공학에 기초한 새로운 과학-기술 문화의 영향을 받으면서 연구가 점차 민영화된 것과 일치한다. 윌리엄스는 이렇게 말했다. "인문학의 적나라한 아우라를 벗어던진 이론은 이제 기술전문지식의 아우라로 재단장되었다"(2014: 43).

철학에서 1990년대는 또한 '이론 전쟁'의 시기라고도 하는데, 이것은 정치적 권리와 그것의 대중매체를 통한 반작용의 시작을 보여주었다(Arthur and Shapiro 1995). 새로운 밀레니엄으로 접어들 무렵 정점에 달한 그 전쟁은 비판이론을 실천한 학자들, 특히 프랑스 포스트구조주의 철학에 가까운 사상가들을 목표로 삼았다(Lambert 2001). '포스트모더니즘'으로 포장이 바뀌어 이론 자체와 동의어가 되었던 프랑스 이론, 특히 데리다에 대한 맹공격은 미국 극우파의 느리지만 조직적인 부상과 함께 일어났다. 트럼프와 그 지지자들은 오늘날 이런 발전의 결과이며, 그들은 유례없이 저급한 언어폭력과 추태를 주도하고 있다. 그러나 반反지성주의와 대학에 대한 경멸은 전 세계적인 포퓰리즘 운동의 핵심 요소이다.

우리가 오늘날 또다시 경험하고 있는, 격렬한 공격과 비하하는 묵살로 이루어진, 이론에 반대하는 일련의 캠페인들은 경제의 변화와도 일치했다. 이런 변화는 대학 자체의 제도적 구조의 광범위한 조정을 가져왔다. 신자유주의 경제 법칙에 따라 운영되고 세계 랭킹 순위권에 들기 위해 분투하는 '연구중심 대학'의 설립은 학문적 삶이라는 말 자체를 바꾸어놓았다. 여기에는 학계의 스타들과 학계의 새로운 '프레카리아트precariat'[3]를 비롯한 대학 교직원들 내 사회적 계급들의 탄생도 포함되었다. 이런 관점에서 보면, 인문학에서의 이론의 위상과 그에 대한 우파의 반격에 대한 논의는 포스트휴먼 시대에 제도로서의 대학이 갖는 지위에 관한 광범위한 우려와도 겹친다.

1990년대 말, 누가 보아도 진짜로 중요한 '콘텐츠 제공자'는 오직 인터넷뿐이라는 것이 명백해지면서 인문학의 비판적 성향에 반하는 쪽으로 형세가 일변했다. 예전의 지식인들은 시장지향적인 '아이디어 중개인'의 지위로 격하되었고, 최상의 시나리오에서는 '사상의 리더'가 되었다. 자본주의의 인지적 차이 기계로의 변신은 지금까지도 여전히 진행 중이며(Deleuze and Guattari 1977, 1987; Moulier-Boutang 2012), 반反이론은 신자유주의 경제 질서에서 지배적인 반사작용이 되었다(Felski 2015). 불과 10년 전만 해도 피터 갤리슨(2004)이 이런 분위기 전환의 이점을 지적하며 거대 시스템의 종말과 더 '특화된' 이론의 등장을 환영할 수 있었지만, 더 최근에 와서 제프리 윌리엄스가 "이제 우리는 정신의 기업가가 되었고 이것이 우리의 기를 꺾고 있다"고 탄식한 것도 무리가 아니다(2014: 166). 학자들은 과로와 끊임없는 경쟁적 평가로 지쳐 있다(Berg and Seeber 2016).

그러나 위기가 보편적이지는 않았다. 학술 출판물이 다 잘되지는 않는다 해도 학계의 명사들이 쓴 논픽션 베스트셀러의 부상은 이를 상쇄하는 듯했다. 이들은 상업적으로 성공했을 뿐 아니라 언론의 관심을 끌었다(Thompson 2005; 2010). 이런 이들이 부각되다 보니 이를 이용해 그 분야의 빈곤한 현실을 은폐하는 일도 잦았다(Collini 2012; Williams 2014). 다른 학문 분야는 호황을 누렸다. 예를 들어 매슈 풀러는 일반적인 경향과는 반대로, 1990년대는 냉전 종식 이후 등장한 새로운 연구 분야들과 사이버 문화의 부상 덕분에 매체 이론이 이론적으로나 실천적으로 번성했던 시기였다고 주장한다. 매체 이론가들이 유럽에서 공산주의가 막을 내린 데 따른 부작용을 이렇게 긍정적으로 평가할 것을 제안하며, 인문학 전반이 잘 유지되고 있다고 낙관적으로 평가했다는 점은 의미심장하다(Fuller 2008). 인류중심적인 것이 아닌 기술적 장치 및 네트워크, 코드, 시스템 같은 연구 대상에 초점을 맞추었던 매체 연구는 포스트휴먼 융합의 많은 동력이 되고 수혜를 받았다. 현대 인문학의 활력을 상당 부분 이 분야만으로도 설명할 수 있을 정도이다.

지식인들의 위상과 운의 하강 곡선을 추적한 궤적은 이 특수한 실천가 계급의 측면에서는 물론이고, 좁게는 인문학, 넓게는 대학의 변화하는 사회적 지위와 제도적 배경에 대해 알려준다는 측면에서도 문제적이다. 비판적 지식인들의 역할에 대한 논의의 신랄함은 현재 인문학의 제도적 취약성을 더욱 강조해줄 따름이다. 그러나 이러한 적의는 대학 자체가 일제히 받게 된 비난에 직접적으로 비례한다(Berubé and Nelson 1995). 다시 말해서 '포스트-이론' 분위기는 고등교육에 대한 공적 재정 지원이 끝나고(Williams 2014), "인문학과 사회과학 안에서 반反제국주의적이고 탈식민주의적인 작업이 이끌었던 급진주의의 규모가 광범위하게 축소된 것"(Nixon 2011: 259)과 때를 같이한다. 쿳시는 이런 상황을 조사하고서, 1980년대에 시작된 인문학에 대한 공격이 "좌파주의자, 아나키스트, 반反합리주의자, 반反문명주의자로 분류된" 학자들을 이 제도에서 모조리 제거하는 데 성공했다고 말한다(2013). 그 결과 "대학을 더는 선동과 반대의 온상으로 생각하는 것이 말도 안 되는" 지경까지 왔다(Coetzee 2013).

대학들이 '연구중심' 대학으로 다시 태어나려고 시도했지만, 서구의 제도들에서 아카데믹한 인문학에 대한 정부 지원과 자금 지원은 축소되었다(Cole, Barber and Graubard 1993). 아직도 비판적 지식인으로서의 임무(Donoghue 2008)와 학문의 자유(Menand 1996)를 믿고 있는 '최후의 교수들'은 "엉망진창이 된 대학들"을 맹비난했다(Readings 1996). 많은 이들이 기업형 대학과 학생들의 등록금 인상에 반대 입장을 취했고, 단순히 경영상의 수치로 제시되기를 거부했다. 윌리엄스는 지난 40년간 미국의 공립대학은 "전후 복지 시스템의 대표 제도에서 사업과 자산 축적을 목표로 하는 민영화된 기업으로" 바뀌었다고 주장한다(2014: 6). 대학 제도의 신자유주의적 재조직화는 학계의 스타 시스템(Shumway 1997), 연구 감사, 성과 계량과 영향 평가의 수량화, 고등교육의 민영화, 체계적인 보조금과 기금 모금을 통하여 화폐 가치로 환산된 성과물에 대한 강조 등과 같은 실천을 통해 수행되었다.

정책 입안자들이 학문 '시장'을 평가하기 위하여 경제적 기준을 까다롭게 적용하면서, 인문학의 공적 가치에 대한 질문(Small 2013)이 표면화되었다. 대학 내의 새로운 노동 구조—특히 미국에서—는 신자유주의 경제학의 위계적 가치들을 반영한다. 종신재직권을 가진 소수의(윌리엄스에 따르면 미국에서는 3분의 1 이하) 최상층 교직원과, 보조금 제출을 통해 수입을 만들어내라는 압박에 점점 더 시달리는 노동자들이 뚜렷이 나뉘게 되었다. 그 구조의 최하층에는 학계의 대규모 '프레카리아트'가 있다. 그들은 비정규직에 임시직으로 종신재직권 없이 저임금과 과중한 수업 부담에 시달리면서 연구 기회는 거의 얻지 못하고 직업상 전망도 없다. 이러한 수많은 비정규직 혹은 임시직들은 영국에서 압박과 스트레스, 조직적인 착취를 경험한다(Gill 2010). 머리나 워너는 이를 "아찔할 정도의 위계적 지휘 체계를 가진 IBM과 맥도널드 사이의 교차 지점에서 일하는 것과 같다"고 묘사한다(2015: 9).

캐나다에서 이루어진 한 날카로운 연구에서 버그와 시버(2016)는 현대의 학문적 삶의 광적인 속도와 표준화가 학문 연구에 요구되는 깊은 사고를 할 시간을 허용하지 않는다며 비난한다. 그들은 학계에서의 스트레스가 일반인들의 스트레스보다 심하며, 근무 조건은 매력적이지 않고 생산성을 저하시킨다고 지적한다. 호평의 대상이었던 학계의 유연한 시간제 근무는 대학들의 신자유주의적 관리 탓에 결국은 불확실한 계약으로 인한 불안정과 스트레스만 가중시킨다. 학자들의 일상생활은 수업 규모의 확대, 기술의 확산, 과도한 관리로 위협받고 있다. 그들은 대학의 기업화뿐 아니라, 글로벌 학문 시장이 연구 자본주의의 한 계열로 변형되면서 대학의 위상이 지식 상품을 제조하는 기업으로 축소되는 데 강력히 반대한다.

진보적인 학자들은 고전적인 교양교육 모델을 따라 인문학과 고등교육에 이윤을 떠나 접근할 것을 호소함으로써 이런 상황에 대응했다(Nussbaum 2010). 반면 더 회의적인 목소리들은 이 분야에 과연 미래가 있기는 한가 의문을 품었다(Collini 2012). 제도적 차원의 인문학에서 오늘날 성장 중인 분야 중 하나는 국가 안보 문제, 감시 문제와 반反테러리즘이 만나는 지점에 있다. 2001년 부시 행정부를 대변하여 린 체니가 테러와의 전쟁에서 학자들이 '약한 고리'라고 선언한 이후, 방위 및 관련 문제에 대한 공식 정부 정책과 발을 맞추라는 강한 압력이 대학에 가해졌다. 그 이후로 안보학과 인문학의 관련성이 점점 커졌다(Burgess

2014).

유럽 대륙에서는 9·11 사태와 그 이후에 벌어진 전쟁의 여파로 권력을 잡은 포퓰리즘 우파 정치인들이 오늘날까지도 문화와 예술 분야 및 학문적 커리큘럼에 노골적으로 적의를 보인다. 예를 들어 우파 포퓰리스트인 네덜란드의 헤이르트 빌더르스는 예술과 문화, 인문학 분야를 "좌파들의 취미"로 폄하했다. 이 분야는 투자할 가치가 없다고 여겨지면서 대규모 정부 예산 삭감의 표적이 되었다. 이런 경향은 오늘날 독일에서도 계속되고 있어서, 극우 집단인 '독일을 위한 대안'은 진보적인 작가, 예술가, 공연자들에 맞서 '문화 전쟁'을 시작했다.

문학과 문학 비평은 오늘날 ─경영진, 정책 입안자, 대다수 언론에게─ 필수품이 아니라 사치품으로 인식된다. 이런 경향을 머리나 워너는 "학계의 새로운 야만주의"로 묘사했다(2014: 42). 이전 세대들이 문학, 음악, 문화의 위대한 전통에 가질 수 있었던 자부심은 이제 세계화되고 기술적으로 매개된 세계에서 합의점이 되지 못한다. 게다가 정전正典 문학 텍스트에 대한 지식에 기초하여 공유되는 감수성은 서구에서도, 또는 다른 지역에서도 당연한 것으로 받아들여질 수 없게 되었다. 워너의 말은 정곡을 찌른다. "인문주의적 교육의 가치에 대한 믿음은 구시대의 로맨스처럼 보이기 시작한다"(2015: 10). 이러한 감수성 전반의 변화를 보고 있노라면, 모던-포스트모던 논쟁 시대에 향수를 느낄 지경이다. 그당시 에드워드 사이드가 바로 이 주제를 놓고 해럴드 블룸과 충돌했다. 그는 문화적 창의성을 민주적 참여 형식과 집단적 활동으로 보고, 문화, 문화적 접근과 생산에 대한 반反엘리트주의적 개념을 옹호했다. 오늘날에는 인문학 전반이 더는 현대 세계의 지식 생산 시스템의 위계질서 안에서 헤게모니를 쥐고 있지 않다. 이와 비슷하게, 비판적 지식인도 더는 선진국 국민들의 이상화된 자아상을 재현하지 못하고 혹독한 감시에 시달리고 있다. 이런 점에서 나는 "이론은 대학교수의 관료화와 문학 문화의 주변화가 증가하는 것에 대항하는 방어이자 그 징후"라는 레드필드의 말에 동의한다(2016: 132).

이런 우울한 사회와 학계의 분위기에 대응하여, 나는 우선 이를 인정하고 인문학을 옹호하는 싸움에 공감한다. 하지만 동시에 나는 피로감에도 불구하고 긍정적인 입장을 택하겠다. 환원적이 되거나 부정성을 피하지 않으면서, 경험적으로 현장에 기반한 방식으로 우리 시대의 긴장들을 설명할 수 있다는 점에서 현대의 포스트인문학의 생산성을 옹호하겠다. 포스트휴먼 미래가 바로 이 분야를 시사하고 있다. 나의 주장을 뒷받침하기 위하여, 포스트인문학이 현재 전 세계적으로 연결되고 기술적으로 매개된 우리 사회들에서 발전하고 있는 양상들을 펼쳐 보일 것이다. 이런 맥락에서 권력을 향해 진실을 말하는 비판이론 전통과 강한 접속을 유지하고, 권위가 어떻게 형성되어 작동되는지를 분석하여 포스트휴먼 융합을 가로질러 가는 데 도움이 되도록 하고자 한다. 폄하하는 사람들이 있어도 비판이란 작업은 결코 끝나지 않으며, 비판적 지식인은 이전 그 어느 때보다도 "힘없는 자들, 박탈당한 자들을 대표하는" 자이다(Said in Viswanathan 2001: 413). 그들 중 상당수가 오늘날 인간이 아니기 때문에 더욱 그렇다.

포스트휴먼 융합은 현대 인문학에 대한 최근의 수많은 논의들에서 두드러져온 우울증과 염세적인 느낌에 도전한다. 사유의 적절한 포스트휴먼 이미지에 대한 탐색이 우리가 살아가는 실제 생활세계의 복잡성을 존중하도록 요구하는 연구 윤리와 뗄 수 없다는 점에 주목해야 한다. 더 나아가, 다음 장들에서 보겠지만, 소진되었다는 주장이 있음에도 인문학 안에서 새로운 학문 분야와 과학적 방법의 개발은 이 분야가 대단히 생산성이 높다는 것을 보여준다. 이러한 창의성은 기술적으로 매개되고 있으며 인류세 프레임 속에 있는 우리 사회들 안에서 대학이 지니는 복잡하고 급변하는 지위를 반영한다. 높은 생산성을 감안하면 인문학에 대한 제도적 지원 삭감은 중지되어야 하며 새로운 투자가 이루어져야 한다는 여러 동료들의 주장에 나는 동의한다. 이것이 위기의 순간이 아니라 오히려 유례없는 성장의 순간이라는 점에서 이 분야의 작업 조건 또한 검토되고 개선되어야 한다.

게다가 이 분야가 역사적으로 자기성찰과 변화하는 환경에 대한 적응을 통해 작동해왔음을 생각하면 '위기'라는 생각은 현대 인문학의 제도적 위상에 어울리는 설명이 아니다. 그보다는 가야트리 스피박(1988)이 '인간의 죽음'에 대한 푸코의 분석에 관해 날카롭게 지적했듯이, '위기'를 인문학의 한 작동 방식modus operandi으로 보아야 할지도 모른다. 강하고 자신만만한 자세로서든, '약한 사유'(Vattimo and Rovatti 2012)로서든, 이론적 인문학은 지속적으로 질문에 스스로를 열어놓는, 말하자면 체질적으로 소크라테스적인 분야이다. 그러므로 인문학자들이 공적 영역에서 스스로를 방어하는 데 지나치게 많은 시간을 쓰고 있음을 부인할 수 없다 해도 절망할 이유는 없다.

포스트휴먼 융합은 학자와 과학자에 대한 다른 인식을 불러일으키는데, 이것은 유럽 시민의 본질로 '이성의 인간'을 내세우는 휴머니즘의 고전적 모델에서는 빠져 있다(Lloyd 1984). 포스트휴먼 도전들은 매체와 기술의 막대한 영향을 받아들여 다양한 담론들 가운데서 초학제성과 탈경계성의 집중된 형태로 나아감으로써 이 모델을 갱신하도록 우리에게 요구한다. 이러한 운동은 학문 활동에서 개념적 다양성을 횡단적으로 포용한다. 또한 실용 지식과 응용 지식을 뒤섞는 것을 선호하며, 우리 사유의 제도화된 습관을 재고하도록 한다. 인문학의 제도적 실천 안에서 인간의 담론적, 물질적 형성을 추적하고, 주체성의 형성에 초점을 맞추는 것은 이 책의 기획에서 여전히 핵심적인 요소이다.

탈-노동의 피로

우리 경제가 지닌 조울증 정서의 상당 부분은 신 경제new economy의 직접적인 결과이다. 들뢰즈와 과타리(1977, 1987)는 선진 자본주의를 해부하여, 그것이 무자비한 자기 본위의 에너지로 사회 구조를 불안정하게 만드는 탈영토화의 흐름을 통해 작동한다는 사실을 가르쳐주었다. 글로벌 경제에서는 발전 속도의 차이가 핵심적이다. 그것은 글로벌 문화뿐 아니라 글로벌 자연을 왜곡하고, 모든 살아 있는 물질들—인간과 인간-아닌 것—을 상업화와 소비의 논리에 포섭시키는 방적기이다(Franklin, Lury and Stacey 2000). 상품화된 선택, 끊임없는 소비, 양화된 자아로 증식된 그 결과는, 스스로의 토대를 부식시켜 지속가능성의 조건들을 파괴하는 지속불가능한 시스템—'미래를 먹어치우는 자future eater'(Flannery 1994)—을 향해 가게 된다(Patton 2000; Braidotti 2002; Protevi 2009, 2013).

동시에 페미니즘과 탈식민주의 이론들(Grewal and Kaplan 1994)이 지적하듯이, 글로벌 소비주의는 '경계 없음'의 이데올로기를 고취시키면서 소비 상품, 정보 바이트, 데이터와 자본의 초이동성이라는 고도로 통제된 시스템을 실행한다. 하지만 사람들은 자유롭게 돌아다니기가 쉽지 않다. 이동성의 속도가 각기 다른 결과, 즉 이주 노동자, 난민, 비행기로 자주 이동하는 VIP, 일상적인 통근자, 여행객, 순례자 등 전혀 다른 노마드적 주체의 입장들을 생산하면서 전지구적 디아스포라(Brah 1996)가 '추방'의 가혹한 조건을 대체했다(Said 1994). 자본주의적 탈영토화의 폭력으로 말미암아 쫓겨나거나, 집을 잃거나, 가진 것을 제도적으로 빼앗긴 사람들을 비롯하여 전례 없는 전지구적 규모로 탈출 인구가 생겨나고 있다(Sassen 2014). 심화되는 가난과 부채를 비롯한 구조적 불의(Deleuze and Guattari 1977; Lazzarato 2012)로 인해 전 세계 인구 중 상당수가 인간 이하의 생활 조건에 처해 있다. 이런 '죽음정치의necropolitical' 통치성(Mbembe 2003)은 기술적으로 매개된 전쟁과 대테러 전략을 통해 작동하는데, 이 전략은 외국인 혐오와 반反자유주의적 거버넌스의 부상과 함께 포스트휴먼 융합을 정의하는 특징이다. 내가 주체와 주체성의 문제를 특히 중시하는 이유 중 하나가 바로 포스트휴먼 조건의 비-인간적in-human 측면들이다. 그래야 포스트휴먼이 우리의 집단적 저항과 윤리적 책무성에 대해 무엇을 의미할 수 있는가를 찾을 수 있다.

우리가 경험하고 있는 유달리 높은 수준의 기술적 매개는 이윤의 공리 안에(Toscano 2005) 기입되어 있는데, 이것은 또한 '인지 자본주의'(Moulier-Boutang 2012)로도 알려져 있다. 이 시스템은 기술 혁신의 속도를 증가시키고 다양한 기술 분야들의 융합과 조합을 지원함으로써 시장성 있는 지식, 특히 물질에 대한 데이터의 생산을 자본화한다. 인공지능, 신경과학과 로봇공학, 유전체학, 줄기세포 연구, 나노기술, 스마트 재료, 3D 프린팅은 서로 겹쳐지면서 강화해준다. 우리의 일상적 존재 도 처에서 작동하는 알고리듬 문화는 그 자체의 암호화폐로 새로운 재정 시스템을 촉발했다. 또한 이것들은 보안과 프라이버시 문제를 제공하는 데, 일부 비평가들은 이를 '감시 자본주의'라 불렀다(Zuboff 2019).

오늘날 자본으로 간주되는 것은 자기-조직화의 내재적 능력을 지닌, 살아 있는 물질 자체의 정보적 힘이다. 이것은 새로운 정치경제인 '생명 자체의 정치학'을 낳으며(Rose 2007), '잉여로서의 생명'이라고도 하고 (Cooper 2008), 혹은 아주 간단하게 '생명자본'의 탈-유전체 경제라고도 알려져 있다(Rajan 2006). 오늘날 진짜 자본은 기술을 융합하는 생명의 자기-조직화하는 힘이며, 이 힘의 활력은 무엇도 뛰어넘을 수 없을 듯 하다. 선진 자본주의는 이런 이유로 수많은 이름들을 얻었다. '분열증으 로서의 자본주의'(Deleuze and Guattari 1987), '플랫폼 자본주의'(Srnicek 2016), '사이코파마코포르노자본주의$_{Psychopharmacopornocapitalism}$'(Preciado 2013), '마비성 자본주의'(De Sutter 2018) 등이 그것이다. 선진 자본주의 는 고도의 기술적 매개가 심각한 사회적, 경제적 불평등과 만나 분노와 좌절을 낳는 시스템이다. 선진 자본주의는 20세기의 진보 정치 운동이 예견했던 것보다 더 유연하고 적응력이 강하며 교활하다는 것이 드러 났다.

다시, 자본의 다규모 진행 속도가 여기에서도 작용한다. 그럼으로써 딜레마와 모순은 증폭된다. 이 고도로 매개된 시스템은 경제의 금융화 에 의존하며, 급속히 움직이는 금융과, 현장 기반의 정태적인 노동 임 금 사이의 분열을 수반한다. 금융경제와 실물경제 사이의 이런 불일치가 신자유주의 시스템의 핵심에 놓여 있다. 이는 따라서 직업 안정성을 보장받을 수 없게 되고, 불안정한 제로 시간$_{zero-hours}$ 노동 계약이 학계를 비롯하여 전 분야에서 실행된다는 의미이다. 그러나 여기에는 또한 디지털 기술과 알고리즘 능숙도가 요구된다. 이것은 자본주의 체제 자체를 흔들지는 않으면서 그 틀 바깥에서 생각할 수 있는 능력에 보상을 제공한다. 그래서 4차 산업혁명의 핵심에서 진보는 해결하는 수만큼의 문제를 또 만들어낸다. 이런 첨단 기술에 대한 평등주의적 접근의 문제와 사회적 불평등의 폭력성은 신기술이 구직 시장에 일으키고 있는 엄청난 직업 제한과 나란히 간다. 따라서 이 모든 것들이 진행 중인 지구 자원 고갈에 영향을 준다. 이렇게 보면 '자본의 분노'(Parr 2013)에는 끝이 없어 보인다. 그러므로 노동자들의 연대는 지배의 정보과학에 의해 지탱되는 동시에 위협받는 기술-민주주의 시스템에서 환경 정의와 공정한 참여의 문제와 나란히 가야 한다(Haraway 1990). 자본, 정보, 데이터 이동성의 과장된 속도는 성장도 없고 접근할 수도 없는 꽉 막힌 현실과 공존한다. 전지구적인 이주는 속도와 정체, 운동과 멈춤이 분열증적으로 양쪽에서 끌어당기는 상황을 보여주는 예이다. 또한 글로벌 경제의 체계적 구성 요소이다.

현대의 좌파 사회 사상가들은 노골적인 불의와 이 시스템의 경제적 자원의 양극화를 지목하면서 다시 균형을 맞추려 애썼다. 나 역시 그들과 같은 목표를 갖고 있지만, 현재의 경제에 대한 그들의 분석을 항상 신뢰하지는 않는다. 왜냐하면 대부분의 사회 이론이 사회적 공간을 본질적으로 인류형상적인 갈등과 저항, 경계와 연대로 정의되는 것으로, 여전히 근대적이고 구조주의적인 비전을 가지고 바라보고 있기 때문이다. 이런 동일한 특징들이 시스템 비판 투쟁을 역사적으로 신체화하는 지식인과 행동가 계층으로 옮아간다. 이것들은 가치 있는 이상이고 나도 전적으로 동의하는 바이지만, 문제는 포스트휴먼 융합의 모순을 제대로 포착하지 못한다는 점이다.

예를 들어 서넥(2016)은 『플랫폼 자본주의*Platform Capitalism*』에서, 인간을 기술과 적대 관계에 놓는 사회 구성주의적 방법에 근거한 전통 마르크스주의 틀 안에서 현상을 분석하고 있다. 그 결과 '탈-노동'의 사이버네틱 사회를 위한 고전적인 사회주의적 제안을 내놓는데(Srnicek and Williams 2015), 여기에서 인간은 첨단 기술을 통해 지겨운 일에서 해방될 것으로 그려진다. 그러나 이런 분석은 4차 산업혁명의 중요한 특징들, 즉 그것이 모든 살아 있는 시스템들의 생체-유전학의 자본화와, 인공지능이 추동하는 자기-교정 기술의 폭넓은 이용에 의존한다는 사실을 제대로 다루지 못한다. 이 기술적으로 매개된 생명 시스템들의 '스마트한' 시스템이 성취하는 것은 노동 자체의 억압이다. 2030년대 초반까지 OECD 국가들에서는 30퍼센트의 일자리가 자동화 때문에 위험에 처할 수 있다고 추산된다. 그러므로 서넥의 분석은 금융경제와 임금경제 간의 시스템적 분열이라는 화급한 문제는 건드리지 않는다. 임금을 받는 인간 노동의 경제가 사라진다고 해서 노동 자체가 다 사라지지는 않는다(Brown 2016). 기술을 사회 조직과 긴밀하게 연관되었다기보다 도구적인 것으로 보는 낡은 이해를 채택한다면, 우리의 일상생활, 또는 우리의 주체성의 감각이나 우리의 상상에 기술이 미치는 영향을 충분히 다 설명할 수 없게 된다.

테라노바(2004)는 다른 입장을 취하여, 현대의 네트워크화된 사회들과 그 '초사회적' 구조들이 지닌 모순에 걸맞은 정치적 어젠다 개발의 중요성을 강조한다. 테라노바는 신 경제가 범주와 계급을 구성하는 동시에 해체하고 통합하면서 분열시키는 방식에 대한 자신의 분석에 기술적 매개의 전적인 영향을 적용하고자 하면서, 진행 중인 변화를 진보적이고 프로그램되지 않은 잠재력에 기반하여 구축할 것을 제안한다. 그 변환들은 강화된 사회적 협력 및 재정적, 기술적, 환경적, 정서적 부와 자원의 공유에 기반하여 포스트-자본주의적인 방향으로 경제의 초점을 다시 맞출 기회를 제공한다. 테라노바(2018)는, 포스트휴먼 '공유복지commonfare'―새로운 디지털적, 생태적, 사회적 공유자원commons―의 형태로 노동과 사회 복지 양자를 현대적으로 수정함으로써 사회주의적 사이버네틱스의 오래된 꿈을 대체해야 한다고 주장한다. 덧붙이자면, '공유복지' 자원과 시설의 이용 기회는 사회 계급뿐 아니라 성차화, 인종화, 자연화된 타자들의 선線을 따라서도 공평하게 분배될 필요가 있다.

　노동의 사회적 관계 분석에 대한 또 다른 독창적인 접근법은 신체화embodiment의 페미니즘 정치학에서 시작한다. 쿠퍼와 윌드비는 후기-산업주의 노동에 대한 가장 진보한 이론조차도 신체화된 현실을 제대로 다루지 못한다고 주장하면서, 새로운 재생산 경제와 관련된 신체화된 노동을 분석한다. 여기에는 대리모, 신체 조직·장기·혈액의 매매, 그리고 그들이 '생명의료 경제'라 부르는 것의 임상 시험 참여가 포함된다(Cooper and Waldby 2014: 4). 이는 신재생산 시장new reproductive market을 지탱하는 의약 산업과, 생명과학 부문을 지탱하는 줄기세포 산업까지 포괄한다. 그들은 이런 형태의 노동은 인정받지 못하고 당연히 보수도 적다고 주장하면서, 이를 '임상 노동'이라 칭한다. 그들은 페미니즘적이고 탈-식민지적인 틀을 통해 이러한 새로운 계급 현상을 비판적으로 분석할 것을 요청한다. 그러나 긍정적으로 비틀어, 그들은 또한 그 비판적 분석이야말로 탈신체화와 탈환경의 구조를 과도하게 강조하는 신 경제에 물질적으로 내재되어 있는 공헌이라고 이해하며, 현대의 인간, 인간-아닌 것 및 기술-매개된 주체들의 생물학적 자원에 신 경제가 진 빚을 부인하는 것이 더 낫다고 본다. 이런 분석은 현대 노동의 형성 과정에서 나타난 독특한 특징들과 긍정적인 잠재성을 강조한다.

들뢰즈와 과타리의 분열증으로서의 선진 자본주의 해부(1987)는 자본의 속도와 정체가 보여주는 다규모의 운동과 복잡성을 포착하는 데 적절하면서도 필수적인 도구이다. 그러나 현대의 포스트휴먼 연구 분야의 사회적 지도그리기로는 충분치 않다. 인지 자본주의의 체계적인 진자운동과 그 흔들리는 분위기를 포착하기 위해서는, 이 시스템의 근본적으로 로고스 애호적인 성격과 그것이 동원하는 생성적 힘들, 그리고 부지불식간에 스며드는 로고스-공포증의 핵심, 이 양자를 모두 해명할 필요가 있다. 과도하게 넘쳐나는 데이터, 연구를 추동하는 정보 및 지식이 있는가 하면, 훈육과 처벌의 반작용적 힘들 역시 우리 사회 시스템의 복잡하고 기술적으로 매개된 구조들에서 작용하고 있다. 보통 '보안'이라는 용어로 함께 묶이지만, 이런 제한적인 생명과 죽음의 정치적 경향들은 인지 자본주의의 활력과 동일한 외연을 갖는다. 이 책에서 내가 전개하는 긍정의 관계적 윤리학은 자본주의적 탐욕의 부정적이고 엔트로피적이며 자기중심적인 회전들과, 지속가능성에 봉사하는 과학 지식 사이에 분할 선을 제공한다.

이 책에서 나는 피로는 덜하고 개념적 창의성은 훨씬 더 많은 포스트휴먼 이론이 우리에게 필요하다고 제안한다. 주체성의 실천을 완전히 포기한다면, 이런 변화하는 조건들에 대한 가능한 해결책을 그려보기 시작하는 것은 고사하고 거기에 적합한 지도그리기를 만들어낼 수조차 없을 것이다. 포기할 것이 아니라 포스트휴먼 시대에 적합한 윤리적, 정치적 주체성을 재구성해야 한다.

민주주의에 대한 피로

신 경제로 유발된 사회적 균열들이 깊어지면서 정치적, 사회적 운동들이 과격해지고 있다. 마치 민주주의가 더는 대중의 상상력에 불을 붙이지 못하게 되었다는 듯이 포퓰리즘이 정치적 스펙트럼의 좌우에서 일어나고 있다. 1930년대 유럽 인문학과 사회과학의 위기에 대한 후설의 말을 생각해보면, 민주주의 시스템의 자살적 경향에 대해 정말로 궁금증이 인다. 대의민주주의는 자신의 반동적 요소에 대한 면역이 과연 있을까(Brown 2015)? 민주주의 자체만으로는 선거에서 다수를 차지한 쪽이 우리를 구해줄 수 없다는 냉정한 인식은 정치적 추진력이 반자유주의 운동 편에 선 듯한 역사적 시대에 매우 중요하다. 우리에게는 이런 압력에 대처하기 위해 더 강한 윤리적 힘이 필요하다.

오늘날 너무 많은 사람들이 반反민주주의 운동 쪽에 민주적으로 표를 던지고 있다. 현대 서구 정치인들—도널드 트럼프, 브렉시트 지지자들부터 블라디미르 푸틴에게 홀리는 비셰그라드 그룹까지[4]—은 대중의 분노와 불만을 교묘하게 다루어 외국인 혐오와 인종주의 쪽으로 돌려

놓는 데 도가 텄다. 이 착취하는 정치인들이 유권자들의 고통과 절망에 '공감'하는 것은 유권자들의 쌓인 분노를 여성, LBGTQ, 이민자, 외국인, 망명 신청자 등 멸시받는 '타자성'을 지닌 자들에게 돌리기 위해 그들을 부추길 때뿐이다.

현대 미국 이론 전쟁의 두드러진 특징은 최근 미 행정부의 백인 우월주의 선호에 따라 예전의 자유주의 사상가들이 극보수주의로 돌아선다는 것이다(Lilla 2017). '정치적 올바름'이라는 모호한 용어가 되살아나 좌파와 우파를 막론하고 포퓰리즘 운동에 남용되고 있다. 지젝 같은 좌파들이 트럼프 대통령을 지지할 뿐 아니라, 극우의 부상을 진보적인 민주당 탓으로 돌리고 있다. 반자유주의적이고 권위주의적인 체제와 운동을 지나치게 받아주는 이런 비뚤어진 정치적 기류는 또한 1990년대에 널리 이용되었던 반反이론 전략의 부활로 귀결된다. 이는 사회적 소수와 신경제 체제에서 배제된 자들의 경험과 이익을 반영한 어떤 비판적 담론에도 반대하는 인식적 상대주의와, 반反과학적 방법 모두의 책임이다. 오늘날 캐나다의 임상심리학자 조던 피터슨(2018)과 같은 백인 남성의 용맹함을 대표하는 자들이 진두지휘하는 이런 전략들은, 인문학의 과학적 신뢰성에 도전한다는 점에서 특히 인문학에 해롭다. 이 신-보수주의자들은 시대의 편협한 편견에 발맞추어, 매우 도덕적인 언어로 비판적이고 이론적인 인문학이 도덕적 사명을 배신하고 '타락'했다고 비난한다.

그러나 대서양 건너편에는 문화적 차이들이 여전히 남아 있고, 유럽연합의 우파 포퓰리즘 운동은 유서 깊은 반동적 전통을 화려하게 뒤집고서 페미니즘과 동성애자의 권리를 옹호하는 모습을 보여주었다. 특히 프랑스에서 이런 모습이 두드러지는데, '국민전선'은 전 부대표이자 게

이 운동가인 플로리앙 필리포의 영향으로 장-마리 르 펜 당의 선조 동성애혐오증에 단호히 반대 입장을 취했다. 이런 반전은 앞서 네덜란드에서도 있었다. 처음에는 핌 포르타윈, 그다음에는 헤이르트 빌더르스의 자유당이 LBGTQ+의 대의를 포용했다. 가장 최근의 현상은 독일에서 일어났는데, 커밍아웃한 레즈비언 알리스 바이델이 극우 정당인 '독일을 위한 대안'의 원내지도자가 된 것이다. 고도로 민족주의적이고 인종주의적인 이 정치 조직들은 LBGTQ+와 페미니즘 이슈를 이슬람에 대한 서구의 우월성을 보여주는 예로 이용한다. 이런 기회주의적 전략—'성적 민족주의', '호모민족주의', '퀴어 민족주의'를 비롯하여(Puar 2007) 다양한 용어들로도 알려져 있다—은 이슬람에 반대하는 외국인 혐오적 문명 캠페인에 페미니즘과 LBGTQ+ 권리의 변환적이고 급진적인 사회적 프로젝트를 동원하려는 시도이다.

강력한 민족주의적 가치에 대한 호소와 구금, 추방, 배제를 옹호하는 외국인 혐오 조장은 우파와 좌파 양쪽에서 들뢰즈와 과타리가 미시-파시즘micro-fascism이라 부른 것(1977)을 만들어낸다. 최근 포퓰리즘적 운동과 그 경솔한 지도자들이 실행한 조작의 목표는 증오, 불화, 인종주의를 퍼뜨리는 것이다. 민족주의적 반-지성주의가 다시 부상하고 있다. 인터넷으로 즉시 소통할 수 있을 뿐 아니라 매일같이 독설을 쏟아부을 수 있다. 이는 적어도 두 가지 이유로 불쾌하며 사람의 진을 뺀다. 즉, 부끄러움을 모르는 어리석음이라는 점, 그리고 유럽 역사에서 이전에도 있었던 일이라는 점 때문이다(여기에서 한나 아렌트의 말을 빌리겠다, 2006).

이에 맞서, 이 책에서 나는 긍정의 정치적 열정과 자유의 집단적 추구를 강조함으로써 민주주의적 상상을 재점화하고자 한다. 우리 시대의 환멸과 균열을 인정하는 데에서 시작하겠지만, 긍정의 윤리적 실천praxis 안에서 그것들을 수정해볼 것이다.

이것은 물론 단순하지도 쉽지도 않은 과정이지만, 분노하고 반대하는 것만으로는 충분치 않다. 우리는 구성적인 힘이 될 수 있도록 그것들을 행위 능력으로 바꾸어야 한다. 핵심 질문은 이것이다. 누가, 얼마나 많은 이들이 '우리'인가? 민족the people이라는 호전적인 호소에 저항하면서, 정치학은 일단 민중a people을 모으는 것, 즉 자신들의 조건에 대한 공유된 인식에 기초하여 구성된 하나의 공동체를 만드는 것에서 시작해야 한다고 나는 주장한다. 또한 이러한 만남의 공간에서 희망과 열망을 공유하면서 행위의 형태들이 만들어질 수 있다. 비판과 창조 작업은 함께 간다. 이 생산적인 관계적 접근은 우리 시대의 모순들을 생각하면 훨씬 더 중요해진다. '우리'는 기술적 진보에 흥분하면서 동시에 우리 시스템의 사회적 분열과 불의에 상처받을 수 있다. 그러나 우리가 다 함께 대안으로 만들고자 하는 것이 무엇인가에 대해 동의하기 전에, 우리는 바로 이 질문과 대면해야 한다. '우리'는 어느 정도까지 '우리'가 여기에 함께한다고 말할 수 있는가?

다시 말해, 연대와 저항을 촉진하기 위해서, 공포와 취약성에 의해 하나된 '인류humanity'를 다급하게 재구성하는 것은 피하는 편이 좋다. 나는 긍정적으로 일하는 편을 선호하고, 현장 기반의 위치들, 복잡성, 그리고 우리를 한데 묶어주는 것에 대한 실천 지향적인 차이의 비전을 옹호한다. 예를 들어 인류세 시기에 신자유주의 경제 정치학과, 우리 행성의 인간 인구와 인간-아닌 행위자 모두의 전 층위에서 권리를 박탈하고 배제하는 시스템 사이에 밀접한 연관이 있다는 것을 알아야 한다. 우리는 4차 산업혁명과 여섯 번째 대멸종 둘 모두에 의거해서 생각해야 한다.

그런데 우리의 사회적 존재에서 지배적인 분위기가 소진과 만연한 불안 사이를 시소처럼 오가는 상태라는 것은 조금 이상하다. 우리 모두를 저기 어딘가의 답을 한없이 기다리게 놔두는 조울증 정서의 경제가 우리의 정신적 풍경을 구성하는 것 같다. 많은 사람들이 익히 예고된 '신' 경제의 가장자리에 있다고 느끼고, 그것이 즉각 가져올 사회적 결과를 두려워한다. 지리-정치학적으로, 안전에 대한 모든 감각은 이미 1950~1960년대의 맨해튼 프로젝트 때 우리 삶에서 사라졌지만, 현재의 변환은 더 멀리까지 퍼지고 더 깊은 타격을 주고 있다. 냉전이 끝난 뒤에는 지구 온난화가 왔다.

지구 온난화도 마찬가지로, 그중 어떤 것은 생태학적이고 어떤 것은 지리-정치적이다. 이제 서구는 소비에트를 주적으로 삼지 않는다. 하지만 목표가 '테러와의 전쟁'으로 분산되면서, 공포와 불신으로 작용하는 통치 방식에 의해 우리의 집단 면역 시스템은 일련의 침입으로 고통받고 있다. 또한 우리는 시민 결속과 정치적 유대의 후퇴를 경험하고 있다. 우리를 묶어주던 신뢰가 무너지고 있는 것이다. 이는 21세기의 민주주의에 좋은 징조가 아니다(Rorty 1998). 적들이 도처에서 출몰하는 듯하다. 자기 사회에 등을 돌리는 자생 테러리스트들이 나오고 이웃은 목숨도 빼앗을 반대자가 되고 있다. 도처에 위험이 있다. 그 위험이 무엇인지는 여전히 확실치 않아서, 유기적이거나 기술적인 바이러스일지, 아니면 다음에 올 컴퓨터 시스템의 붕괴일지 모를 대파국을 예상하며 살아간다. 중요한 것은 그 사고가 우리 삶에 항상 내재해 있으면서 긴박하게 닥쳐온다는 것이다. 언젠가는 일어날 것이다. 단지 시간문제일 뿐이다

(Massumi 1992).

이와 마찬가지로, 장-뤼크 낭시(2015)는 현대 시스템들—생태적이고, 사회적이며, 기술적인 시스템이지만 또한 복지와 보안 시스템 면에서도—의 상호의존성이 공동 기반시설과 자원의 공동이용으로 번역되는 것에 대해 분명한 우려를 표한다. 이런 시스템들은 이윤의 축적과 교환으로 정의되는 자본과의 연결에 공통적으로 의존하고 있다는 점에서 실제로 결속되어 있다. 낭시에게는, 만연한 자본주의에 대한 이러한 고도의 상호의존성이야말로 진짜 재앙이다. 그가 보기에는, 우리 모두에게 닥친 전지구적 위기가 계속 전개되고 있다. 다만 그는 그 '우리'의 보편성을 문제 삼지 않을 뿐이다.

마수미와 낭시는 대파국이 목전에 있으며 내재해 있다고 강조하지만, 나는 내재성이라는 개념에 있는 다른 요소들, 예를 들자면 저항을 만들어낼 수 있는 잠재적 역량을 끌어내고 싶다. 포스트휴먼 주체성을 위한 긍정적 기획에 발맞추어, 나는 다른 종류의 내재성의 정치학을 주창하고자 한다. 취약한 범인류 속으로 도피하기보다, 나는 현재의 어지러운 모순들 속에 우리 자신을 내재적으로—그러나 유동적으로—다시 자리매김하기를 바란다. 이런 입장을 유물론적 내재성이라고 부르겠다. 게다가 포스트휴먼 조건은 인간의 거부나 멸종, 빈곤화가 아니라, 인간을 재구성하는 방식이다.[5] 그러나 이러한 인간의 재생은 단선적이거나 보편적인 것이 아니라 상황적이고 관점주의적이며, 따라서 내적으로 파열되어 있고 잠재적으로 적대적이다. 그것은 어떤 이들에게는 트랜스-휴먼적 강화의 형식이 될 것이고, 또 어떤 이들에게는 가이아를 내세워 인간의 오만을 축소하는 일이 될 것이다. 대다수에게는 다른 인간들과의 연대를 인정하고, 더불어 인간-아닌 것들을 포용할 것을 요구한다. 이런 다양한 선택들은 이 융합 속에서 발생하는 인간의 재정의와 포스트휴먼 주체 형성의 수많은 동역학이 있음을 보여준다.

휴머니즘과 인류중심주의 이후 인간의 잠재적 재정의에 대한 이런 열광에서 중요한 것은, 현대 권력이 어떻게 구성되고 있는가의 문제이다. 이는 그 권력이 우리가 알고 있는 것과, '우리'가 **여기**에 함께하고 있다는 느낌을 주거나 주지 않는 방식들에 어떻게 영향을 미치는가의 문제이기도 하다. 우리는 다양한 여러 입장들을 위해 만남의 장을 구성하는 것으로 시작해야 한다. 이는 그들의 상황적이므로 부분적일 수밖에 없는 관점을 인정하는 것이다. 이 기획은 우리 시대에 인간이 구성되고 개념화되고 사회적으로 경험되는 용어들을 ―휴머니즘과 인류중심주의를 넘어서―재협상할 필요가 있다는 데 먼저 동의할 것을 전제한다. 우리는 '우리'가 누구인지를 협상해야 한다.

앞에 놓인 도전은 여러 가지이다. 포스트휴먼 시대는 다소 진을 빼는 수많은 모순과 역설을 가로질러 새롭게 지식을 구성하는 포스트휴먼 주체들을 요청하며, 이들에 의해 지탱된다. 그러나 아직 그들은 새로운 사회적 상상들과 사회적 관계들을 만들어내고 있는 중이다. 가장 좋은 예는 초학제적인transdisciplinary 포스트휴먼 지식의 역동적 분야들이라고 할수 있는데, 나는 이것을 비판적 포스트인문학이라 부르겠다. 이것이 나에게 미래를 위한 희망을 준다.

2장

포스트휴먼 주체들

POSTHUMAN
KNOWLEDGE

비록 많은 차이가 있기는 해도, 대부분의 포스트휴머니스트들은 오늘날 주체란 무엇이며 어떻게 주체가 관계적 능력을 활용하는가에 대한 확장되고 분산된 횡단적 개념이 필요하다는 데 동의할 것이다. 휴머니즘적 예외주의를 넘어 나아가면서 주체성은 다양한 인간-아닌 것들에 대한 관계적 의존성과 전체로서의 행성 차원을 포괄해야 한다. 횡단성transversality은 다양한 축들을 가로지르는 주체를 개념화할 수 있도록 돕는 조작적 개념이다.* 그러나 포스트휴먼 분야의 학자들이 그 횡단

---

* '횡단성'은 주체성의 정도를 가늠할 수 있게 하는 척도로서 과타리의 실험(라 보르드 병원에서 의사-간호사-환자-기타 병원관리자 사이의 경직된 관계를 가로지르는 다양한 종류의 관계 맺기와 소통 실험)에서 비롯한 개념이다. 과타리는 『정신분석과 횡단성Psychanalyse et transversalité』(1972)에서 주체 집단과 예속 집단을 구분한다. 예속 집단은 중앙집권적이고 위계적이며 획일화되어 있어서 창조적 발전을 방해하고 다른 집단을 배제하는 자기 보존적 경향을 지닌다. 반면, 주체 집단은 개성들이 사라진 획일

성을 어디까지 밀어붙일 수 있는가에는 각기 차이가 있다. 트랜스섹스와 트랜스젠더는 이제 잘 알려진 범주이지만(Stryker and Whittle 2006; Stryker and Aizura 2013), 트랜스-종trans-species(Tsing 2015), 멀티-종multi-species(Kirksey and Helmreich 2010), 트랜스-신체성trans-corporeality(Alaimo 2010)은 인문학에는 아직 너무 멀리 있다. 과연 주체성은 포스트휴먼 융합에 적합한 개념일까?

답을 찾기 위해 포스트휴먼 연구의 집단적 담론 생산이 제공하는 경험적 증거들 쪽을 살펴보겠다. 분명 새로운 '스마트'한 대상들이 학문적 연구 분야뿐 아니라 우리의 존재 속으로 들어왔다. 이것들은 급속히 뻗어나가는 디지털 데이터의 우주에서 출현한다. 이 우주는 빠르게 확장되고 있는 인류세의 세계에서 '사물인터넷'[1]을 통해 우리의 일상생활과도 여러 면에서 맞닿아 있다.

인문학의 최근 연구 주제들은 탐구 대상의 이런 상충하는 인간-아닌 것들의 다양성을 반영한다. 오늘날에는, 그중 일부만 언급해봐도 동물 연구, 비판적 식물 연구, 생태비평과 지리비평에 알고리듬 연구까지 있다. 인문학자들은 요즈음 숲, 균류, 먼지, 바이오-수소-태양-기술적 실

화된 수평적 총체성과 피라미드 구조의 수직적 위계성을 모두 벗어나는 '횡단적 소통'을 통해 자기 갱신과 자기 창조를 실현한다. '횡단성'은 수평성과 수직성을 피해 상이한 방향으로 상이한 수준들 사이의 소통을 최대한 개방하려는 경향이다. 주체성을 생산하는 소통과 개방의 정도는 '횡단적 지수'로 가늠할 수 있는데, 경마장 말들의 눈가리개 조절이 그 예시를 보여준다. 말들이 옆을 볼 수 없게 눈가리개가 완전히 닫혀 있을 때 횡단적 소통의 정도는 낮고 말들의 외상적 충돌이 늘어나는 반면, 눈가리개가 열려 있을수록 횡단적 소통의 정도는 높고 말들의 경주가 조화롭게 이루어질 수 있다. 동일성의 고정된 벽을 부수고자 하는 주체 집단은 횡단적 지수가 높고 내적 소통과 변화에 개방적이다.

재들은 물론이고 코드, 소프트웨어, 디지털 쓰레기 같은 대상들도 다루고 있다. 포스트-휴먼과 신유물론 연구 분야의 가치는 무분별한 종합을 막는 데 있다. 지금으로서는 포스트휴먼 지식이 생산되고 생성되는 과정에서 무엇이 될지에 대한 포괄적인 지도그리기를 제공하는 정도가(다음 장을 보라) 우리가 할 수 있는 최선이다(Braidotti and Hlavajova 2018).

그러나 이 분야에서 일하는 많은 이들에게 주체성의 문제는 포스트휴먼 곤경과 불편한 관계에 놓여 있다. 주체성 이론의 필요성을 격하게 부인하는 경향과, 약간 바로잡고 수정하면서도 휴머니즘 전통 속에 주체성을 재기입하려는 경향 사이에서 연구가 분열되고 있다. 나는 오히려 이런 양극화가 불편해서 어떤 중간지대를 찾고 싶다. 우리에게는 우리 시대에 걸맞은 주체의 위치가 필요하다. 이는 사회 정의, 윤리적 책무성, 지속가능성, 그리고 트랜스-종과 세대 간 유대와 연결된 문제에 우선권을 부여한다는 뜻이다(Braidotti 2006, 2013). 주체성을 '포스트휴먼화'함으로써, 주체를 포스트-휴머니즘과 포스트-인류중심주의의 모순들을 가로지르는 역동적인 융합 현상으로 다시 자리매김할 수 있다. 이러한 관점의 전환이 갖는 이점과 잠재성을 강조하면, 주체의 다층적 복잡성을 정당하게 다루기 위해 적합한 윤리적 틀을 개발하는 데 도움이 된다. 주체에 대한 나의 긍정적 비전은 포스트휴먼 주체에 요구되는 인간-아닌 것들의 횡단적 동맹들을 구성하는 데 유용한 플랫폼을 제공한다.

포스트휴먼 곤경은 훨씬 더 다양화된 관계적 기술을 요구한다. 포스트휴먼 주체들은 진행 중인 작업이다. 그들은 포스트-휴머니즘적이고 포스트-인류중심적인 탐문의 축을 따라 포스트휴먼 융합 안에서 비판적이면서도 창의적인 프로젝트로 출현한다. 그들은 '우리'가 과거로부터 물려받았던 인간임에 대한 자기-표상과 관습적 이해를 의문시한다. 그렇게 함으로써 그들은 집단적 '우리'의 다면적이고 차이적인 본성을 탐색한다.

주체성을 구성하는 것은 구조적인 **관계적 역량**이다. 이는 어느 실체든 지니고 있는 힘이나 권력의 특수한 정도, 즉 타자들을 향해 확장되고 타자들 가까이로 나아갈 수 있는 능력과 결합되어 있다. 그 실체들은 중심화된 주체와 '그의his' 오래된 지식의 계보 없이도 주체성을 구성한다. 그것은 수목적 주체가 아니라 리좀적 주체*이다(Deleuze and Guattari 1994). 몸들bodies은 뿌리박히고 신체화되어 있으며, 관계적이고 정서적인 힘들을 가지고 있다. 몸들은 다른 것이 될 수 있고, 다른 속도로 생성할 수 있다. 횡단적이고 관계적인 실재로 정의되는 주체는 자유주의적 개인과 일치하는 것이 아니라 '이것임haecceity'**이다. 이는 포텐시아potentia라는 긍정적 의미의 권력power의 정도에 해당하는 것으로서 특이성들이나 강도들의 복합체로 이루어진 하나의 사건을 의미한다(Deleuze and

---

* 나무와 리좀의 대비는 들뢰즈와 과타리의 『천 개의 고원』(1980) 서론 「리좀」에 근거한다. 나무가 중심에 해당하는 뿌리와 이에 종속된 주변 가지들로 구성된 균일화된 구조를 대표한다면, 리좀은 뿌리와 가지 또는 중심과 주변의 위계적 구별 없이 수평적으로 뻗어나가는 열린 체계로서의 다양체를 대표한다. 나무가 위로 자라면서 뿌리와 가지들 사이의 수직적 위계 구조를 보인다면, 리좀은 이런 방식의 중심도 초월도 없이 모든 지점이 모든 지점과 접속하고 모든 방향으로 움직이며 새로운 방향들을 창조한다.

** '이것임'은 스콜라 철학에서 유래한 것으로 개체화된 존재의 개성個性을 의미한다. 브라이도티가 의거하고 있는 들뢰즈의 '이것임'은 이 개성을 어떠한 주체나 인격적 자아 또는 대상의 개체성이 아니라, 생성 중에 있는 하나의 삶, 하나의 계절, 하나의 전투, 오후 5시, 바로 이 순간의 바람 등 다양한 속도들과 강도들의 차이에 따라 구성되는 독특한 존재론적 사건들의 개체성으로 간주한다.

Guattari 1994). 따라서 주체성은 탈-개인적이며 전前-개체적이고 관계적이어서, 다양한 타자들과의 끊임없는 협상 속에, 완전히 전복시키지 않는 이상 이해하면서 조정해보려고 하는 그런 조건들 속에 잠겨 있다.

내재성의 철학 또는 상황적 관점의 철학은 실존의 조건들에 대한 적합한 이해에 도달해야 하는 인식론적 의무를 함축한다. 그리고 이 의무는 당대에 상응하는 윤리적 의무도 수반하는데, 이는 변화하는 상황에 대응하여 그 조건들을 설명하고 그것들과 긍정적으로 상호작용하기 위한 것이다. 이 실천 철학이 제공하는 것은 바로 문제와 질문의 장 그 자체, 다시 말해서 최근 주체성 문제를 재-정식화하게 만들고 새로운 개념들을 요청하고 있는 권력 관계에 대한 지도그리기이다(Deleuze 2006).

그러나 포스트휴먼은 어떻게 주체성의 문제에 영향을 미치는가? 포스트휴먼 주체성이란 형용모순 아닌가? 인간은 아직도 인식하는 주체를 정의하는 데 필수적인 참조점인가? 만약 그렇다면 정확히 어떻게 그런 것인가? 인간-이상이면서 동시에 인간-이하이기를 요구하는 시대에 주체가 된다는 것은 과연 어떤 의미인가? 인간 이상이라 함은 다규모의 변환들과 기술적 진보 때문이고, 인간 이하라는 것은 비인간적인 경제적, 사회적 양극화와 돌이킬 수 없는 환경 파괴 때문에 그렇다. 그렇다면 질문은 바로 이것이다. '우리'는 과연 누구인가?

지리-정치학적 관점에서 '우리 포스트휴먼 주체들'은 다양한 균열 및 화해 불가능해 보이는 권력 차이 위에 놓여 있다. 기술적 진보의 혜택을 동등하게 누릴 수 없다는 사실도 여기에 포함된다. 이주와 인구 이동의 글로벌 흐름, 커져가는 경제적 격차, 대규모 추방, 심화되는 인종차별과 외국인 혐오, 광범위한 전쟁과 기후변화는 우리의 역사성을 나타내는 표시들이다. 이런 점에서 보면 우리 자신을 글로벌 행위자보다는 행성적 주체로 생각하는 편이 더 생산적이다(Spivak 1999, 2003). 그러므로 다음과 같은 질문은 개념적인 동시에 윤리적이다. 유전자 변형 식품, 로봇공학, 합성생물학, 해양의 산성화와 육지의 사막화, 기술이 주도하는 '세컨드 라이프' 안에 놓여 있는 '우리' — 바로 이 행성의 인간과 비인간 거주자들 — 는 어떤 종류의 주체들인가? 기존에 자연적인 것이라고 불렸던 것을 포함하면서 사회의 역사 바깥에서 만들어지는, 그러나 정의를 열망하는 포스트휴먼 이론 틀을 어떻게 발전시킬 수 있을까(Chakrabarty 2009)?

페미니스트로서 나는 항상 자유주의와 마르크시즘이 옹호하는 정치권력의 제도화된 형태와 과학적 지식의 생산 이 둘 모두가 여전히 유럽중심적 휴머니즘의 전제들에 의해 지배되는 주체 관념과 실천을 전면에 내세우고 있다는 점을 고통스럽게 의식해왔다. 반-인종차별주의자로서 나는 포스트식민과 탈식민 이론이 중요한 기여를 했을 뿐 아니라 유럽의 것보다 더 오래된 휴머니즘의 토착 전통을 대안으로 내놓았음을 인정한다. 그 이론들은 서구 철학자들이 당연하게 받아들였던 인종차별적 가정들과 백인 우월주의가 인간에 관한 철학적 논의들을 형성해온 데 대해 정교한 비판적 분석을 제공한다(Whyte 2013; Todd 2016).

이제 그러한 단일하고 휴머니즘적이며 유럽중심적이고 남성우월적인 주체를 참조하지 않고서 지식과 권력의 주체를 재-정의해야 한다. 존재론적 평화주의에 대한 확고한 의지를 갖고서, 나는 비판적 논쟁은 지지하지만 폭력에는 반대하는 정치학을 열망한다. 폭력, 군사력, 죽일 권리 — 현대 죽음정치의 핵심 요소들 — 에 대한 국가의 독점에, 공동체-주도적인 기동성 및 긍정적으로 행위할 힘을 우리에게 부여하는 활동들을 통해서 대응해야 한다.

이러한 작동 원리들은 또한 내가 이 책을 시작하면서 했던 가정, 즉 이미 일어나고 있는 포스트휴먼 쪽으로의 패러다임 전환을 적용할 구체적인 방법들이다. 포스트휴먼은 도래할 유토피아적 입장도 아니고, 실리콘밸리에서 출현할 입장, 즉 인간의 생물학적 조건을 초월하고 죽음에 도전하며 이윤추구를 우선시하는 미래주의적 강화 프로그램(Kurzweil 2006)도 아니다. 포스트휴먼을 향한 변환은 일직선으로 가는 것도, 한 방향으로만 가는 것도 아니다. 차라리 '우리'가 될 수 있는 것들을 가지고 다면적으로 행하는 실험이다. 4차 산업혁명과 여섯 번째 대멸종의 영향들이 결합되어 우리 자신에 대한 이해는 물론이고 우리의 신체화된 실존을 변화시키고 있지만, 이런 규모의 변화와 조정은 점진적이면서도 꾸준히 이루어진다. 우리는 아직 이런 내적으로 모순되는 현상들의 복잡성을 충분히 파악할 위치에 있지 않다. 그런 현상들을 구성하는 물질적인 측면에 대해, 그 현상들이 전제하는 가정과 함축에 대해 훨씬 더 많은 연구가 필요하다. 그 물질적 측면은 조에라고 할 수 있는데, 또한 변환의 기술적이고 지리적인 측면이라고도 할 수 있다. 그래서 나는 그것을 조에/지오/테크노 배치라고 부르겠다. 이 과정은, 그리고 그 사회-경제적 효과 및 정서적, 윤리적 영향도, 너무 자주 지나치게 단순화된 방식으로 제시되고 있다. 그러나 포스트휴먼을 향한 이 변환 과정을 일종의 진화적 운명이나 사회적으로 불가피한 목표처럼 당연시해서는 안 된다. 그보다는 그것을 하나의 실험으로 다루고, 그것이 공적 논의와 집단적인 의사결정 과정 및 공동 행위의 초점이 될 수 있도록 하는 것이 더 유용하다. 진행 중인 사회적 변환들은 너무나 강렬해서, 결국은 주체 형성의 새로운 방식들에 대한 메타-패턴으로 합쳐질 것이다. 이 프로젝트는 여전히 진행 중이며 비판적이고 집단적으로 평가될 필요가 있다. 포스트휴먼 융합이 이미 여기에 있으며 우리 역사성의 가장 중요한 표시가 되고 있다는 것을 인정해야 할 더 많은 이유가 있다.

다규모의 관계성

'우리'는 포스트-휴머니즘적이며 포스트-인류중심주의적인 생성의 과정 속에 있다. 그러나 이 과정은 실리콘밸리의 망상적 방식, 즉 더 수행적이고 강화된 범-인류의 구성으로 이끄는 동질적이거나 선형적인 방식이 아니다. 나는 그보다는 존재론적 관계성으로 결합된, 바로 우리 자신인, 뿌리박히고 신체화되어 있는 횡단적 자아들을 강조한다. 우리는 물질세계 속에 깊숙이 몸을 담고 있기 때문에 신체화되고 뿌리박혀 있다. 우리는 접속되어 있지만 또한 서로 다르기 때문에 횡단적이다. 그러면서도 우리는 우리가 살고 있는 세계의 인간과 인간-아닌 것에게 서로 구조적으로 관계 맺고 있다. 우리 모두는 결국 공통물질의 변주들이다. 그러나 다시 말하자면, 우리는 환경적으로, 사회적으로, 관계적으로, 동일한 살아 있는 물질 안에서 우리 자신을 공동-정의하는 만큼 또한 서로 다르다고 할 수 있다.

핵심 용어는 바로 관계성, 즉 신체화되고 뿌리박혀 있으며 현장에 기반한, 다多-방향적, 다규모적 방식으로 작동하는 관계성이다. 우리는 변용하고 변용될 수 있는 능력으로 정의되는 관계적 존재자들이다. 우리의 자율적 능력을 정의하는 것은 단지 관계성이나 우리 두뇌 기능의 자율성이 아니라, 관계적 결합을 통해 현실화되는 잠재적 힘을 뜻하는 정서affect의 자율성이다. 포스트휴먼 주체성은 바로 이 사실을 깨닫는 데서 출발한다(Braidotti 2002; Massumi 2002). 생기적 신유물론 철학은 이런 프로젝트를 지탱하는 데 유용하다. 변용하고 변용될 수 있는 능력을 심리적 상태나 체험의 의미 있는 표현인 개별화된 감정emotion과 혼동하면 안 된다. 인간과 인간-아닌 것에 대한 우리의 관계적 우주의 복잡성에 상응하도록 정서를 탈-심리화하고 탈-개인주의화할 필요가 있다. 이 관계적 과정은 개인주의라는 장애물을 제거함으로써 상호접속의 두텁고 역동적인 그물을 떠받친다. 인간만이 생명이 아니다. 생명에는 우리의 지각과 이해의 집단적, 개별적 힘들을 거부하는 지리적, 기술적 관계들뿐 아니라 비오스와 조에의 두 힘들도 포함된다.

포스트휴먼 주체들은 자신의 자아, 타자들 그리고 세계, 적어도 이 세 가지 수준에서 관계를 확립한다. 세계는 환경적, 사회적, 정서적 생태계의 복잡한 집합으로 정의될 수 있다. 주체들이 관계적이라는 말은 무엇을 의미하는가? 첫째, 통상 주체에게 부여된 행위작용agency은 안트로포스의 배타적 특권이 아니다. 둘째, 그것은 초월적 이성이라는 고전적 개념과 연결되지 않는다. 셋째, 그것은 자아와 타자의 대립과 그들의 인정 투쟁에 기반한 변증법적 의식의 관점을 거부한다. 인식 주체는 대문자 인간Man이나 안트로포스만이 아니라, 더 복잡한 배치이다. 이것은 흐름과 과정을 강조함으로써 자아의 안과 밖을 구분하는 경계들을 무화시킨다. 단일하지도, 자율적이지도 않은 주체들은 신체화되고 뿌리박혀 있으며, 관계의 윤리에 따라 활동하는, 관계적, 정서적으로 협력하는 실체들이다.

포스트휴먼 융합은 조에/지오/테크노-매개된 물질적 관계들이라는 단일성과 그 차이적 구조를 모두 강조함으로써, 복수의 다른 크기들을 갖는 복잡성을 도입한다. 이 다규모의 관계성 때문에 지식의 주체는 결코 '대문자 인간'과 그를 기준으로 성별화되고 인종화되고 자연화된 '타자들'만으로 이루어질 수 없다. 오늘날 포스트휴먼 주체성은 인간-아닌 행위자들을 끌어들이는 횡단적 동맹이다. 이는 포스트휴먼 주체가 지구─땅, 물, 식물, 동물, 박테리아─와, 기술적 행위자들─플라스틱, 전선, 셀, 코드, 알고리듬─과 동시에 관계 맺는다는 뜻이다. 이 횡단적 범위는 포스트휴먼 융합을 반영하고 지탱한다. 그래서 인식론적, 윤리적 주체성의 틀과 범위는 포스트휴먼적이고 포스트-인류중심적인 관계들 그리고 거기에 서식하는 여러 관점들의 선을 따라 확대된다.

종을 가로지르는 이 횡단성은 대단히 해방적이다. 그래서 나는 휴머니즘의 '이성의 인간'(Lloyd 1984)이나 주권자 '안트로포스'에 대한 향수를 느끼지 않는다. 포스트휴먼 지식 생산은 풍요롭고 창조적이기에 단조로운 등가물들을 피해야 한다. 최근 생산된 포스트휴먼 담론들에 대한 신체화되고 뿌리박혀 있는 것이면서 책무성을 지닌 지도그리기를 인정하는 것이 무엇보다 중요하다.

그래서 나는 두 가지 주장을 펼치고자 한다. 첫째, 포스트휴먼 융합은 이미 우리에게 와 있다. 둘째, 그것은 종말적 위기이기는커녕, 오히려 생산적이고 역동적이며 상호관계적이다. 내가 보기에 포스트휴먼 주체는 바로 신유물론자, 다시 말해 역동적이고 복잡한 사회적 담론 과정을 현장에 기반하여 생각하는 자, 그러나 사회적, 정치적 정의의 문제를 날카롭게 주시하면서 긍정적 윤리학에 헌신하는 자이다.

내재성과 차이의 유물론

포스트휴먼 주체-형성은 인류형상적인 인간 자신 너머로 확장하는 횡단적 주체들을 구성할 때 속도에 변화가 있음을 시사한다.

내재적인 포스트휴먼 프로젝트는 모든 물질이나 기체基體가 하나이며 그 자신에 내재한다고 가정한다. 이는 포스트휴먼 주체가 모든 살아 있는 것들의 물질적 총체성과, 그것들과의 상호접속을 주장한다는 뜻이다. 나아가 생동하는 물질vibrant matter(Bennett 2010)은 생명적이고 지성적이며 자기-조직화하는 것으로 이해된다. 살아 있는 물질vital matter은 가장 깊숙한 내면의 자유를 표현하려는 존재론적 욕망desire에 의해 추동된다. 욕망 그 자체는 범주적 구분을 무시하는 횡단적인 존재론적 힘이다. 물질에 대한 이러한 이해는, 신체화되고 뿌리박혀 있지만 또한 인간과 인간-아닌 타자들과의 관계망 속을 흐르는 포스트휴먼 지식 주체의 구성에 생기를 불어넣는다. 포스트휴먼 주체성은 조에-논리적, 지질학적, 기술적 유기체들로 구성된 하나의 앙상블이다―그것은 조에/지오/테크노 배치다.

그 함의들은 인식론적이면서 윤리적이다. 판단의 인식론적 오류는 주체의 관계적 본질을 무시한 오해의 형태다. 이는 오류들이 주체의 긍정성과 활동성, 관계적 힘의 감소로 귀결된다는 것을 의미한다. 우리를 자유롭지 못하게 하는 조건들을 오독하면 더 자유로워질 수 있는 우리의 능력이 감소한다. 그 윤리적 함의는 이성이 정서적이고 신체화되어 있으며 관계적이라는 것이다. 정념passion들을 이해한다는 것은 곧 그 정념들을 경험하며 그것들이 우리에게 유리하게 작동하도록 만드는 것이다. 여기서 바로 욕망이 우리의 정념에서 야기된다고 주장한 스피노자를 참조할 필요가 있다(Spinoza 1996〔1677〕). 정서성affectivity이 우리의 신체를 능동적으로 만들고 행위하고 싶게 만드는 힘이라는 점을 감안하고, 그 힘에 대해 적합한 이해를 갖춘다면, 정념은 많으면 많을수록 좋다. 인간 존재는 본래 안으로 곪아터지기보다는 기쁨과 자기표현을 지향하는 경향이 있다. 이런 근본적인 긍정성이야말로 스피노자에 대해 들뢰즈가 갖는 애착의 핵심이다(1988, 1990).

포스트휴먼 주체는 신체화되고 뿌리박혀 있어서, 그 관계적 정서성은 우리가 공유하고 있는 공통 세계에 대한 지식과 공유된 소속감을 생산한다. 관계성은 우리를 구성하는 다양한 생태계들을 통해 확장된다. 접속과 협상의 이러한 그물망은 세계와의 친밀감을 낳으며, 우리가 생태-지혜적 실체eco-sophical entity들이라는 단순한 사실, 다시 말해 자연-문화 연속체 안에서 우리가 공유하는 다중의 상호접속들을 통해 생태적으로 상호연결되어 있다는 것을 보여준다. 포스트휴먼 주체는 내적으로 분열되어 있을지 모르지만, 기술적으로 매개되어 있으며 전지구적으로 상호연결되어 있다. 생기적 유물론은 세계와의 정서적 친밀함을, 그리고 끊임없이 변화하는 관계들과 영속적인 생성의 그물망 속에 함께 얽혀 있다는 느낌을 강조한다(Bataille 1988). 세계와의 친밀성이란 그 세계를 다시-모으고 그것에 다시-접속할 수 있는 우리의 능력, 그리하여 그 세계 안에서 우리의 '집'을 찾아내는 능력을 말한다(Braidotti 2006). 또한 그것은 내가 포스트휴먼 융합이라 정의한 특별한 국면에서 우리 행성의 망가진 상태에 대한 돌봄과 동정의 느낌을 불러일으킨다(Tsing et al. 2017).

페미니즘 이론은 포스트휴먼 사상의 선도자 중 하나이다. 특히 주체성에 있어서 신체화되고 뿌리박혀 있으며 성별화된 근원들과 아직 탐색되지 않은 그 근원들의 원천을 강조하는 신유물론과 생기론적 전통에서 그렇다. 페미니즘은 인종, 나이, 계급과 같은 다른 분석의 축들을 상호교차시켜 포함시킬 것뿐만 아니라, 신체화된 삶의 경험을 강조한다. 육체적 자각에 대한 섬세한 인지 작업(Sobchack 2004), 인간 의식의 '감각적인 초월론적sensible transcendental' 구조(Irigaray 1984)를 탐색하면서, 신유물론 페미니스트 이론(Braidotti 1991)은 독창적인 형식의 관계적이고 신체화된 경험주의를 개척하고 지식 생산에서 그 역할을 강조해왔다. 이런 관점에서 그것은 들뢰즈(1984)가 '경험적인 초월론적인 것empirical transcendental'이라 부른 것을 예견한다.

더 나아가, 이런 육체적 경험주의carnal empiricism의 확장된 감각은 장소의 정치학(Rich 1987)이라는 특정 방법론을 통해 실행되어왔다. 책무성의 혁신적 방법과 실천을 위하여 페미니즘 사상으로 관심을 돌려볼 만하다. 특히 '입장론standpoint theory'(Harding 1986, 1991), '상황적 지식situated knowledges'(Haraway 1988), 노마드적 주체성(Braidotti 1994, 2011a)을 통해 작용하는 페미니즘의 유물론적 전통은 책무성을 신체화되고 뿌리박혀 있는 대안적 방법들로 발전시키는 데 도움을 주었다. 페미니즘은 유럽중심적, 남성 우월적, 인간중심적, 이성애적 가정들에 기반한 차별적이고 단일화된 범주들을 강력한 대안으로 대체해왔다. 페미니즘 이론의 신체화되고 뿌리박혀 있는 경험주의는 대항-지식, 방법, 가치들의 원천으로 작용한다.

또 다른 계보학적 방법론은 인종과 포스트식민주의 이론에서 나오는데, 이 또한 '인종화된 존재론들'이 '인간-임human-ness'의 구성에 미친 효과에 초점을 맞추기 위해(Wynter 2015) 상황적 관점에 의지한다. 이 방법론은 비非서구적 관점주의의 형식으로(Viveiros de Castro 1998, 2009), 신체화되어 있는 다양한 위치에서 인간의 정의를 여러 형태로 제공하여 서구 전통과 교차하면서 그에 도전한다. 비베이루스 지 카스트루는 들뢰즈와 관련하여 이렇게 말했다. "라이프니츠의 것이든 니체의 것이든, 아니면 투카노족의 것이든 주루노족의 것이든, 관점주의는 상대주의가 아니다. 다시 말해서 진리의 상대성을 긍정하지만, 그것은 어디까지나 관계주의, 즉 **관계항의 진리는 바로 그 관계**라는 것을 긍정하는 것이다"(2015: 24, 원문 강조).

인류세는 이 문제에 다음과 같은 경고를 긴급하게 덧붙인다. 클라크가 토착적 세계주의aboriginal cosmopolitanism에 대한 저작에서 말했듯이(2008), 우리는 "토착성을 지구의 원시성과 병치할 위험을 경계해야 하지만, 또한 사회 역사를 지질학, 기후 또는 진화의 역사와 통합하는 것이 식민 내러티브를 불안정하게 만들 잠재력이라는 것도 잊지 말아야 한다"(2008: 739). 지구의 가장 오래된 수호자가 준 경의 어린 가르침에서 시작하는 것이 좋겠다. 공동으로 만나는 바탕들을 구축하는 일은 바로, '우리'는 다르지만 **여기에** 함께 있다는 접근법의 관계적 논리로부터 나온다.

기후변화의 위급 사태와 인류세의 전반적 조건은 유럽중심적 휴머니즘과 그 과학 문화의 한계뿐 아니라 책임도 드러낸다. 환경 위기를 가져온 것과 동일한 폭력, 즉 억제되지 않은 자본주의적 탐욕, 제국주의, 유럽중심주의 또한 토착민들을 내쫓고 그 문화를 소멸시킨 근원이기도 하다(Bignall, Hemming and Rigney 2016). 그러므로 화이트가 권고했듯이 "토착민들에게 기후 부정의는 새로운 미래의 불안이라기보다는 데자뷔의 경험에 더 가깝다"(Whyte 2016: 88)는 점을 인정하는 것이 중요하다. 처음부터 인류세의 여섯 번째 대멸종에 대한 논의를 탈식민화할 필요가 있다. 이것은 급진적 내재성이나 장소의 정치학의 핵심 요소이며, 이 책에서 선호하는 방법론이다.

시간만이 아니라 공간의 관점에서 자신의 입장을 설명하면, 매우 구체적이지만 또한 다층적인 위치들에 주체가 자리 잡게 된다. 그리하여 이런 방법은 문화적 전통, 역사적 기억 혹은 주체의 위치가 갖는 계보학적 차원만이 아니라 지리-정치학적 또는 생태학적 차원에 대한 고려까지도 다 포함한다. 책무성은 인식론적인 동시에 윤리적이다. 인식론적으로는 세계 안에서 그리고 세계를 위해 적합한 지식을 생산하는 문제이다. 윤리적으로는 긍정적인 관계들을 생성하는 것과 관련된다(Braidotti 2015). 긍정적인 윤리적 힘들은 제도적 통제의 규약(포테스타스$_{potestas}$)과는 달리 우리의 관계적 역량(포텐시아$_{potentia}$)을 증가시킬 수 있다. 권력의 이 두 가지 면은 뗄 수 없이 얽혀 있기는 하지만, 포텐시아, 즉 관계성이 그 일부임을 강조하는 편이 생산적이다.*

---

* 통상 '포텐시아$_{potentia}$'는 '역량'으로, '포테스타스$_{potestas}$'는 '권능'이나 '권한' 등으로 번역될 수 있는데, 포텐시아와 포테스타스가 동일한 '권력/힘$_{power}$'의 두 측면이라는 점을 놓칠 수 있어 원어 그대로 사용하기로 한다. 브라이도티가 준거하고 있는 스피노

페미니즘 사상과 토착적 철학은 포스트휴먼 곤경과 관련지어보자면, 비전을 보여주는 통찰력이 점점 더 많이 요청되고 창의적인 비판이 요구되는 상황에 잘 맞아떨어진다는 면도 있다. 상상력의 창의적 힘에 대한 믿음은 페미니즘의 신체화된 관점주의적 지식 실천에서 초창기부터 핵심적인 부분이다(Kelly 1979; Anzaldúa 1987; Rich 1987). 흑인 이론가들은 비전vision을 그들의 변환적 인식론의 혁신적 핵심을 추동하는 상상력의 정서적 힘이라고 찬양해왔다(hooks 1981, 1990; West 2018).

내재성, 상황적 관점, 창의성을 강조한다고 해서 차이가 없어지거나 '평평한' 존재론의 형태가 되지는 않는다. 오히려 이런 생기적 신유물론 철학은 물질의 단일성, 혹은 내재성을 차이의 원리differential principle로 내세운다. 이 철학은 개체화와 다양성을 허용하면서 인간적 힘을 인간-아닌

자의 경우, '포텐시아'는 무한한 신(=산출하는 자연)의 능동적 행위 역량, 또는 이 신의 역량을 표현하는 인간(=산출된 자연의 일부로서 양태)의 코나투스(자기 존재를 존속하려는 노력)적 욕망으로서의 역량을 나타낸다. '포테스타스'는 이러한 신과 인간의 본성에 대한 부적합한 이해를 나타내는 것으로서, 초월자로서의 절대적 신이 자기 의지와 목적에 따라 실행할 수 있는 힘(미신과 종교에서 신의 힘), 또는 신체를 지배하는 정신적 의지의 힘(정신적 결단이나 신체적 행동을 가능하게 하는 코나투스적 힘이라는 공통 원인을 보지 못하고 심신 상관관계를 심신 인과관계로 오인한 힘)을 의미한다. 즉 '포텐시아'는 신과 인간의 실재적 본성에 해당하는 힘이고, '포테스타스'는 이에 대해 잘못 인식하고 있는 가상적 의미의 힘을 나타낸다. 그런데 정치적 차원에서 보면, 포텐시아는 법 제도 이전의 행위 역량이고 포테스타스는 법 제도가 보장하는 권한으로서의 힘인데, 전자는 후자 없이 현실화될 수 없다는 점에서 포테스타스를 단순히 가상으로 간주할 수도 없다. 그러나 대체로 포텐시아와 포테스타스의 관계를 '민중의 역량'과 '지배 권력'의 단순 대립 관계로 이해하는 경향이 있는데, 브라이도티는 들뢰즈의 스피노자를 경유한 생기적 (신)유물론의 관점에서 포텐시아와 포테스타스의 복잡한 관계를 고려하고 있다. 즉 포텐시아를 잠재적, 물질적/생명적, 관계적 생성의 힘으로, 포테스타스를 현실적, 제도적, 통제적 규약의 힘으로 구분하면서도, 양자를 대립 관계가 아닌 동일한 권력의 양면으로 이해함으로써 권력 분석의 복잡성을 놓치지 않고자 한다.

것의 힘과 접속시킨다. 우리 모두는 동일한 물질 — '카오스모스'(Guattari 1995)를 분유한다. 이 상호접속-되어 있음은 무질서하기보다는 역동적이며 자기-조직적이다. 살아 있는 물질에 대한 표준적 반론들은 성립하지 못한다. 즉 생기적 유물론은 결정론의 형태도 아니고, 경건한 전체론이나 무-차별화의 표명도 아니다(Hallward 2006). 그와는 반대로 '대문자 인간'의 중심성이 역사적으로 밀려나고 있는 시기에 인간으로 존재한다는 것의 가치와 특수성에 힘을 부여하는 방식이다. 동시에, 인류형상을 띤 주체들을 예외주의에 대한 어떤 주장에서도 제외시킨다.

이런 맥락에서 포스트휴먼 주체가 내재하고 있는 이 '생명'이 더는 '비오스'가 아니라 '조에'라는 점을 기억할 필요가 있다. 비오스가 인류중심적인 반면, 조에는 인류중심적이지 않고 심지어 인류형상적이지도 않다. 더 나아가 포스트휴먼 융합에서 조에는 지리적, 기술적으로 결합된 평등주의를 포용하고, 지식을 생산하는 능력과 사고가 인간에게만 국한된 특권이 아니라 모든 살아 있는 물질과 자기-조직하는 기술적 네트워크에 산포되어 있음을 인정한다.

하나의 공통된 법 아래 모든 종, 모든 기술, 모든 유기체를 평평한 등가물로 만들려는 무차별적인 생기론vitalism 시스템을 지지하자는 것이 아니다. 이런 전체론적 접근은 20세기 전반기에 발전했던 유기체적 생철학의 오류였다. 그들 중 일부는 지배의 성별화되고 인종화된 위계적 자연 질서에 대한 예외주의적이고 제국주의적인 해석에 만족했으며, 이는 유럽 파시즘의 성립에 일조했다. 파시스트적 세계관은 과학적 합리성의 엄정함보다는 비의적이며 때로는 반계몽적인 유기체론을 선호했다. 생기론의 파시스트적 형태는 테크놀로지의 메커니즘과 규칙에 반대하면서도 이끌려갔다.[2] 그런 관점에서 생기론은 역사적으로 우주적 영혼 또는 신비주의적 정신에 대한 유사-정신주의적_pseudo-spiritualism 찬양과 연관되었다. 살아 있는 물질이나 생기론이라는 용어가 21세기의 포스트휴머니즘 논의에 이런 식으로 들어오지는 않았다. 전혀 다르다.

푸코(1977)가 지적했듯이, 들뢰즈의 신유물론적 내재성의 철학은 유럽 파시즘의 철학적 뿌리에 대한 신랄한 비판을 전개한다. 들뢰즈는 실로 철학의 실천을 방법론적 민족주의와 권위주의의 호소에서 구하고자 헌신한다(Beck 2007). 푸코는 들뢰즈가 유럽 철학의 탈-나치화를 해냈으며, 두 가지 의미 있는 방식으로 그렇게 했다고 말한다. 첫째, 들뢰즈는 성별화되고 인종화된 위계질서를 통해 불평등을 자연화하는 권력에 대한 집단적 욕망을 비판한다.[3] 둘째, 들뢰즈는 자연이라고 불렀던 것의 개념적 핵심에 이질생성_heterogenesis과 혼종성_heterogeneity을 도입한다. 이 경우, 신유물론의 생명적 관점에서 보면, 개체화된 유기체의 특정한 형상은 어떤 것이든 경계가 있으나 유동적인 것으로 간주될 수 있다. 개체화된 유기체는 비인간적인 것과 인간-아닌 것을 포함하는 생성의 잠재적 흐름들이 부분적으로 현실화된 것이다. 들뢰즈는 '생명'이라는 초월적인 개념을 찬양하거나 심지어 신성화하기보다는, 살아 있는 시스템들의 발생적인 물질적 힘을 강조하며(Ansell Pearson 1997, 1999) 어떤 생명도 하나의 시스템이 아니라 끊임없는 흐름과 힘의 변환이라는 점을 강력하게 주장한다. 생명은 다중적인 조에/지오/테크노-시스템들의 복잡한 상호-관계이다. 그것은 종별화나 형태결정의 상호작용 형태를 정의하는 역동적 교환 속에서, 횡단적 배치의 순환으로 구성되는 복잡한 관계들의 일반 생태학이다. 이 관계적 틀은 기술적 장치들을 제2의 본성으

로 각인함으로써[4] 인간/인간-아닌 것의 결합의 재-구성을 지지하므로,
현대의 포스트휴먼 주체와 특히 연관이 있다.

'우리는-(모두)-여기에-함께-있지만-
하나가-아니고-똑같지도-않다'

이 책에서 나는, 한편으로는 자연주의적이거나 전체론적인 숭고, 다른
한편으로는 평평한 존재론 이 모두를 잘못된 것으로 배제하면서, 신체
화되고 뿌리박혀 있는 중간지대들로 인해서 생성되는 다중 관점들을 강
조하고 싶다. 그 중간지대는 인간과 인간-아닌 것 모두가 섞여 있는 혼
종적 다양성으로 구성된다.

포스트휴먼 주체성은 '민족the people'을 단일한 범주로, '우리, 민족'으
로 자기-구성되는 것으로 말하지 않는다. 민족은 아렌트(1958)가 제시
했듯이 양적 다수라는 의미에서만이 아니라 질적 지반에서도 하나가 아
니다. 민중a people은 혼종적 다양체라서, 역사적이고 현대적인 권위주의,
민족주의, 이민자 배척주의 정치 체제nativist political regime를 특징지어온 민
족적 순수성과 같은 선험적 근거에서 통일체로 합쳐질 수 없다. 민중은
현실화되어야 하고 결합되어야 한다는 점에서 언제나 찾고 있는missing
잠재적인 것이다. 민중은 실천의 결과이며, 상이한 배치들을 생산하는
집단적 참여의 결과물이다. 우리는 하나가 아니고 똑같지도 않지만, 함
께 상호작용할 수 있다.

존재하지 않는 민중의 구성에서 응집 요소는 인정받기 위한 변증법적

투쟁의 대립적 에너지도, 취약성과 무력함(예: 포테스타스에 의한 억압)의 공통된 경험도 아니다. 묶는 힘은 수동적이 아니라 능동적이고 긍정적이다─그 힘은 신체화되고 뿌리박혀 있는 억압과 복종의 조건들에 대한 공통된 이해(지도그리기)로 시작한다. 이것은 긍정적이고 힘(포테스타스인 동시에 포텐시아)을 부여하는 대안들을 창설하려는 공유된 욕망을 펼쳐 보이는 집단적 상상하기(형상화)로 표현된다. 이 긍정적 윤리는 정치적 주체들을 이미 주어진 것이 아니라 구성하고 활성화해야 하는 횡단적 배치들로 틀 짓는다. 그러나 이것이 그 정치적 주체들을 언어적 의미에서 단지 수행적 발화들에 불과한 것으로 만들지는 않는다. 공유된 긍정적 가치들과 정념들은 오히려 단지 하나의 민중을 구성하는 집단적 프로젝트를 지탱하는 유물론적 토양들(예: 신체화되고 뿌리박혀 있으며, 관계적이고 긍정적인 관점들)을 구성한다.

이 프로젝트를 강조하는 신-스피노자주의의 자유에 대한 관점은, 인간은 본래 자유롭게 태어났고 자유는 인류Mankind의 자연적인 조건이라는(Skinner 2012) 고전적 자유주의의 신조와는 약간 다르지만, 양립할 수 없는 것은 아니다. 횡단적 배치들을 구성하려는 긍정적 충동은, 자유란 우리의 구속 상태에 대한 공유된 이해와 이에 의거하여 행동하려는 집단적 노력으로 요약된다고 가정한다. 개념적 차원에서, 살아 있는 모든 실체들은 코나투스conatus에 의해, 즉 어떤 실체가 현실적으로 신체화할 수 있는 역량(포텐시아)의 정도를 표현하는 존재론적 자유에 의해 움직인다. 그러나 이 문제에서 가장 중요한 부분은 긍정적 대안들을 위한 집단적 욕망을 활성화하는 것이다.

혼종성과 복잡성은 환원불가능한 변별적 차이들을 지닌 것으로 현실화된 다양한 생명-형태들의 생산에 관해 사유하게 만든다. 포스트휴먼 주체들은 개체화될 때, 현실화 과정에서 신체화되고 특정 환경에 삽입될 것이다. 이런 과정은 자연적, 사회적, 정치적, 생리적 관계들의 네트워크를 통해서만 일어날 수 있다. 그러므로 우리는 상호 중첩의 연속적인 흐름 안에서, 주체의 위, 아래, 그리고 옆을 따라 흐르는 힘들에 관해 말할 수 있다. 주체 '위'로 간다는 것은 제도적, 사회적 힘의 상위-주체적인 면을 가리킨다. 주체 '아래'는 독특한 정신적 풍경을 비롯한 하위-주체적 정서적 요인들을 작동시킨다. 그리고 주체 옆에 '나란히 따라가는' 것으로는 포스트휴먼 관계성을 보조하는 바이오-테크닉 배치들이 있다(Protevi 2009).

인간의 특수성은 인류형상화(의인화)하는 역량과 그가 동원할 수 있는 관계 능력의 정도와 질에 있다. 인간들은 일부 곤충 종들처럼 쉽게 중력에 도전할 수는 없지만, 인간 나름의 특정한 신경적, 인지적, 정서적, 상징적 기능이 있다. 인류형상주의(의인화)anthropomorphism는 신체화되고 뇌로 구현된 인간들이 할 수 있는 것의 강점인 동시에 약점이다.

인간이란 그들이 속한 다층적이고 다규모인 생태계들을 이해하는 데에, 그리고 이들에 의해 변용되고 변용하는 데에 이 능력들을 어느 정도까지 적용하느냐에 따라 정의된다. 주체성의 횡단적 실천은 인류형상의 주체들이 현실화할 수 있는 특정한 능력들에 틀과 힘을 부여한다.

지금까지 이 장에서 발전시켜온 포스트휴먼 주체성의 핵심 특징들을 요약해보겠다. 첫 번째 특징은 잠재적인 것을 현실화하는 창조적 실천으로 정의되는 생성과 내재성에 근거한 유물론적인 과정 존재론이다. 두 번째로, 포스트휴먼 주체성은 존재론적 관계성에 의해 구성되는데,

이는 변용하고 변용되는 힘이다. 세 번째로, 이것은 휴머니즘과 인류중심주의로부터 비판적인 거리두기와 관련된다. 이는 인간-아닌 것에 속하는 요소들의 힘을 존중한다. 네 번째로, 횡단적 주체성은 인간-아닌 행위자들을 포함하는 생태-지혜적 배치의 방식으로 구성된다. 마지막으로 현장에 기반한 상황적 관점주의 차원을 강조하고 싶다. 이는 잠재적 실체로 정의되는, 도래할 민중a missing people*을 구성하려는 윤리적 열망을 통해 강화된다. 윤리학은 '우리'가 장차 될 수 있는 것의 실현되지 않은 혹은 잠재적인 퍼텐셜을 현실화하는 주체들 —'우리, 포스트휴먼 주체들' —의 횡단적 배치들을 구성하는 것으로 시작한다. 그것은 사회적 변환을 집단적으로 관리하는 과정을 위한 일종의 레시피이며, 희망의 사회적 지평들을 공동 구축하고 탈-가속화를 진행함으로써 작동한다.

이렇게 하여 첫 번째 결론적 제안을 내놓고자 한다. 포스트휴먼 융합의 적절한 주체는 '대문자 인간'이 아니라, 새로운 집단적 주체, 즉 '우리는-(모두)-여기에-함께-있지만-하나가-아니고-똑같지도-않다'고 할 수 있는 주체의 일종이다. 이는 인류가 취약하면서 동시에 저항하는 범주임을 뜻한다. 포스트휴먼 주체성은 대립하는 이분법적 항들이 아니라 그 자체의 내재성 속에서 일어나는 생성의 과정으로 이해될 수 있다. 그것은 휴머니즘의 호모 우니베르살리스Homo Universalis 나 인류중심주의의 안트로포스가 아닌 다른 존재로 생성하는 것이다. 이에 대처하려면 더

---

* 'a missing people'은 현재의 현실적actual 차원에서 보면 '잃어버린' 또는 '누락된' 존재이지만, 동시에 동일한 현재의 잠재적virtual 차원에서 보면 장차 '현실화될' 또는 '도래할' 존재를 의미한다.

미묘하고 더 다양화된 정서적 범위가 필요하다. 애도의 종말론적 변이체variant와 찬양의 행복한 가변체variable 사이에서 어느 한 극단으로 가는 것은 피해야 한다.

포스트휴머니즘은 비인간주의가 아니다

주체성의 포스트휴먼 비전을 더 깊이 파고들기 전에, 많은 포스트휴먼 이론가들이 주체성의 새로운 비전이 과연 필요한가에 대해 제기한 반론에 답하고자 한다. 주체의 비전이 필요하다는 데 비판적인 이들 중 상당수는 특히 일종의 인식론적 피로 혹은 저항에 빠져 있는 듯하다. 그들은 비인간inhuman 개념을 선호하는 경향이 있다.

현대의 연구 분야에서 유행하는 비인간은 적어도 세 가지 다른 지점에서 시작한다. 첫 번째는 인간-아닌 행위자들actors과 행위주체들agents의 중요성과 지각 능력을 인정하는 것이다. 확고하게 자리 잡은 반反인식론적 전통 하나가 행위자 네트워크 이론Actor Network Theory: ANT인데, 이것은 수십 년 동안 지식 생산 시스템에서 인간-아닌 행위자들의 중요성을 강조해왔다. 브뤼노 라투르(2005)는 이런 협력 네트워크 개념, 특히 과학을 만드는 실천들에서 물질적인 기술적 장치의 기여에 대한 생각을 발전시켜왔다. 이것은 과학기술학Science and Technology Studies의 중추에 영감을 주었다. 라투르의 주된 기여는 주체-객체 구분, 구체적으로 말하자면 수동성과 물질을 결합시키는 것에 도전한 것이었다. 이는 사회 구성주의social constructivism를 뒤흔들고 신유물론의 비非환원적 형태를 진리에 대한 실재론적 관점으로 도입한다(Lillywhite 2017). 이는 또한 주체 배치들의 관계적 특질을 부분적으로 인정한다. 그러나 라투르의 기여는 관점의 질적인 전환까지 제공하지는 못한다.

과학기술학 학자들은 전반적으로 포스트휴먼에 그다지 친연성을 느끼지 못한다. 양자의 차이는 어느 정도는 학문 분과의 소속 탓인데, 기술학은 사회과학 방법론에 의존하며 이 분야의 학자들은 철학적으로 과장된 용어들에 신중한 태도를 취하기 때문이다(Rose 2013, 2016). 그러나 규약과 실천의 사회학적 분석에만 초점을 맞춘다면 현실적 근거가 강하다고 할 수 없고, 충분히 정확하지도 않다. 그들은 지식 생산 과정에서 작용하는 신체화되고 뿌리박힌 주체들의 중요성을 경시함으로써 생성의 과정 속에 있는 우리가 어떤 종류의 주체인지 파악하지 못할 위험이 있다. 이런 관점에서 현대에 화이트헤드의 과정 철학에 대한 관심이 되살아난 것은 스탕게르스가 강력히 주장했듯이(2011) 경험적 접근과 사변적 접근 사이에서 새로운 균형을 제공한다는 점에서 의미가 있다.

행위자 네트워크 이론은 행위작용_agency 개념을 주체-객체 구분에 대한 비판으로 축소하고 주체성을 행위자와 대상의 일반화된 대칭구조 개념으로 바꿈으로써 결국 중요한 논점은 놓친 셈이 되었다. 라투르와 그의 객체-존재론_object-ontology 투사들(Harman 2014)이 옹호한 평평한 존재론은 세계의 서로 다른 실체들 간의 관계적 상호접속의 정치적 힘을 부인한다. 라투르는 포텐시아로서의 힘이 지닌 차이 나는 정도들을 평평하게 만들어버림으로써 주체 기능도 통째로 버린다. 사실 주체가 없다면 권력 관계에 대한 젠더, 계급, 인종, 연령 지향적 분석도 필요가 없다. 이런 문제들은 과잉 정치화된 것이라며 과학적 어젠다에서 제외되었다.

나는 이 점에는 동의하지 않는다. ANT가 그렇게 분명히 밝혔듯이 인간과 인간-아닌 행위자들 간의 평등을 아무리 강력하게 주장해도, 현대의 주체들의 권력 구조를 공정히 다룰 인식론이 결여된 자리를 메꿀 수는 없다. 주체성에 대한 적합한 이해 없이는, 우리 시대의 역설과 도전을 받아들일 수 있게 해줄 윤리적, 정치적 프로젝트의 가능성은 약화될 뿐이다.

좌파 정치학, 비판이론, 포스트구조주의에 대한 확고한 회의주의로 근대성과 대결한 라투르(1991)는 ANT의 강력한 방법론적 기반을 내세워서 그 부담에 대응했다. 과학 지식의 생산으로 귀결되는 일련의 사건들로 구성되는, 확실한 물질적 실천들이 보여주는 유한하고 경험적으로 상세하고 인류학적인 관찰이야말로 학자들이 바랄 수 있는 최상의 것이다. 라투르는 가이아에 대한 최근 작업(2017)에서 마찬가지로 날카로운 경험적 초점을 동원했으며, 이는 더 창조적인 작업과 함께 비판의 임무를 완수한다. 이 비판은 생태적 토론을 둘러싼 신비주의적 전체론의 정체를 폭로한다. 라투르는 가이아의 역동적이고 역사적으로 우발적인 본성을 인정하면서도 이를 신성화하지는 않으려 한다. 은유가 다소 혼란스럽기는 하지만, 그는 "당신은 '가이아' 안에 있으면서 외부/내부의 경계가 요란하게 충돌하는 소리를 듣는다. 초연한 외부 관찰자 되기는 약간 더 어려워진다. 우리는 모두 같은 배에 타고 있다—하지만 물론 그것은 하나의 배가 아니다!"라고 주장한다(Latour 2017: 62). 라투르가 기후변화 논의에 개입하는 것은 전체론을 피하고 주체-객체 분할에 저항하면서 연결성을 생각하기 위해서이다. 또한 그는 인간과 인간-아닌 행위자들을 위한 연대를 똑같이 발전시킨다. 이런 세심한 방법은 라투르가 특히 푸코와 그 동료들의 작업 가운데 지식과 권력에 관해 방법론적으로 '애매한' 논의들이라고 간주한 그 방식에 견줄 수 있다. 이런 관점에서 라투르의 2004년 '이론 피로' 선언은, "거대 이론은 이제 그만, 사실에 집중하자!"는 사실의 진술만큼이나 그의 반_反사변적 믿음을 되풀이하는 것이다.

클라크(2017)는 통찰력 있는 분석에서, 전체론에 반대하는 라투르의 주장은 러브록(2009)이 이론화하고 분자생물학자 린 마굴리스와 도리언 세이건(1995)이 더 발전시킨 가이아 가설의 캐리커처에 기반하고 있다고 주장한다. 마굴리스와 세이건은 지구의 역동적 힘을 인정하고 이 살아 있는 행성의 공생적 혹은 자기-생산적 본성을 강조하면서도 이를 신성화하는 데에는 반대한다. 마굴리스의 섬세하고도 복잡한 사고에 비추어보면, 기후변화에 대한 라투르의 주장은 전체성에 저항하고 네트워크화된 혼종성들을 분명히 하고자 한 그의 오랜 관심에서 나온다. 세속적인 가이아에 대한 그의 주장을 보면 인류세 논쟁에 적용되는 '라이시테_{laïcité}'(국가-주도 세속주의)의 프랑스 이데올로기라는 느낌을 받는다.

요점은 포스트휴먼 곤경이 특히 기술과의 관계에서 사실과 허구 사이의 거리를 지우듯이, 비판적 사고의 분석적 차원과 규범적 차원 사이의 구분을 흐린다는 것이다. 그리하여 가상의 미래에 대한 과학-소설적 비전들과 우리의 사회적 현실 사이의 분리를 점점 더 유지하기 어려워지듯이, 기후변화에 대한 '사실들'도 뜨거운 논쟁거리가 되고 열정적으로 논박된다. 게다가 '탈-진실'과 '가짜뉴스'의 시대에, 경험적인 '사실들'에 대한 밋밋한 호소는 질문을 회피할 뿐이며, '가짜뉴스'와 같은 불쾌한 현상들이 발생하고 있는 더 넓은 맥락의 영향을 고려하지 못한다.

포스트휴먼 주체에 관한 이러한 논의들, 그리고 그런 논의들을 안다고 상정하는 것이, 이론 친화적인 인문학과 냉철한 과학-기술 각각의 방법론과 분과학문적 관습들 사이에 그려졌던 전통적인 분할선을 되살린다. 포스트휴먼 연구에서 인문학과 자연과학을 서로 대치시켰던 '두 문화'(Snow 1998[1959])에 대한 토론이, 최근 휴머니즘과 인류중심주의의 전리품을 다루는 방법론적 접근을 놓고 인문학과 사회과학이 논쟁하는 토론으로 모습을 바꾸어 나타나고 있음을 주목할 필요가 있다.

비인간주의의 두 번째 시작은 인류-피로를 가리키면서 전혀 다른 변주를 구성한다. 이런 경향은 지적이고 자기-조직화하는 물질인 일자$_{one}$의 합리주의에 대한 신-스피노자주의 통찰에서 비롯한 것으로서 이러한 지성은 결코 인간의 합리성과 일치하지 않는다는 사실에 초점을 맞춘다(Roden 2014; Wolfendale 2014). 이 합리주의적 비-인간주의$_{in-humanism}$ 학파는 일종의 추출을 시행한다. 즉 사고 능력을 인류학적 인간으로부터 분리하여 기술적 장치에 부여하는 것이다. 그렇게 하면 계산적 능력으로 여겨지는 지성은 탈신체화되고 탈환경되어 인간으로부터 기능적 자율성을 획득하게 된다.

인간 뇌와 계산적 능력 사이의 이런 근본적인 분리로부터 여러 가지 접근법들이 출현한다. 첫 번째는 우리가 무엇이 될 수 있는지에 대한 다양한 실험들을 실행해봐야만 포스트휴먼이 무엇인지 알 수 있다는 비판적 포스트휴먼 이론과 일치하는 사변적 포스트휴머니즘$_{speculative\ posthumanism}$이다(Sterling 2012; Roden 2018). 그러나 우리가 정확히 무엇이 되고자 실험하고 있는지를 놓고 두 접근법은 갈라진다. 사변적 포스트휴머니즘은 인류에 국한되지 않는 자율적 지성만 실험하면 된다고 주장하는 합리주의적 비인간주의를 전제한다. 이것은 포스트휴먼 주체, 혹은 그 주체의 능력이 무엇인지 모른다는 말이나 다름없다. 우리가 아는 것은 언젠가는 포스트휴먼이 존재하게 되리라는 것뿐이다.

사변적 포스트휴머니즘에서는 오로지 최근 설계되고 재코드화되고 있는 다양한 스마트한 대상들에서 작용하는 비인간적 합리성에만 초점을 맞춘다. 사변적 포스트휴머니스트들은 포스트휴먼 조건이 인간이 주도하는 기술적 프로세스를 통해 미래에 출현할 무언가라고 본다. 그러나 현재로서는 지금의 인간은 격렬한 기술적 변화의 결과로 인간-아닌 것의 위치로 떨어졌다고 본다. 아래에서 다시 언급할 텐데, 트랜스-휴머니스트들이 도덕 철학 쪽에서 똑같은 통찰을 장황하게 늘어놓는 반면, 사변적 포스트휴머니스트들은 인간-아닌 사물들과의 관계를 중심으로 하는 새로운 형태의 행위작용을 개발하고자 하면서 기술적 대상들 자체의 특정한 속성들에 주목한다. 그들은 신체화되고 뿌리박혀 있는 복잡성을 갖는 주체성의 문제를 오늘날 사유의 작업에서 무관한 것으로 제외해버린다.

사변적 포스트휴머니즘은 또한 트랜스-휴머니즘과 가까우면서도 크게 다르다. 둘 다 지성의 자율성을 전제하지만, 트랜스-휴머니즘은 '초지능super intelligence'이라 불리는 강화 프로그램에 신기술을 적용함으로써 신체화된 인간 뇌의 결함과 한계를 교정하고자 한다. 구체적으로, 인간 뉴런의 능력을 강화하기 위해 뇌 연구에 로봇공학과 컴퓨터 과학을 결합시키고, 여기에 임상심리학과 분석철학을 더하여 우리 뇌가 우리가 만들어낸 계산적 네트워크와 똑같은 속도로 기능할 수 있게 하는 것이다. 이 접근법에서 인간은 계속해서 메타-합리주의적 실체로 정의되며,

강화를 통해 진짜 포스트휴먼, 다시 말해서 슈퍼-휴먼이 되도록 진화할 것이다.

닉 보스트롬이 이끄는 옥스퍼드대 인류미래연구소Future of Humanity Institute 를 중심으로, 트랜스-휴머니즘은 과학적 합리성을 통하여 인간이 완전 해질 가능성에 대한 휴머니즘적 믿음과 인간 강화 프로그램을 결합한 다. 트랜스-휴머니즘은 호모 우니베르살리스와 안트로포스 모두의 탈 중심화를 받아들이는 분석적 형태의 포스트-휴머니즘을 제안하지만, 그러면서도 이런 통찰을 규범적 네오-휴머니즘과 결합한다. 인간에 대 한 이런 개입은 계몽주의의 고전적 휴머니즘의 합리주의와 일치하는 것 으로 나타난다. 이것은 과학적 합리성을 통해 대문자 인간이 완전해질 가능성에 대한 휴머니즘적 믿음을, 구체적이고 대단히 산업적인 로봇 공학과 인공지능이 주도하는 인간 강화 프로그램과 함께 확장한다. 이 러한 틀 안에서 포스트휴먼은 슈퍼-휴먼 메타-합리주의적 실체로 정의 된다. 보스트롬은 자본주의의 혜택을 옹호하며, 그 접근법이 과학 공동 체 —'주류 과학'— 와 기업 세계 양쪽에서 막대한 경제적 지원을 받고 있다는 점에서 자본세Capitalocene의 챔피언이다.

또 다른 사상가들 무리는 합리주의적 비인간주의의 자율성에 대한 생 각을 다른 방향에서 받아들여, 인간으로부터 완전히 독립된 사고력과 행위 능력을 강조한다. 인류세의 '초과물들hyper-objects'(Morton 2013)이건 스마트 인터넷이 낳은 것들이건, 객체object들은 인간을 넘어서는 능력을 갖고 있으며, 그들 나름의 존재론적 위상을 갖는다. 그들은 이런 객체들 이 나온 생산 메커니즘의 관점에서, 그리고 그것들이 서로 연결되는 상 호작용 능력뿐 아니라 그 자체의 특수한 성질들 면에서, 이 객체들의 유물론을 인정한다(Harman 2010; Bryant 2011). 그러나 객체들의 상호작용 능력은 그것들을 통해 흐르는 비인간적 합리성에 단지 연결되는 것일 뿐이다. 존재론적 실재론은 세계를 이해하는 인간 능력과 별개로 세계가 존재함을 의미한다.

자칭 객체-지향적 존재론자들은 '상관주의correlationism', 즉 사유와 존재가 직접적으로 대응한다는 인식론적 가정을 비판하는 데 집중한다. 또한 지향성과 의식을 강조하는 현상학적 전통을 거부한다. 포스트휴먼 프로젝트의 맥락에서 가장 중요한 것은, 그들이 특히 주체성과 욕망의 대안적 생산들이 제공하는 정치적 가능성을 무시한다는 것이다. 그러나 나는 포스트휴먼 주체성에 대한 이해에서 윤리적, 정치적 차원들을 빠뜨릴 수 없다.

객체-지향적 존재론에서 눈에 띄는 점은 4차 산업혁명과 여섯 번째 대멸종의 융합의 의미를 인정하는 생기적 유물론—나의 입장—에 대한 반대이다. 다시 말해서 그들은 기후변화와 대대적인 파괴와 함께 일어나는 엄청난 기술적 변화 앞에서 느끼는 공포와 희열의 혼합물에 대해서는 아무 말도 하지 않는다. 그들은 주체의 비전이 필요 없다고 주장함으로써 페미니즘, 포스트-식민주의, 인종과 생태적 사고를 무시하고 묵살해버린다. 계산적 네트워크가 중심이라 해도 그들은 기술과 금융의 충돌, 또는 우리의 초연결 시대에 확산하는 외국인 혐오에 대해서는 어떤 분석도 내놓지 않는다. 완고한 안티-휴머니스트로서 그들은 인간 바깥에 합리주의를 위치시켜서 그 합리주의적 능력을 발전시키고, 그 밖의 것들은 모두 사회과학자들에게 맡기는 쪽을 더 선호한다.

포스트휴먼 주체에 대한 세 번째 비판은 이 개념이 인간에 대한 무관심과 돌봄의 결여를 가져온다는 의혹과 관련이 있다. 여기에서 분명히 밝히겠다. 비인간적인 행동과 성향을 포스트휴먼과 혼동하지 않는 것이 학술적 연구의 필수조건이다. 조에/지오/테크노-지향적 관점에 마땅한 관심을 기울여야 하지만, 이는 포스트휴먼 융합의 징후들을 이루는 사회적 조건과 권력 관계에 대한 현장 기반의 분석들과 결합되어야 한다. 신-자유주의적 주체화의 정치경제 안에서 새로운 주체 배치들을 발전시키려고 시도하면서(Deleuze 1988, 1995a), 필연적으로 우리는 진보한 자본주의의 생명정치적, 죽음정치적 통제의 메커니즘에 맞닥뜨리게 된다(Foucault 1995, 2008). 또한 통제와 지배 기술에 대한 분석은 근대 서구적 형태의 식민지 통치권과 제어되지 않는 제국주의적 힘에 대한 책임성을 요구한다. 우리는 인류세를 탈식민화해야 한다.

포스트휴먼 프로젝트의 주요 요소는 현장 기반 관점들의 다양체이다. 이는 다양성과 혼종성을 요구한다. 이것들은, 현대의 지리-정치학적 권력 관계 안에서, 그리고 우리 포스트휴먼 시대를 특징짓는 종들의 절멸 및 인간과 인간-아닌 것 모두를 포함하는 다양한 생명-형태들의 멸종 체제 안에서 싸우고 있기 때문에 훨씬 더 귀중하다. 이 죽음정치의 결과들은 전 세계에, 혹은 모든 종들에게 고르게 분배되지 않는다. 인류세 시나리오의 결과에 노출되는 정도는 계급, 젠더, 인종, 지리-정치학적 위치에 따라 크게 달라진다. 그러므로 초-국가적 환경 정의가 포스트휴먼 융합의 중요한 매듭 중 하나로 출현하게 된다.

긍정을 재긍정하기

지금까지 논의한 접근법들에는 때로는 안트로포스-피로와 부정성이 스며들어 있다. 특히 객체 존재론자들은 허무주의로 포화될 정도로 생명종들로부터의 소외감을 너무 강하게 키우는 경향이 있다. 그들은 우리 시대에 가치 있는 정치적 배출구를 박탈했다. 그렇다고 윤리적 감각을 개발하지도 않는다. 정치에 이르면, 그들이 할 수 있는 최선의 제안은 고작해야 자본주의의 엔트로피를 무화하기 위하여 마르크스-레닌주의로 되돌아가자는 것이다.

나는 특히 니체로부터의 통찰과 함께, 허무주의의 긍정적 핵심은 말할 것도 없고, 소외의 중요성과 그 발생적 퍼텐셜generative potential을 부정하지 않는다. 소진의 실재성과 마찬가지로 이러한 부정적 정서들은 그 자신의 극복을 위한 조건들을 만들어낸다. 그것들은 어쩌면 부정적 상태를 변환의 벡터로 재코드화하는 자동사적 핵심intransitive core을 드러내는 것일 수도 있다. 그러나 부정성에 대한 이런 종류의 분석적 기능을 인정하면 그 존재론적 힘을 없애버리게 된다. 생명적이고 신유물론적인 관점에서 부정은 기본적인 것이 아니라 긍정의 실천을 명확하게 하는 기능적인 것이다. 이런 측면에서 긍정은 단순히 부정성의 부인이 아니라, 오히려 부정성을 작동시키고, 활성화하고, 거기에서 지식을 추출하는 다른 방식이다.

나는 포스트휴먼 분야에서 일하는 동료들에게 깊은 친밀감을 느끼며 우리의 과학과 기술에 대한 흥분과 불안을 공유하지만, 인간 존재의 신체화되고 뿌리박혀 있으며 관계적이고 책무적인 구조를 강조하고 싶다.

다른 종류의 비인간주의자들에 대응하여, 나는 뇌와 우리의 사유 능력을 신체화된 것으로, 그리고 신체는 '뇌화된embrained' 것으로 본다(Marks 1998). 지능은 자율적인 계산 능력도 아니고 사유의 속도와 동일한 것도 아니다. 다양한 사회적, 환경적, 심리적 요인들의 결과이다. 게다가 물질은 우리 모두가 속해 있는 자기-조직화하는 전체이다.

또 다른, 아주 과격한 반反-안트로포스 입장도 있는데 이는 더 긍정적이다. 2014년 매코맥이 만든 용어인 '몰-인간a-human'이 그것이다. 이것은 모든 유기체를 위해서 만든 인간-아닌 것의 권리 강령에서 언급되었는데, 대문자 인간의 죽음을 니체 이후 분명하게 다시 주장한다. 매코맥은 이를 포스트휴머니즘의 가장 노골적인 주장에서조차 여전히 휴머니즘으로 남아 있는 인간 예외주의에 대한 급진적 비판으로 제시한다. 매코맥은 인간/인간-아닌 것의 이분법을 도구적으로 다루는 것을 피하기 위해 인간이라는 범주를 아예 폐지할 것을 제안한다. 동물권에 대한 휴머니즘적 함정에서 영감을 받았지만, 또한 이에 대해 우려하는 이런 폐지 운동은 급진적인 완전 채식주의와, 동물을 상품이나 연구 대상, 식량으로 이용하지 말자는 캠페인까지 포용한다.

매코맥은 미셸 세르를 좇아 인간-아닌 타자를 괴롭히거나 물신화하지 않을 새로운 자연 계약(2004)을 요청한다. 이런 에피쿠로스적 우주의 유산은 또한 들뢰즈와 과타리의 생기적 유물론 철학, 특히 생태-지혜적 통일성이라는 아이디어에 연결되기도 한다. 이는 인간-중심적 시스템의 필연성에 반대하는 엄청난 주장을 제공한다. 매코맥은 열정적인 신념에 차서, 우리가 종 위계질서와 변증법적 사고 습관을 넘어서 나아가는 상상력의 형태를 전개해야 한다고 주장한다. 종 위계질서와 변증법적 사고 습관은 동물과의 관계를 정의해왔고, 또 그것들을 뒤집어봐야 동물 해방이라는 그럴싸한 형태가 나올 뿐이다. 인간 범주를 폐지하는 것만이 답이다.

포스트휴머니즘은 비인간주의가 아니다. 특히 우리가 어떤 종류의 주체가 될 수 있는지 실험하는 것이 중요하다는 점에서 그 프로젝트의 사변적인 측면들과 비인간주의가 다소 공명하는 부분이 있긴 하지만 말이다. 우리는 정말로 포스트휴먼 윤리적 주체들이 되어가고 있다. 위계적 이분법들을 극복하고 다多-방향의 방식으로 커뮤니케이션 양식과 관계를 위한 우리의 다양한 능력을 키워가면서 그렇게 되고 있다.

우리가 물질적이고 차이화된 위치들에서 무엇이 될 수 있는지 실험하는 것은, 포스트휴먼 융합에 대한 백색 공포나 디스토피아적 두려움을 대변하는 인문학의 반동적이고 공포에 질린 구성에 저항하는 하나의 방법이다. 그러나 실험은 또한 행위하기acting를 위한 공식이다. 유럽 휴머니즘의, 특히 성차화, 인종화, 자연화된 배제와 식민주의 지배의 폭력적인 면에서 벗어나서, 우리가 장차 될 수 있는 새로운 주체들을 이끄는 실천이다. 그것은 휴머니즘과 인류중심주의 이후의 인간을 우리가 거주하게 된 물질적, 영토적, 행성적 위치들과 내재적으로 분리불가능하게 관계 맺고 있는 조에-지오-테크노-매개된 존재로 재정의하는 일이다.

우리의 집단적 역사의 이 특수한 시점에서, '우리'는 몸을 가진 우리 자아들이 실제로 무엇을 할 수 있는지 모른다. 공동체에 기반한 실험들의 윤리를 포용함으로써 알아내야 하는데, 먼저 그 프로젝트를 근거 짓고 작동시키기 위하여 '우리'라는 횡단적 주체들을 신중하게 구성하는 데에서 시작해야 한다. 풍요로서의 욕망—결핍으로서의 욕망과 반대로—은 포스트휴먼 주체-형성을 추동하는 존재론적 관계적 힘을 제공한다. 이는 윤리적 상상력이 포스트휴먼 주체들에 잘 살아 있음을 뜻하며, 자기-중심적 개인주의의 장애물과 타자에 대한 부정성의 장벽을 제거함으로써 인간-아닌 타자들을 포함하여 자아와 타자 간의 상호접속이라는 확장된 감각을 강조한다. 나는 종 평등에 기반한 긍정의 윤리학을 통해 모든 종에 걸쳐 이러한 관계적 가치를 확장하고자 한다.

현재의 힘

우리의 사유를 세계 속에 위치시키는 것은 관계적이고 정서적인 실천이다. 이것이 다규모의 비선형적 방식으로 확장되는 더 심층의 시간성들을 유지하면서 연속성을 제공한다. 현재가 정적인 블록이 아니라 동시에 상이한 방향들로 흘러가는 연속적 흐름이라는 개념을 통해 이 아이디어를 더 밀고 나가보겠다. 현재의 힘 — 그리고 그 이해가능성 intelligibility의 핵심 — 은 그것이 지금 여기와 완전히 일치하지 않는다는 것이다. 이런 동기화는 결코 완결되지 않는다. 왜냐하면 신유물론적 생명 시스템 안에서는, 자기-질서화하고 관계적인 물질의 활력에 내재하는 영속적인 운동 속에서, 모든 인간과 인간-아닌 실체들은 진행 중에 있는 횡단적 주체들이기 때문이다.

현실적인 것과 잠재적인 것, 다시 말해서 이미 존재하는 것과 존재하게 될 수도 있는 것(Deleuze and Guattari 1994)의 평행 고원들을 따라 포스트휴먼 현재에 접근하면 이점이 많다. 이러한 구분은 포스트휴먼 지식을 개발하는 데 결정적인데, 왜냐하면 시간 연속체를 생성의 과정 존재론으로 받아들임으로써 현재의 위기에 대한 사회적, 문화적 비판의 실천이 지속가능한 대안들을 건설하는 더 긍정적인 프로젝트로 보완될 수 있기 때문이다. 미래는 문자 그대로 바로 지금 여기이며, 그러므로 낭비할 시간이 없다.

훨씬 더 솔직하게 말하자면, 시간을 다면적이고 다방향적인 효과로 접근하면 우리가 무엇이 되기를 멈추고 있는가와 우리가 무엇으로 생성되는 과정에 있는가를 파악할 수 있게 된다. 이 이중의 접근법은 우리 시대의 불의와 폭력을 다룰 수 있게 해주고, 이를 바로잡는 데 도움을 주는 한편, 아직 실현되지 않은 잠재적인 선택들을 현실화하는 데 고무적인 지각을 키워준다. 과거라는 것이 단지 하다 만 행위들의 얼어붙은 블록이 아니라 역사적 현실화를 기다리는 전미래들future pasts의 혼종적인 덩어리이기에, 이 인식의 얽혀 있는 여러 수준들이 순차적으로 혹은 동시에 일어날 수 있다. 마찬가지로 미래는 실현되지 않은 잠재적 과거의 끊임없는 펼쳐짐이다. '우리'는 이 잠재적 과거를 현실화할 책임이 있다. 부정적이고 갈등에 찌든 현재의 긍정적인 측면들에 집중할 능력과 의지가 있는 주체 배치—신체화되고 뿌리박혀 있는 '우리'—를 구성함으로써 말이다. 그러므로 지속가능한 미래들을 만들어낼 임무는 집단적인 긍정적 실천, 다시 말해서 부정성을 무화하는 제스처이며, 도래할 세대에 대한 우리의 집단적 의무를 존중하는 것이다. 그러나 지금 당장 그렇게 해야 한다.

시간의 포스트휴먼적 의미가 갖는 함의는 광범위하다. 현재가 일종의 복잡한 하나의 과정이라면, 비판적 사유는 현실적인 것—다시 말해서 지금의 우리가 무엇이고 무엇이기를 중단하고 있는지—에 대한 비판도 멈출 수 없지만, 잠재적인 것—다시 말해서 생성 도중에 있는 우리—의 창조적 현실화로 넘어가도록 해야 한다. 비판과 창의성은 같은 목표를 향해 함께 움직인다. 사유 주체들은 과정 중에 놓여 있는데, 이 과정은 위기와 재생, 멸종과 진화의 도약이 아래위로 널뛰듯이 오가는 현기증 나는 상호작용 안에서 이루어진다. 이는 비판적 사유가 비선형적 방식으로 이런 동역학에 적응할 필요가 있음을 의미한다. 우리 사유 중 일부는 이 시대의 불의와 폭력을 바로잡기 위해 이를 비판적으로 다룬다. 다른 계기에서 현재에 관한 사유는 우리의 현 거주 조건들을 직면하고 이를 초과하며 변형하고자 열망한다. 현실적인 것과 잠재적인 것, 즉 과거의 기록으로서의 현재와 미래의 전개로서의 현재 사이의 개념적 구분은 비판적 사유와 창조적 실천을 위해 개입할 여지와 힘들을 되살려낸다.

새로운 조건과 새로운 이론적, 문화적 표상을 생성하기 위해 요구되는 에너지는, (마르크스주의적 분석에서 제시하는 바와 같이) 아무도 만족하지 않는 현재에 대한 변증법적 대립항을 통해서 출현하는 것이 아니다. 그것은 이런 조건들과 대면하여 이를 변환시키는 집단적 실천, 진화와 생성을 위한 잠재적 가능성들을 현실화하는 데 창조와 비판을 결합시키는 그런 집단적 실천에 의해서만 생겨날 수 있다. 변증법의 부정적 논리는 사회나 공동체가 장차 될 수 있는 것의 강도적, 질적 변화를 일으키는 데 전혀 도움이 되지 않는다. 부정성의 논리보다는 실천으로서의 긍정적 윤리를 전면에 내세움으로써 포스트휴먼 지식은 더 멀리, 더 깊이 나아간다.

창조성 — 혹은 상상하는 능력 — 은 여기서 핵심 개념이다. 왜냐하면 그것은 정의상 횡단적 힘이기 때문이다. 내재성의 신유물론 철학 안에서 이는 다음과 같은 의미가 된다. 공간적 관점에서 볼 때, 창조성은 모든 살아 있는 물질을 가로지르며 상호접속시킨다. 여기서 각각의 유기체는 그 물질의 단 하나뿐인 변주이다. 시간적 관점에서 보면, 창조성은 과거의 경험과 정서로 이루어진 블록의 잠재적 총체성에 항상 재접속하는 힘으로서, 과거를 현재의 행위로 재구성하면서 그 완성되지 않은 퍼텐셜을 실현시킨다. 이러한 긍정적 비판의 방식은 시간적이고 우연적인 동기화의 실습이며, 이는 잠재성의 현실화 활동을 현재 속에서 지탱한다. 이 잠재적 강도intensity는 변이, 차이화differentiation 혹은 생성의 흐름이나 과정 속에서, 우리의 이전과 이후, 과거와 미래에 동시에 존재한다. 이런 생성의 과정이야말로 사유를 조건 짓는 생명적 물질의 핵심이다 — 포스트휴먼 시대의 지식 생산에는 그리니치 표준시가 없다.

비판적이고 창조적인 것으로서 사유의 임무는 다음과 같은 특징으로 정의할 수 있다. 현실적인 것과 잠재적인 것의 공-존co-existence, 현재 상황과 가능한 대안들 또는 끝나가는 것과 막 생성하고 있는 것의 공-존. 더 나아가 포스트휴먼 융합은 인간의 사라짐과 과다 노출, 인간의 소실과 반란이 동시에 일어나는 역설이 그 특징이다. 그리하여 인간이라는 범주가 자명함을 잃고 그에 대한 의견이 완전히 갈라지는 바로 그 순간, 그 범주에 관해 학계와 사회 양쪽에서 담론, 지식, 실천의 폭넓은 생산이 일어나는 역설적 상황이 온다. '인간'은 최종적 위기에 돌입하는 것처럼 절박한 문제로 출현한다. 사실, '인간'은 특권 상실에 수반하는 공포와 생존 불안의 표현으로서가 아니라면 하나의 범주로도 취급되지 않는다.

인간의 과다 노출과 사라짐이 아찔하게 뒤섞여 반복되는 현상을 시간 연속체 개념 안에서 접근하게 되면 우리의 관점이 달라진다. 첫째로, 멸종/생존의 이분법은 없다. 왜냐하면 포스트휴먼적 사유는 '이것 아니면 저것either/or'의 변증법적 대립이 아니라 '그리고/그리고and/and'의 내재적 관계를 다루기 때문이다. 두 번째로, '인간'의 과다 노출과 비非-실존이 동시에 일어나는 역설은 없다. 왜냐하면 선형적인 시간이란 없고, 그 대신 각각이 그 자신의 고유한 다多-방향의 노선을 따라 발생가능한 생성들이 천 개의 고원들로 있기 때문이다.

그러므로 우리가 포스트휴먼에 추상적인 사변적 관심사로서가 아니라 신유물론적이고 뿌리박혀 있고 신체화된 관점으로 접근한다면, 점진적 소멸과 과다-노출의 역설은 사라진다. 특수한 변조modulation들로 끊임없이 차이화하는 일자one로 물질을 바라보는 내재적 철학의 관점은 하나의 개념의 출현과 그것을 사유가능하게 만드는 조건들 사이에 불가피한 공명resonance 효과를 만들어낸다.

포스트휴머니즘과 포스트-인류중심주의의 융합이라는 맥락 속에 있는 포스트휴먼 주체성에 대해 이것이 무엇을 의미하는지 설명해보겠다. 푸코는 유럽 휴머니즘의 종말을 분석하면서(1970) 포스트-계몽주의의 참조틀로 인간 비판을 위한 분석 조건들을 확립한다. 이는 휴머니즘적 '대문자 인간'의 이미지를 모래 위에 그려져 있으나 역사의 파도에 쓸려 서서히 지워져가는 모습으로 보여준다. 객체 존재론자 모턴은 이 비유의 아이러니에 주목하고 이 구절을 "해수면 상승 및 수중 정부 회의와 함께 지구 온난화를 앞서 내다본 이미지"라고 정의했다(2016: 13).

푸코의 비유가 가진 힘은 한 개념—인간성의 지시 대상으로서의 대문자 인간―의 위기와 그것을 비판적 맥락에서 생각할 수 있게 만든 포스트휴먼 조건들 사이에서 그 비유가 확립한 공명 효과에 있다. 하나의 개념은 일관성과 자명함을 상실하여 더는 지배 원리가 아니게 될 때 사유가능한 것이 된다. 그런 종류의 자명함은 지배적인 개념들에 강력한 자격을 부여하는 특정한 권력 구성들의 결과이다. 그런 구성들은 암묵적인 것으로 남아 있을 때 훨씬 더 강력하다. 그러므로 비판이론의 임무는 권력 관계들을 명시적으로 분석하고 처음으로 그 권력 관계들이 그런 자명함을 얻게 된 메커니즘을 드러내는 것이다. 이는 권력과 담론을 향해 진실을 말하는 푸코의 아이디어와 관련이 있다.*

한 개념의 사유가능성과 그 내파 또는 사라짐 사이의 분명한 긴장은 또한 사유의 관계적 본성이 하나의 관계적 활동이라는 것을 보여준다. 사유 기능들은 우리의 신체화되고 뿌리박혀 있는 입장들이 갖는 다층적이고 다방향적인 고원들 사이에서 공명하는 방a chamber of resonance, 진동하는 공간과도 같다.

포스트휴먼 논쟁에 관해 통찰하면서, 포스트휴먼 융합은 멸종의 위기가 아니며, 꼭 부정적인 것만도 아니라고 주장하고 싶다. 포스트휴먼 융합은 지식 생산의 새로운 조건들과, 그에 따른 새로운 관계적 만남들에 초점을 맞추는 것이다. 그러므로 푸코의 '인간의 죽음'은 멸종보다는

---

* 후기 푸코의 '파레시아parrêsia'를 가리킨다. '파레시아'는 '모든 것을 다 말하기'를 뜻하는 그리스어로서, 진실을 말함으로써 어떤 위험에 처할 수 있음에도 불구하고 겁먹지 않고 '진실을 말하는 용기', 불평등한 권력 관계의 아래에서 위로 '위험을 감수하고 말하기'를 의미한다. 『주체의 해석학L'Herméneutique du sujet』(1981-1982)이나 『담론과 진실 Discours et vérité』(1983) 등에 나타난 후기 푸코의 사유는 고대 그리스인들이 권력 앞에서 행했던 '파레시아'의 정치적, 윤리적 실천과 비판적 태도에 주된 관심을 두고 있다.

인간-아닌 것의 힘으로서 생명에 대한 생체정치적 관리의 부상과 함께 선진 자본주의의 새로운 국면을 다루는 것과 관련이 있다. 마찬가지로 1968년 5월의 사건들에 산재하던 정치적 위기에 관한 들뢰즈의 분석은 자본주의가 탈산업 시스템을 향해 가면서 겪고 있었던 구조적 변화를 성공적으로 전면에 부각시킨다.[5] 개념이 출현하는 계기가 된 물질적, 담론적 조건들은 변증법적인 것이 아니라 영속적인 생성 중에 있다. 새로운 지식 생산은 시간 연속체에 위치한 특정화 혹은 현실화의 실천 속에서 일어난다. 그 시간 연속체 속에서는 과거와 잠재적 미래들이 뒤섞이며 긍정적인 힘들을 발생시킨다. 포스트휴먼 주체가 된다는 것은 공간적인 관점에서만이 아니라 시간적인 관점, 즉 '더는 아님'과 '아직 아님' 사이에서 균형을 잡는다는 의미이다. 이를 위해서는 시간 연속의 복잡하고 다양한 접힘과 다른 흐름들 사이에서 어떤 동시성을 찾아내야 한다. 이 모든 것이 관계적 내재성의 평면 위에서 횡단적인 '우리'의 구성, 다시 말해서 인류가 현재 재구성되고 있는 다양한 방법들을 가리킨다.

사유는 초월적 진실을 단언하는 것이 아니라 관계적인 활동이다. 벤저민 노이스는 한 개념의 사유가능성과 그 내파 사이의 명백한 긴장에 대하여 논하면서(2010) 이런 긴장이 사유의 내재성을 구성한다고 주장한다. 관계적인 것으로서, 사유는 세계와 관계 맺는 하나의 방식이다. 사유는 '외부' 실재와 '내부' 지각 사이의 공명의 방처럼 기능한다. 사유 안에는 안-밖의 이율배반도 역설도 없으며, 내재적인 힘들의 끊임없는 접힘과 펼쳐짐만 있다(Deleuze 1993). 이 다양한 수준들 사이의 공명이야말로 모든 살아 있는 물질의 내재적 구조를 결정적으로 보여준다.

물질적이고 관계적인 주체들이기 때문에 우리의 주체화 과정은 우리의 역사적 조건과 일치한다. '우리'는 여기 이 세계에 함께 있다. 우리는 생성의 다양한 방식들을 현실화하는 힘으로서 세계에 내재한다. 결과적으로 우리는 단지 지각할 수만 있을 따름이며, 그래서 우리의 역사성의 조건들이 터져 나와 우리 마음의 눈에 명백해질 때 비로소 그것들을 문제나 위기로 인식하게 된다. 내재주의의 참조틀 안에서, 역사적 조건들의 절합articulation(외적)과 주체 형성(내적)은 물질적 구성 요소들이 공명하면서 동일한 것이 접히고 펼쳐지는 상호 겹침의 과정이다. 내적 요인과 외적 요인의 명백한 이율배반은 거짓이며 무용하기까지 하다. 왜냐하면 그 요인들의 상호의존성과 그것들을 횡단적으로 연결하는 다양한 접힘들만이 작동하고 있기 때문이다(Deleuze 1993).

포스트휴먼 논쟁에 관한 한, 세상의 종말에 관한 우울한 형이상학적 숙고에 빠질 이유는 전혀 없다. 우리에게는 발생적 내러티브들을 표현하고 위기의 수사에 젖지 않는 활기찬 프로젝트가 필요하다. 특히 문제의 그 위기가 어느 정도는 인류중심적인 글로벌 위기가 자신에게 미칠 영향을 깨닫게 된 후 취약해졌다고 느끼는 백인 유럽 문화의 탄식이라면 더욱 그렇다. 그들은 탈식민주의적 관점을 개발할 필요가 있다.

대신 긍정적인 길을 택하자면, 포스트휴먼 지식은 비판적이고 창조적인 지도그리기를 통해서 휴머니즘과 인류중심주의 양자를 극복할 아직 실현되지 않은 가능성들의 여백에 초점을 맞춘다. "우리의 휴머니티가 지금 위기에 처했다고 할 때 바로 이 '우리'는 누구인가?"라는 이슈에 집중함으로써 말이다. 우리가 무엇이기를 그만두고 있는지와 우리가 무엇으로 생성되는 과정에 있는지를 모두 기록하면서, 포스트휴먼 사유는 궁극적으로는 잠재적인 것을 현실화하는 프로젝트에 특별한 초점을 맞추어, 현재의 복잡성들을 관통하며 우리를 도와줄 새로운 개념들과 항해 도구들을 창조하는 것이다. 포스트휴먼 시간의 비-선형성은 단일하지 않고 다중적이며 혼종적인 공간의 의미와 반향한다. 이 명제의 개념적인 부분은 포스트휴먼 주체성의 물질적으로 뿌리박히고 신체화된 구조와 관련이 있다. 이것은 생성의 과정 속에 있는 다양한 주체 입장들에 대한 적합하고 차이적인 설명들(지도그리기들)을 제공하기 위한 방법론적 함축들이다. 그러나 그것들은 같은 것을 생성하지 않으며, 같은 장소에 있지도 않고, 같은 속도로 가지도 않는다.

포스트휴먼 풍경 안의 입장들이 엄청나게 다양하다 보니 포스트휴먼 학자들 사이에도 차이가 있다. 비인간 합리주의 안에서 연구하는 사람들은 반反주체성의 선을 좇으며 조각난 '우리'의 문제를 일축한다. 코언, 콜브룩, 밀러(2016)는 지식의 주체이건 뭐건 포스트휴먼 주체는 없다고 주장한다. 이런 주체는 기후변화 위기로 촉발된 불안과의 대면 속에서 반작용으로 구성된다고 주장한다. 그것은 주체가 사라지는 순간에 독특하게 출현하는 주체이다.

이런 멸종-지향적 인식으로부터, 콜브룩(2014a)은 이어서 포스트휴먼 곤경이야말로 이미 자신의 통치권이 종료된 바로 그 실체—대문자 인간/안트로포스—의 멸종에 대한 사유가능성을 가져온다는 더 해체주의적인 주장을 내놓는다. 그들은 또한 데리다를 긍정적으로 이용하면서, 그 자신의 종말을 넘어서 사유하기가 바로 대문자 인간의 특권이며, 인류세는 인간 주체의 비인간적 핵심을 재주장하는 것에 불과하다고 결론짓는다. 현존/부재의 형이상학은 사유하는 존재라는 대문자 인간의 정의는 남겨놓는다. 이론적인 교묘함은 평가할 만하지만, 이렇게 포스트휴먼 계기의 발생적 퍼텐셜을 묵살하는 데에서 드러나는 정치적 함의에 대한 관심의 결여는 뭐라고 말해도 실망스럽다.

이와는 대조적으로, 디페시 차크라바르티(2009)가 제안한 관점에서 사라짐과 과다-노출의 그 동일한 역설의 공식을 비교해보자. 차크라바르티는 백인들의 공포와 독특함에 대한 선언에 굴복하지 않고, 전 세계적으로 존중받거나 보편적으로 이해가능한 것으로 받아들여지지 않았던 범주—인간—의 폭파로 생겨난 정치적 수수께끼들을 무엇보다 중시한다. 더구나 이 역설적 발전의 파생물은 주도적 학문들의 지배 담론에 갇히지 않고 포스트식민주의, 젠더, 페미니즘 이론의 비판적 소수 담론들처럼 강력하게 영향을 준다. 우리는 실로 이렇게 에피스테메가 재편되는 와중에 있다. 신유물론의 내재적인 우주에는 영토 바깥extra-territoriality이 존재하지 않는다. 실로 차크라바르티의 접근법은 포스트휴먼 곤경 속으로 진입하는 상이한 각도의, 상황적이고 그래서 뿌리박히고 신체화되어 있는 특수성들을 존중한다. 이것은 구조적 비인간주의에 대한 사변적 강조보다 훨씬 더 생산적인 접근이다. 구조적 비인간주의는 포스트휴먼의 횡단적 정치학, 주체성의 차이적 생명-정치, 그리고 우리의 현재 곤경이 치르는 피해와 비용에 내재된 죽음정치적 분석을 한데 뭉뚱그려버린다.

포스트휴먼 융합처럼 공유된 곤경에 대한 인식은 어떤 것이든 공포 속에서 범-인류를 성급하게 재구성하려 할 때 지적인 이해와 실천적 지원 양면에서 축소될 위험이 있다. 이러한 제스처는 전체 그림에서 복잡성, 즉 지리-정치학적 위치와 관점에 따라 각기 다른 범주, 계급, 인간과 인간-아닌 것의 집단에 대하여 4차 산업혁명과 여섯 번째 대멸종의 영향이 어떻게 다르게 작용하는지에 대한 인식을 지워버린다. 성차화, 식민화, 토착적으로 자연화된 '타자들'이 더 죽음에 노출되고 취약하다는 점을 고려하면, 멸종의 공포만으로는 통합적 요인이 되기 어렵다. 인류세를 취약함과 멸종이라는 바로 그 관념들을 지배할 자격을 백인, 유럽인, 남성에게 부여하는 것으로 환원하는 경향이 있다.

이 지점에서 포스트휴먼을 단일한 새로운 패러다임이라기보다는 융합 현상으로 보는 나의 핵심 주장을 다시 강조하고 싶다. 이는 포스트휴머니즘(유럽의 특권에 대한 비판) 및 포스트-인류중심주의(종의 특권에 대한 비판) 둘 모두의 통찰력, 자원, 방법을 동원한다는 의미이다. 융합, 따라서 이중의 움직임에 대한 옹호는 평평한 등가취급에 저항하고, 그 융합의 다면적인 효과들을 주의 깊게 연구하도록 도와준다. 인류세에 대한 어떠한 논의도 가부장적 권력 관계, 식민주의, 인종주의를 무시할 수는 없다. 이런 다방향적 접근은 긴장과 의견 불일치를 빚어내기도 하지만, 이러한 갈라짐들은 그 자체로 생산적이다. 유럽중심적인 '인류세에 죽는 법을 배우기'와 같은 유의 학문에서 보게 되는 공포의 분출을 피하는 것이 중요하다(Scranton 2015). 지구상의 생명의 멸종(Lovelock 2009; van Dooren 2014)과 인간의 멸종(Colebrook 2014a, 2014b)에 관한 연구가 확산하고 있는데, 이는 어떠한 포스트휴먼 미래도 차단한다(Kroker 2014). 자기 자신의 죽음에 대한 이런 집착적 강박은 잠재적인 것의 힘을 부인한다는 점에서 개념상 근시안적이다. 이러한 묵시록적 시나리오는 무력감을 퍼뜨리기 때문에, 정치적으로 역효과를 낳는 한편으로 유럽중심적인 사유 습관을 영속화한다. 이는 공동체를 향해 노력하게 하기보다 개인적 절망의 블랙홀을 키우기 때문에 윤리적으로 건전하지 않다. 긍정의 윤리학은 이렇게 힘을 빼앗는 입장에 대한 대안이다.

이것은 하나의 범주로서의 인류가 위험에 처해 있음을 부인하는 것이 아니라, 어떤 인간들은 어쩌다 보니 다른 인간들보다 더 죽음에 노출되어 있다는 점을 강조하려는 것이다. 그러므로 포스트휴먼 융합을 진지하게 받아들인다는 것은, 관점과 위치의 복수성을 뿌리박히고 신체화된 것으로 받아들인다는 의미이다. 우리에게는 인간이 되는 방식에 대한 관계적이고 정서적인 설명이 필요하다. 글로벌 문제들에 대해 구체적 맥락에 따른 해결책이 필요하다(Braidotti and Bignall 2018). 유물론적이고 생기론적인 접근법들은 내재적이고 비非목적론적인데, 이는 포스트휴먼 생성의 과정이 '다시 태어난' 범-인문학pan-Humanities의 구원의 서사나 집단적 희생의 종말론적 시나리오와 혼동되어서는 안 된다는 의미이다. 포스트휴먼 사상의 임무는 생성의 각기 다른 속도와 패턴을 해명하는 것이다. 그것은 현재의 포스트휴먼 조건에 대한 인식과 일치하는, '인간'이라는 친숙한 개념의 상실은 종착점이 아니라, 포스트휴먼 생성의 과정을 지탱하는 시간 연속체 안의 한 지점이라는 것을 깨닫는 데에서 시작한다. 이 연속체 안에는 엄청나게 서로 다른 위치들이 있으며, 우리는 우리의 진입 지점에 의거해서 그것들을 설명해야 한다. 다시 한번 되풀이하겠다. 이것은 상대주의가 아니라 현장에 기반한 내재성과 장소의 정치학이다.

포스트휴먼 입장의 요점은 개체를 가로지르고trans-individual, 종을 가로지르며trans-species, 성을 가로지르면서trans-sexes, 주체를 횡단적으로 상상한다는 것이다. 말하자면 그것은 운동 중에 있는 주체이다. 이런 종류의 주체성은 유기적인 종류와 기술적인 종류 양편에 속하는 모든 인간-아닌 타자들을 명백히 포함한다. 여기에서 가장 중요한 면은 환희에 찬 긍정의 윤리학에 대한 추구와 피해에 대한 인정 사이의 균형점을 찾는 것이다. 그러려면 하나의, 혹은 집단적인 '우리'가 무엇이 될 수 있는가에 대한 잠재적 가능성들에 눈을 떠야 한다. 포스트휴먼 곤경에 대한 공적 논의에 이 정도의 복잡성을 더한다면, 포스트휴먼 융합에 보통 투여되는 격한 감정들 중 일부는 진정되는 즉각적 이점, 즉 진을 빼는 절망과 흥분을 대체하는 이점이 있다.

인류세 규모의 '위기'는 사라짐과 과다 노출, 동시에 일어나는 멸종과 재생 모두와 관련이 있다. 중요한 것은 사태를 명료하게 만드는 것이다. 우리는 우리와 함께 공명하는―그리고 우리가 함께 공명하는―실제 생활의 조건들에 대하여 냉철한 지혜를 좀 가질 필요가 있다. '우리'는 더는 예전 같지 않다는 이 깨달음 속에서 포스트휴먼이 된다. '우리'는 정말로 전통과 관습으로 승인받은 인간의 단일한 정의를 상실한 것인지도 모른다. 그러나 휴머니즘적 단일성의 상실이 우리를 멸종의 길로 내모는 것이 아니라 함께-주체-되기라는 다음 국면을 위한 블록 짓기라는 점을 인식할 때 우리는 여전히 인간이며 너무나도 인간적이다. '우리 인간들'이라는 말이 결코 중립적인 것이 아니라 실은 권력에 대한 접근을 통제하는 성차화되고 인종화된 위계질서와 연동되었음을 염두에 두고, 이런 상실에 대한 애도와 비애감에 빠질 것이 아니라 그것이 열어주는 새로운 관점들에 집중해야 한다.

그리하여 휴머니즘적 단일성의 상실은 함께-주체-되기의 대안적 방식들을 위한 출발점이다. 인간 및 인간-아닌 타자들과의 불가분한 상호 접속의 실현은 우리가 위기, 또는 포스트휴먼 융합에 의하여 일어난 변이로부터 얻는 인식론적, 윤리적 보너스이다. 스피노자가 가르쳐주었듯이(Lloyd 1994, 1996; Spinoza 1996〔1677〕), 우리를 구속하는 조건들을 이해함으로써 얻은 자유가 여기에서 작용하는 윤리적 가치이다. 권력을 향해 진실을 말하는 것은 이러한 조건들에 대한 적합한 이해에 도달하는 방법이다.

생성의 과정은 '인간'이라는 친숙한 관념의 상실을 깨닫는 데에서 시작하며, 이는 현재 포스트휴먼 조건에 대한 인식과 일치하지만, 생성의 대안적 방식을 향한 탐색으로 횡단적으로 나아간다. 이는 포스트휴먼 시간 연속체 전반에 놓여 있는 새로운 관계들의 집합을 통해, 다시 말해서 우리가 무엇이 될 수 있을지를 구성하는 진행 중인 임무를 통해 현실화된다. 그러나 '우리'가 동일한 하나가 아니기 때문에 생성의 패턴들은 필연적으로 다를 수밖에 없다. 이는 뿌리박혀 있는 우리의 관점, 혹은 이 시간-프레임에 진입한 시점에 의거하여, '우리'가 이미 언제나 포스트휴먼이었을 수도 있다는 것을 의미한다.

포스트휴먼 주체성은 실천적인 프로젝트이다. 하나의 실천a praxis이다. 중요한 것은, 생성의 과정에 있는 우리가 정확히 무엇인지에 관해서, 그리고 우리의 신체화되고 뇌로 구현된 자아가 얼마나 많은 변환과 고통, 탈-정체성 혹은 향상enhancement을 겪을 수 있는지에 관해서 집단적으로 협상하는 것이다. 포스트휴먼은 단지 질문일 뿐이다. 그 대답은 바로 '우리'가 장차 생성될 수 있는 그 무언가이다. 그 특정한 답은 시간과 공간에 따라 실천적이고 실용적인 것일 수 있다. 그 실천은 바로 다수의 도래할 민중을 생성하는 것이 목표이다. 세계 역사의 파도가—이번에는—이 행성의 모래 해변에서 다른 많은 종들의 얼굴을 막 지우려 할 때, 인류세의 고통스러운 모순들 한가운데에서 함께-세계-되기를 실현하는 다수의 '우리'.

3장

포스트휴먼
지식 생산

POSTHUMAN
KNOWLEDGE

탐구의 포스트-자연적 대상

최근 포스트휴먼 조건에 관한 연구의 제목과 주제를 조사하면서 계속 눈에 띄는 특징에 놀랐다. 우선, 인간 자체의 관념에 대한 주제와 연구 대상이 엄청나게 다양하다. 예를 들면 인간-아닌 것(Raffnsoe 2013), 비인간(Lyotard 1989), 포스트-인류중심주의의 변성체(Clarke 2008), 트랜스-종(Tsing 2015), 포스트휴먼 인격성(Wennemann 2013), '뉴' 휴먼(Rosendahl Thomsen 2013), 포스트휴먼 수행성(Barad 2007) 등이 있다.

두 번째로, 포스트휴먼 연구 분야는 인간도 아니고 자연적인 것도 아닌 연구 대상들을 지칭하는 화려한 전문 용어와 대담한 신조어들로 표현되는 놀랍고도 때로는 도발적인 분위기가 특징이다. 여기에는 동물, 식물, 광물 왕국의 표본들뿐만 아니라 알고리듬 문화의 물질적 하부구

조에서 나온 샘플까지 포함된다. 이 분야 학자들이 자유롭게 전문 용어를 사용하는 태도는 학계의 정치적 스펙트럼에서 어느 위치에 있는가에 따라 대단히 혁신적으로 보일 수도 있고, 상당히 기괴하게 보일 수도 있을 것이다. 기괴함weirdness은 문학적, 과학적으로 풍성한 계보학을 가진 생성적 개념이다. 탈-인간화된de-humanized 인간들뿐 아니라 인간-아닌 것들도 평가절하된 차이를 형상화한 인물로서 괴물성과 상호접속되곤 했다(Braidotti 2002). 페미니즘의 고전 『프랑켄슈타인』은 이런 동맹의 상징으로, 오래된 기괴함과 새로운 기괴함에 대한 일련의 변주들로 최근 들어 재정의되고 있다(Noys and Murphy 2016). 울스테인(2017, 2019)은 기괴한 문학을 분석하면서, 현대의 기괴함은 인내하고 버텨내겠다는 윤리적 결단과 함께 인간의 지위에 대한 공포와 불안의 정서적 측면을 요약한다고 주장한다. 실재론의 묵시론적 계열에 속하는 모턴(2013)은 오늘날의 초과물hyper-object들은 생각할 수 없는 것을 생각하고 이해하는 우리의 능력조차 훨씬 넘어서 있어서, 세계가 더는 우리가 알고 있던 세계가 아님을 보여주고 있다고 강조한다.

세 번째로, 포스트휴먼 연구 분야는 학제적 연구 방법들과 아주 잘 맞으며 친화력이 있다. 인문학과 생명과학, 신경과학, 정보기술, 그 밖의 분야들의 연구 문화 간의 관계는 진화하고 있다. 많은 학자들이 그들이 직면한 공통의 도전들을 다룰 수 있게 해줄 상호 존중의 문화를 발전시키기 위하여, 이 광범위한 스펙트럼에 걸쳐 새로운 종류의 간학제적이고 심지어 탈-학제적인 동맹을 발전시키고자 하는 욕망을 표현한다(Åsberg and Braidotti 2018; Lykke 2018).

포스트휴먼 지식 생산에서 다른 분야들 간의 융합의 핵심은 연구 대상들과 비-인간/인간-아닌/포스트-인간인 행위자들in/non/post-human actors 의 역할을 인정하는 것이다. 이는 이론의 피로가 주는 영향에 맞서서 보다 개념적인 창의성에 대한 요구를 지지한다. 이는 생태적 환경, 매체-자연-문화 연속체와 인간-아닌 타자들을 다루기에 더 적합한 개념들을 제공함으로써 전통적인 인문학을 인류중심적인 사고 습관에서 끌어내 인문학의 임무를 갱신한다. 포스트휴먼 감수성은 또한 가치를 박탈당하고 탈-인간화된 타자들과 포스트휴먼 곤경의 비인간적인 측면들을 어젠다에서 중요하게 다룬다.

연구의 포스트-자연적post-natural 대상들은 조에/지오/테크노-매개된 물질을 다루는 프로젝트의 확산이 그렇듯이 뉴 노멀이다. 예를 들어 게리 제노스코(2018)는 과타리를 따라, '포스트-자연적인 힘들'의 다이어그램을 그리는데, 이것은 인류세의 효과들을 물질matter의 '문제matter'로 분석하는 것이다. 그리하여 대기의 구성 요소 또는 공기는 온실가스로 바뀌고, 지구는 광물과 광산이 되었다가 흙이 된다. 불은 재가 되지만 연기와 가스가 되기도 한다. 가장 귀중한 액체인 석유와 함께 물은 습기의 양이 많고 적음에 따라 재분배된다. 대기권, 지권, 생명권, 수권 모두에는 그 구조를 바꾸는 자본의 회전 흐름이 투여되어 있다.

이런 생태-행성적 통찰과 인간-아닌 것의 생명(조에)과의 관계는 제2의 자연이 된 디지털 생명, 고도의 기술적 매개로 더욱 심각해진다. '고유한 인간다움'(Kirby 2011: 233)이란 없으며 차라리 '고유한 기술다움'(MacKenzie 2002)은 존재한다는 전제하에, 예전의 '자연문화'는 '미디어자연mediannatures'(Parikka 2015a)과 '트랜스-미디어' 실천들(King 2011)로 진화했다. 미디어 생태 연속체media ecological continuum(Fuller 2005, 2008)는 단지 물질성의 어떤 형태가 아니라 지리적이고(Parikka 2015a) 영토적인 종류의 유물론(Braidotti 2006; Protevi 2013)을 앞세우면서 일반 생태학(Hörl and Burton 2017; Hörl 2018)을 받쳐줄 수 있다.

물론 종들 간의 구조적 상호의존성을 받아들이는 것과 인간-아닌 것들을 지식 협력자로 실제 대하는 것 사이에는 질적인 차이가 있다. 그러나 여기에서 요지는 바로 이것을 우리가 배워야 한다는 것이다. 우리는 한편으로는 계산적 네트워크와 합성생물학의 시대에, 다른 한편으로는 기후변화와 자유 부식腐蝕의 시대에 살고 있기 때문이다. 포스트휴먼 주체는 정신적 습관을 낯설게 만들 필요가 있다. 그러므로 자연과 포스트-자연 유기체들에게 동등한 지위를 부여하는 것은 포스트휴먼 프레임으로 사유하기의 광범위한 영향을 보여주는 명백히 포스트-인류중심적인 움직임이다. 이런 관점에서 연구의 인간-아닌 대상이나 주제에 초점을 맞출 필요가 있지만, 포스트휴먼 지식 생산을 위한 전제 조건으로는 부족하다. 신뢰할 만한 질적 변화를 만들어내려면 개념적, 방법론적 변환이 필요하다.

인문학에서 현재의 포스트휴먼 연구는, 새로운—그리고 때로는 기괴한—탐구 대상의 양적 성장뿐만 아니라 그와 같은 초점의 질적 이동을 다루는 임무도 똑같이 수행한다는 것이 증명되었다. 예를 들어 문화적이고 문학적인 다윈주의(Beer 1983; Carroll 2004), 에코페미니즘과 동물 연구(Donovan and Adams 1996, 2007; Midgley 1996), 진화 이론의 사회문화적 연구(Haraway 1990, 2003) 덕분에 중요한 진전이 이루어졌다. 창의적이고 비판적인 사고의 증거는 고무적이다(Clarke and Rossini 2016). 신조어의 확산도 효과적이다. 이제 우리가 '인간동물humanimal' 혹은 트랜스-신체의 인간-동물 합성체라면, 지구, 지구의 지리적 지층, 지질학적 주체들(Yusoff 2015)과 그 우주는 정치적 영역이 되었다(Alaimo 2010). 각 신조어는 그 나름의 개념적 문턱이다. 그래서 스테이시 알라이모의 트랜스-신체성trans-corporeality은 인류세의 추상적이고 비물질화된 주체에 대한 비판이다. 그녀는 동물이나 물고기 같은 '비정상적인 행위주체'와 연결되어 있으며 또한 인류세의 전체 스펙트럼과도 연결되어 있는 물질적 포스트휴먼 행위작용을 옹호한다. 이것은 긍정의 윤리학을 지향하면서 횡단적인 미시-정치적 접속을 인정하는 포스트휴먼 관계적 주체와도 일치한다.

제니퍼 가브리스(2011)는 전자공학의 '자연사自然史'로 제시한 디지털 쓰레기에 대한 연구에서, 물리적이고 광물적인 그 쓰레기들의 형성에서 종종 나타나는 정보기술의 추상적인 관념을 탐색한다. 이 명백하게 신유물론적인 접근은 전자장비 폐기물이 어떻게 쌓이고 해체되고 탈-조립되는가에 대해 현장 기반의 상세한 설명을 제시함으로써 기술이 '비물질적'이라는 주장에 반대한다. 가브리스는 컨테이너부터 쓰레기 매립지, 박물관, 아카이브까지, 디지털 폐기물을 처리하는 다양한 공간들에 초점을 맞추어 전자장비 폐기물 처리와 관련된 노사관계를 끌어들인다. 그렇게 해서 이 위험하고 착취적인 작업과 연관된 인종화된 디지털 프롤레타리아 계급의 움직임을 추적한다.

유시 파리카(2015a)는 내가 '지질학적 유물론'이라 부른 방법을 매체 연구에 적용하여 매체 연구에 대한 비물질적 — 순수하게 기호학적이고 재현적인 — 접근을 반대한다. 대신 그는 매체를 가능하게 만드는 물질적 실재들, 특히 지구의 역사와 지질학적 구성물, 광물과 에너지에 초점을 맞추고자 한다. 파리카는 말 그대로 이 세상에서는 데이터 마이닝mining보다 광물 채굴mining 작업이 더 많이 진행 중이라는 점을 우리에게 일깨운다. 그러므로 매체 기술과 그 하드웨어의 두터운 물질성을 다룰 윤리적 의무가 있다. 그 물질성은 그 매체들을 만드는 데 들어간 지구물리학적 자원들로 우리를 이끈다.

이러한 접근법의 인문학이 다른 학문들에 미치는 영향은 상당한데, 그 연구자들이 상당 규모의 경험적 자료를 요구할 뿐 아니라 광범위한 지구 광물질 자원의 체계적인 지도 제작과 같은 다른 자료들도 요구하기 때문이다. 경제학 역시 광물 채굴과 관련된 재정적 이해관계가 지역적이면서 동시에 초국가적이라는 점에서 관심 대상이다. 그들은 현대 플랫폼 자본주의를 비롯하여 산업 문화의 여러 시대를 거쳐온 노동과 착취의 사회적 관계도 연구에 포함시킨다. 매체 문화의 물질적 뼈대를 탐구함으로써 지질학적 유물론은 수많은 학문적 경계를 넘나들며 매체 고고학에 독창적이고 새로운 시각을 제시한다.

새로운 학문의 이러한 예들은 포스트휴먼 지식이 인간-아닌 것, 조에/지오/테크노-중심적이며 포스트-자연적인 대상, 주제, 화제와 연관된다는 것을 보여준다. 또한 포스트휴먼 연구 분야는 방법, 공동 연구 윤리, 그리고 하나 더, 관계적 개방성의 질적 변화를 수반한다. 앞 장들에서 논의했듯이, 포스트휴먼 시대의 사유는 세계가 던지는 문제의 강도를 감당하면서 거부해야 할 측면들에는 맞설 수 있는 능력을 키우는 것이다. 사유는 자유와 저항을 위한 우리의 힘(포텐시아)을 향상시키도록, 우리의 관계적 능력을 증가시키는 것이다. 포스트휴먼 사유는 정체성에 대한 집착에서 벗어나 관계적이 되는 것이다. 즉 자아가 그 자신의 정체성에 집중하는 데서 벗어나 능동적인 생성의 문턱을 향하게 하는 것이다.

마지막으로 덧붙이자면, 포스트휴먼 지식 생산의 협력적 측면이 중요하다. 협동의 새로운 형식들이 학계의 연구자, 예술가, 활동가들 사이에서 개발되고 있다(Braidotti and Hlavajova 2018). 예술가와 큐레이터들은 노련한 비판적 실험을 할 수 있다. 학자들이라면 꿈밖에 꿀 수 없는 형식과 내용 양쪽에서 그들은 어느 정도 자유를 누린다. 예를 들어 피츠버그의 포스트자연사센터Center for PostNatural History는 '그때는 그랬지만 지금은 이렇다'라는 제목 아래, 인간에 의해 의도적으로, 유전적으로 변경된 유기체들의 기원, 서식지, 진화를 연구해왔다(Pell 2015). 문화, 자연, 생명공학의 복잡한 상호작용을 연구하면서, 이 센터는 살아 있고 보존되며 문서 기록으로 남은, 포스트-자연적 기원의 유기체들의 집합을 습득하고, 해석하고, 이용할 수 있게 하는 것을 목표로 삼는다.

여기에서 '포스트-자연적인 것'은 선택적 번식이나 유전공학을 비롯한 여러 수단으로 인간이 의도적으로 유전자 변형을 한 유기체들로 정의된다. 전시품에는 생체발광하는 해파리와 산호초, 거미줄 단백질이 함유된 젖을 만드는 '바이오스틸Biosteel' 염소, 유전자 이식 초파리, 열성 유전자만 골라 솜털같이 푹신한 깃털을 얻게 한 오골계, 발광 물고기 등이 있다. 최고 인기 전시품으로는 '원자력 시대의 설치류'와 '유럽연합의 포스트자연 유기체'가 있다.

사유는 조에―여러분 개개인의 이름은 말할 것도 없고, 인간의 이름을 갖지 않은 인간-아닌 것의 생명―의 개방성으로 가는 관문이다. 사유는 세계를 채우고 있는 것들이다(Alaimo 2014). 그리고 사유는 세계 안에서 발생하는 것이기에 학문 공동체만이 아니라 다양한 지지층들에게 책임을 져야 한다. 과학적이고 기술적인 학문 배경에서만이 아니라, 사회적, 기업적, 활동가적, 예술적, 미디어적인 위치들의 광범위한 영역에 걸쳐서 지식이 생산되는 오늘날에는 더더욱 그렇다. 지식 생산하기가 바로 세계를 채우고 있는 것들이다.

포스트휴먼 지식에 의해 일어나는 질적 변화는 당대의 전반적인 정치경제와 더불어 환희와 절망 사이를 오르락내리락하는 분위기들의 정서적 범위에 따라 좌우된다. 예를 들어 생태-비평가들은 우리가 지금 살아가는 기술-자연-문화 연속체와의 변화하는 관계를 정의하기 위해 생태-비가悲歌 텍스트를 쓰고 있다(Huggan and Tiffin 2009). 어떤 이들은 '생태-공포'에 대해 더 노골적으로 말한다(Rust and Soles 2014). 어쨌든 이런 반응은 정서적이며, 이 강력한 정서들은 이 문제에 관한 학문 분야와 문학 일반에 새로운 언어를 요청한다. 폭력적인 개발로 인해 이제는 변해버린 어린 시절의 풍경들에 대한 생태적 기억에서 느끼는 감정을 뭐라고 부르겠는가? 에코-노스탤지어? 과거의 나무들에 대한 추억? 지리-물리적 기호학? 젊은 황무지의 초상? 식민주의적 변신? 흉터만 남은 전쟁?

그리고 우리 미래의 지속불가능성을 생각할 때 느끼는 침울함은 어떻게 묘사해야 할까? 포스트-인류중심적인 메스꺼움? 종말-매혹 증후군? 영토적 착란? 글로벌 외설 과부하? 인간을 위한 나라는 없다?

조에/지오/테크노 관점에 기반한 포스트휴먼 접근의 정서적 차원은 우리의 곤경을 설명할 인지적 능력뿐 아니라 상상력의 자원들도 끄집어내어 움직이게 한다. 인류세에 즈음하여 활기찬 문학, 문화, 미학 운동이 문학, 영화, 뉴미디어, 예술에서 발전해왔다. 이것은 지오-아트, 또는 그보다는 시적이면서 정치적인 실험의 관점에서 인간과 행성 간의 변화하는 관계에 응답한다는 점에서 지리-정치학과 짝을 이루는 '지리시학 geopoetics'이다(Last 2017). 지리-중심적 접근의 영토적 요소뿐 아니라 우주적 요소까지 받아들이려면, 다른 사회적 상상을 구성하려는 집단적 노력이 요구된다. 문학과 예술은 인간이란 무엇인가에 대한 문화적 재현들과 해석들을 분석하는 데 집중한다는 점에서 이 임무에 아주 적합하다. 사회적으로 힘을 북돋는 이미지들을 개발하는 데 도움이 되는 방법이라는 점에서 문학적 인문학 역시 대중의 반응에 정서적 영향력이 있다. 영향력이 큰 이런 잠재성은 또한 더 지속가능한 사회 시스템과 실천들을 향해 나아가는 데 필요한 변화의 사회적 과정을 뒷받침할 수 있다. 다음 장에서 보겠지만, 비교문학과 문학 연구가 포스트인문학의 주요 중심지 중 하나를 구성하는 것도 당연하다.

인식론적 가속주의

포스트휴먼 지식 생산에서 한 가지 독특한 측면은 인간과 포스트휴먼에 관한, 그리고 그것들을 둘러싼 대항-개념들과 신조어들의 증식과 등장 속도이다. 현대 지식경제의 관점에서 이러한 활기 넘치는 성장은 대단히 중요하다. 이론적(Badmington 2003), 반항적(Papadopoulos 2010), 사변적(Sterling 2012; Roden 2014), 문화적(Wolfe 2010; Herbrechter 2013), 문학적(Nayar 2013), 트랜스-휴머니즘적(Bostrom 2014), 메타-휴먼적

(Ferrando 2013), 몰-인간적(MacCormack 2014)인 것 등 상이한 종류의 포스트휴머니즘이 이미 출현했다는 것은 놀랄 일도 아니다. 물론 이 목록은 아직도 늘어나는 중이다. 이미 포스트휴먼 선언도 나왔고(Pepperell 2003), 미네소타 대학 출판부에서 포스트-인문학 책 시리즈도 나오고 있다(Wolfe 2010).

통제할 수 없을 만큼 점점 변화 속도가 빨라지는 용어의 또 다른 놀라운 예가 바로 '인류세'이다. 인류세도 이미 '인류밈Anthropomeme'이 되어 (Macfarlane 2016) 관련 신조어도 '툴루세Chthulucene'(Haraway 2016), '자본세Capitalocene'(Moore 2013), '안트로포스-신Anthropo-scene'(Lorimer 2017), '인류문란세Anthrobscene'(Parikka 2015b)와 같은 여러 대체 단어들로 증식하고 있다. 그러고도 아직 더 있다. '플라스틱-세Plastic-ene'(New York Times 2014), '농장세Plantationcene'(Tsing 2015), '나쁜-인류세Mis-anthropocene'(Clover and Spahr 2014)도 있다. 여기에서 용어상의 활력은 우리 시대의 가속주의accelerationism 담론경제를 반영하는 한편, 인류세 프레임 안에서 포스트휴먼 곤경을 설명하고자 하는 흥분과 분노를 동시에 표현한다.

이러한 광적인 속도 앞에서, 나는 그 프레임을 가만히 들여다보는 준-안정적인 관조의 순간을 갖자고 제안한다. 다음 사항을 고려해보아야 한다. 이러한 속도와 가속이 일어나는 사회적, 환경적, 정서적 맥락은 추상적인 것이 결코 아니다. 그것들은 선진 자본주의의 새로운 지식경제 안에서 주체-생성의 과정을 구조화하는 일련의 조건들, 내재적일 뿐 아니라 현장에 기반한 조건들과 상당히 관련이 있다.

인류세 개념으로 다시 돌아가보면, 그 개념 자체가 과학적 정밀성뿐 아니라 지도그리기의 감각을 결여하고 있다. 인류세 논의에서 중요한 것은 사실상 권력이 오늘날 어떻게 구성되고 분배되고 있는가의 문제이다. 진행 중인 변환들에 대한 묵시록적이고 서정적인 구원에 관한 설명들은 포스트휴먼 융합에 대한 균형 잡힌 설명을 하는 것이 얼마나 어려운지를 보여준다. 더 복잡한 비판적 접근을 분석에 적용하지 않는다면, 인류세는 헤게모니적 백인성과 유럽중심적 오만의 변수들 안에 여전히 제한될 위험이 있다. 포스트휴먼 곤경을 기술적 발전과 서구 근대화의 한계에 대한 탈식민적, 페미니즘적, 반-인종주의적 비판에서 분리한다면, 학문적으로는 물론이고 윤리적 관점에서도 부적합할 것이다.

수많은 인류세 연구 분야에서 문제가 되는 부분은 지배 문화, 인종 집단, 계급적 불안에 대하여 뚜렷이 드러나는 편견이다. 인류세에 대한 백인들의 공포(Morton 2013)에는 남성우월주의자의 공포와 기독교의 종말론적 비전(Latour 2017)이 다소 뒤섞여 있다. 이러한 본능적 반응들은 물질적으로 신체화되고 뿌리박혀 있는 차이들에 대한 분석의 복잡성을 없애버리는, 추상적이고 재통합된 '인간' 개념에 호소하는 결과를 가져온다. 또한 이런 종류의 복잡성을 거부함으로써 그들은 생태 재앙의 환경적, 사회적, 경제적 결과의 관점에서 상이한 인간들이 각기 다른 대가를 치르고 있음을 인정하지 못하게 된다.

게다가 이러한 새롭게 보편화되고 공포에 질린 인간은 인간-아닌 모든 것들을 향한 포괄적인 책임의 행위주체로 과도하게 도덕화됨으로써 또 다른 변신을 겪게 된다. 모턴은 인류를 공포와 불안으로 통합하는 이러한 감상적이고 묵시록적인 제스처를 옹호하는 한편, 페미니즘, 반反인종주의, 반反파시즘과 같은 해방적 정치학은 시대에 뒤처진 근대주의적 관심사의 유물이라고 직설적으로 비판한다. 암흑 생태학dark ecology에 대한 분석에서 모턴은 인류세 시기에 일어나는 지식 생산의 '기괴한' 과정을 정의하기 위해 '에코그노시스ecognosis'라는 용어를 만들어낸다. "에코그노시스는 앎 그 자체를 아는 앎과도 같다. 순환loop 속에 있는 앎ㅡ기괴한 앎"(Morton 2016: 5; 원문 강조).

나 또한 기괴함을 강조하기는 하지만, 20세기 권력 구조의 최악의 측면들을 보여주는 지수 체계에 따라서 백인성, 이성애 규범성, 남성성의 위기로 포스트휴먼 국면을 축소하고 싶지는 않다. 훨씬 더 중요한 것은, 이런 변환의 정치경제가 다규모적이고 횡단적일 뿐 아니라, 앞에서 보았듯이 트랜스-종(Kirksey and Helmreich 2010)과 트랜스-신체(Alaimo 2010)의 특성을 지닌다는 것이다. 비판적이고 관계적인 포스트휴먼 사상은 탈중심화된 주체성을 지지하고, 손상되고 겁에 질린 유럽중심적 인류세의 아직도 남아 있는 보편주의를 거부하며, 그런 보편주의가 너무나도 익숙한 권력 위계질서를 유지시키는 한 그에 도전한다.

인류세 시기는 한편으로는 급속한 기술적 진보, 다른 한편으로는 경제적, 사회적 불평등의 심화가 결합되는 현상에 대한 예리한 사회-정치적 분석으로 보완될 필요가 있다. 이러한 비판적 접근은 다면적이고 갈등에 시달리는 학문적, 사회적 어젠다를 만든다. 과연 우리가 지리-중심적 논의들의 핵심에 사회적, 정치적 관심사들을 기꺼이 기입하고자 하는지, 인류세에 대한 언급 자체가 이 질문을 하게 만든다. 현재(현실화된 것이면서 동시에 잠재적인 것)의 절박성과 불안을 다루고, 집단적 개입을 위해 사용 가능한 지도를 만들려면 새로운 개념과 용어가 필요하다. 앞에서 주장했듯이, 비판적 사상가들은 개념적 창의성뿐 아니라 집단적으로 공유된 자원인 상상력의 인지적이고 정치적인 중요성에 대한 신뢰를 새롭게 할 필요가 있다.

그러므로 포스트휴먼 지식을 특징짓는 용어와 개념의 분열증적인 가속의 속도를 더 세심하게 들여다보겠다. 새로운 개념을 만들어내고 신조어를 고안하는 것은 세계를 '이해하고' '받아들이는' 관계적 능력의 표현으로서 긍정적이다. 지금까지 나는 엄청나게 창의적인 포스트휴먼 용어, 개념, 제목의 증식을 목록으로 만들어보았다. 그러나 이러한 창의성이 전부일까? 이렇게 핑핑 도는 가속의 단점은 무엇일까?

나는 이 문제를 개념적으로 다룰 것을 제안한다. 이는 내가 생기적 신유물론을 다시 동원한다는 뜻이다. 생기적 신유물론은 인간이 과다-노출되는 동시에 사라지는 역설을 해결하는 데 앞 장에서 유용했다. 실로 현재가 현실적이면서 동시에 잠재적인 것이라면, 그 현재는 우리가 거주하고 있는 당면 조건들을 예화하면서 동시에 초과한다는 것을 의미한다. 다시 말해서 우리의 포스트휴먼 눈에 보이는 것보다 더 많은 것이 진행 중이라는 것이다.

이러한 통찰은 생성의 과정에 있는 것에 초점을 맞추는 포스트휴먼 렌즈를 통해 현대의 지식 생산을 탐색하는 데 도움을 준다. 이 점에서 나는 포스트휴먼이 부분들의 총합 이상인 초학제적 학문 분야를 구성하며, 상이한 주체들과 지식 분야들의 구성을 향한 질적 도약을 암시한다고 가정하겠다. 나는 이를 비판적 포스트인문학Critical PostHumanities이라 부를 것이다. 우리는, 신체화되고 뿌리박혀 있으며 관계적인 우리의 사상 속에서, 유물론, 생명성, 성장과 절멸, 4차 산업혁명, 여섯 번째 대멸종 같은 어쩌면 모순적일 수도 있는 생각들을 동시에 붙들어야 하는 개념적 도전에 직면해 있다.

이로부터 두 가지 결론이 바로 도출되는데, 이것들을 먼저 해결하고 가자. 첫 번째는 '인간' — 오늘날 수많은 사상가들과 정책 결정자들을 사로잡고 있다 — 이 처음부터 단 한 번도 보편적이거나 중립적인 용어였던 적이 없었다는 것이다. 그것은 차라리 특권과 그런 자격에 접근할 권한을 나타내는 규범적 범주이다. '인간'에 대한 호소는 항상 차별적이었다. 그 호소는 인간과 인간-아닌 것 사이에서는 말할 것도 없고, 상이한 범주의 인간들 사이에서도 구조적 차별과 불평등을 만들어낸다(Braidotti 2013, 2016a). 따라서 포스트휴먼을 묵시록적으로 받아들이는 것도, 본질적으로 전복적인 범주로 받아들이는 것도 적절하지 않다. 그러면 우리의 선택이 (인간의) 절멸-대-해방이라는 이분법적인 것으로 좁혀지게 된다. 우리는 이 두 감정적 반응들을 검토하면서 이 이중의 오류에 똑같이 분명하게 저항해야 한다. 감정이 실려 있지만 규범적으로 중립적인 개념으로 포스트휴먼에 접근하는 것이 더 적합하다. 진행 중인 주체 형성 과정의 복잡성을 밝혀주는 것은 현장에 기반한 관점주의적 형상이다. 이것은 권력과 담론의 더 미묘하고 더 복잡한 지도그리기를 가능케 해준다. 그 지도그리기 작업은 '우리'가 과연 누구인가라는 질문을 던짐으로써, 그리고 누구의 불안이 포스트-휴머니즘과 포스트-인류중심주의의 융합에 대한 공적 토론에서 중심 무대를 차지하는지 물음으로써 시작한다.

두 번째 결론은, 인류세 안에서 그리고 인류세에 의해서 결합된 새로운 휴머니티의 대의를 "'우리'는 여기에 함께 있다!"는 식의 취약하면서도 반항적인 범주로 애도하거나 찬양하고자 하는 불안의 학문에 저항해야 한다는 것이다. 포스트휴먼 전환은 '대문자 인간Man'에 대한 유럽중심적 가정들의 보편적 가치에 대한 동의가 소멸했으며, 이러한 인간의 형상이 곤란에 처했음을 보여준다. 분류 유형으로서의 '대문자 인간'은 이제 '인간이라는 브랜드'가 되었다(Haraway 1997: 74). 이 '인류학적 엑소더스'는 종의 거대한 혼종화를 낳는다(Hardt and Negri 2000: 215).

관점의 포스트-인류중심적 이동에 모든 학문 분야가 똑같이 열광하지는 않는 것이 사실이다. 기술적으로 진보한 우리 시대에 휴머니즘의 유산과 인간의 미래에 대한 사회 이론 문헌은 근심으로 가득하다(Fukuyama 2002; Habermas 2003; Sloterdijk 2009). 최근 프란치스코 교황(Pope Francis 2015)이 '묵시록적 유일신교'라는 주제의 현대적 변주에서(Szerszynski 2017: 260) 자연법에 대한 가톨릭 신조를 자본주의의 파괴적 역할에 대한 나오미 클라인의 분석(Klein 2014)으로 보완하면서 이 논쟁에 합류했다. 불안은 진보적 좌파에서 더 모호하지만 마찬가지로 강력하다. 사회주의 휴머니즘의 유산은 불안을 정치적 분노로 재-작동시키는 도구를 제공한다. 어느 경우에나 우리는 사라져가면서도 동시에 반란을 일으키는 범주의 출현—멸종위기에 처한 인간—을 본다. 포스트휴먼 연구 분야가 제공하는 증거는 '위기'는커녕 오히려 놀랄 만한 영감의 분출을 보여준다.

앞에서 주장했듯이, 정치적으로는, 이 취약한 범-인류를 중심 또는 다수Majority가 취하는 반사적 반작용으로 읽어내는 것은 어렵지 않다. 그 중심은 남성, 백인, 이성애자, 처자식이 있고 도시에 살며 장애가 없는 몸을 가지고 표준어를 구사하는 '대문자 인간'(Braidotti 1991)으로 정의할 수 있다. 아니, 이제는 '전-인간ex-Man'(Massumi 1998)으로 정의하는 편이 나을지도 모른다. 그러나 기후변화라는 인류중심주의의 위기가 행성 전체를 위협하는 한, 어떠한 냉소주의도 피해야만 한다. 페미니즘과 포스트식민주의 이론과 같은 급진적 인식론들도 보편주의자들 못지않게 대문자 인간 또는 안트로포스의 종말에 영향받고 있다(Chakrabarty 2009). 그러므로 우리는 그 문제를 비판적으로, 그러나 또한 긍정적으로 다루어야 한다. 앞에서 주장했듯이 생기적 유물론은 경험, 사유, 관계가 연속적인 현재 안에서 흐른다는 시간 연속체 위에 포스트휴먼 주체를 위치시킨다. 이 현재는 현실화되어 있고 시공간적으로 포화된 '지금'과 결코 완전히 일치하지 않으며, 생성을 계속한다. 포스트휴먼 주체는 언제나 이 현재를 넘어서 잠재적인 것을 열망한다.

포스트휴먼 이론은 비판적이고 창의적인 지도그리기를 통해 휴머니즘과 인류중심주의 양자를 극복할, 아직 실현되지 않은 가능성들을 표현하는 여백에 초점을 맞추고, 지금 위험에 처해 있는 휴머니티를 갖고 있는 '우리'는 도대체 누구인가를 문제 삼는다. 하나의 종으로서 그리고 기술적으로 상호연결된 물질문화의 집합으로서 '우리'는 과연 무엇이 될 수 있는가? 이 도전은 우리가 앎의 주체가 되어가는 다수의 방식들, 즉 현장에 기초하여 특수하고 다양한 그 방식들을 추적하는 데 있다. 이러한 접근은 고전적 휴머니즘의 '대문자 인간'과 '안트로포스' 우월주의 주장이 상정하는 변증법적 대립과 경멸적인 차이들의 '이것 아니면 다른 것'이라는 방식과는 갈라지는 것이다.

이런 질문들에 답하기 위하여, 나는 나 자신이 포함되어 있는 이 '우리'라는 앙상블을 구성하는 접속의 상이한 선들에 주목하겠다. 현재 논의를 돕기 위해 말하자면, '우리'는 상황적이고, 페미니즘적이며, 반反인종주의적이고, 포스트-식민주의적이자 탈-식민주의적인 사상가들과 실천가들이다. 이들은 보편적 몸짓이나 과도한 일반화는 피하면서 포스트휴먼 융합의 도전들을 받아들이는 법을 배우려 하고 있다. 나아가 포스트휴먼 지식 생산과 인지 자본주의 사이의 근접성을 고려하여, 새로운 질문을 제기하고 분명히 할 필요가 있다.

포스트휴먼 연구 분야가 생체-유전적이고 기술공학적으로 매개된 선진 자본주의와 근접하며 공명한다는 점은 부인할 수 없다. 이 특수한 풍경 안에서 전개되는 지식의 증식을 어떻게 평가해야 하는가? 포스트휴먼 지식 생산은 단지 선진 자본주의의 분열증적 속도와 가속화의 표현일 뿐인가? 세라 너텔은 변화하는 지리-정치학적 관계들의 맥락에서 포스트휴먼 연구 분야에 대한 자본주의적 가속화의 영향을 날카롭게 분석한다.[1] 부상하는 권위주의, 백인 우월주의의 부활, 전 세계, 특히 남반구를 아우르는 폭력의 비인간적 방식에 반격할 수 있도록, 너텔은 우리의 포스트휴먼 시대를 위하여, 포스트휴먼 융합을 행성 정치학planetary politics으로, 그리고 흑인의 비판적 사유black critical thought를 재정의할 필요성으로 연결시킨다. 이 임무는 힘에 벅차지만 긴급하다.

노이스가 말했듯이, "초월의 순간인 문턱까지 과정의 속도를 높이려면 내재성에 몰입할 필요가 있다"(2014: 7-8). 가속주의는 기술적 장치들을 사회적, 경제적 문제들의 해결책으로 바꿀 수 있으리라는 희망에서 그 장치들의 계산 능력—특히 알고리듬적 논리—을 특권화하는 합리주의의 비인간적 형식을 또한 요청한다(나는 2장에서 이러한 접근을 사변적 신-합리주의의 형식으로 논의했다).

가속주의 입장에는 간신히 위장한 낙관주의 형태부터 경험적 현장에 근거한 긍정의 정치학까지 여러 상이한 입장들이 포함된다. 후자의 예로 윌리엄스와 서넉(2014: 354)은 이렇게 주장한다. "가속주의 정치학은 후기 자본주의의 이득을 보존하면서 동시에 그 가치 체계, 통치 구조, 대중 병리학이 허용하는 것보다 더 멀리까지 나아가고자 한다." 다시 말해서 이런 입장은 신자유주의 플랫폼을 파괴하기보다는 포스트-자본주의의 목적들과 공공의 이익을 향하도록 그 목적을 재설정하고자 한다. 그들은 자본주의 시스템이 우리가 마음대로 쓸 수 있는 기술을 가지고 작업하는 최적의 방식이 아니기 때문에 진보를 방해한다고 상정한다. 더 평등주의적이고 공유 자원에 기반하는 다른 경제 체제라면 인구의 복지를 더 확실히 보장해줄 것이다. 최악의 경우 가속주의는 패배주의와 냉소주의에 빠지게 되는데, 그것이 미치는 윤리적, 정치적 영향이 우려스럽다. 숙명론은 고전적 자유주의 정치학을 성급하게 오히려 보수적으로 기각한 데서 나온다―가속주의자들은 그 고전적 자유주의가 신자유주의 경제학에 의해, 그리고 소비에트식 공산주의를 비롯하여 여러 가지로 변형되었던 20세기 사회주의의 실패에 의해 암살당했다고 믿는다. 이는 반항적 형태의 허무주의로 귀결된다(Land 1992).

게다가 닉 랜드(1993)와 같은 가속주의자들은 자신들의 사유를 인식론적 혼돈과 무정부주의 정치학의 형태로까지 밀고 가서 파괴에 환호한다. 자본주의를 패배시키는 한 가지 방법은 그것이 내파되기를 바라면서 그 모순을 악화시키고 급진화하는 것이라고 주장할 수 있다. 어쨌든 이런 입장에 남아 있는 헤겔주의, 적어도 이런 입장은 세계의 상태에 대해 어느 정도는 관심을 표현한다. 그러나 절멸annihilation의 추구를 폭력의 탐닉과 함께 오로지 전략으로서만 옹호한다면 이것은 전혀 다른 얘기이다. 아실 음벰베(2017b)가 '부정적 메시아주의'라 이름 붙였던 이런 입장은 권위주의적 입장이라는 인상을 주기 때문에 나는 강력히 반대한다. 게다가 이런 태도는 들뢰즈와 과타리의 비₃파시즘적 윤리를 정의하는 프로젝트와는 아무런 공통점도 없다. 그들의 윤리는 권력을 비판하면서 동시에 우리로 하여금 긍정적 열정의 현실화로서 역량강화를 함양하도록 촉구한다. 페미니즘, 반反인종주의, 반反파시즘은 비판과 창의성을 결합하고 대안을 창조하는 데 헌신하겠다는 뜻을 분명히 밝히는 정치적 운동이다. 가속주의자들은 페미니즘, 포스트-식민주의, 토착 사상들과 같은 급진적 인식론들을 잘 알지도 못하고 제대로 평가하지도 않는다.

다행히도 『제노페미니즘 선언*Xenofeminism Manifesto*』이 그 비판적 간격을 메워주었다(Laboria Cuboniks 2015). 포스트-가속주의 제노페미니스트들은 내가 보기에는 거대한 포스트휴먼 분열을 가로질러 페미니즘의 매우 급진적인 입장 변화를 성취한다. 그들은 대담하게도 반反자연주의적 태도를 기술적-유물론*techno-materialism*과 이분법적 젠더 폐지론과 결합하여 "세계성, 복잡성, 기술의 시대에 적합한 급진적 젠더 정치학"을 만들어낸다(Hester 2018: 7). 그들은 유물론적 입장을 취하여, 소외와 재생산 노동이라는 핵심 문제를 제기하기 위해 더 큰 기반시설의 기술적 시스템뿐만 아니라 가사노동을 절약해주는 장비와 같은 일상적 기술들에 초점을 맞춘다. 제노페미니즘은 "자연이 부당하다면 자연을 바꾸라!"는 구호에 따라 사회에 대한 구체적인 정치적 개입을 지향한다. 이것은 포스트휴먼 시대의 도전들에 대한 비판적이고 긍정적이며 낙관적인 대응이다.

내가 추구하는 긍정의 정치학은 선진 자본주의의 천박한 낙관주의에 대한 지지도 아니고, 가속주의 전략에 더 가깝기는 하지만 그에 대한 지지도 아니다. 그보다는 현장에 근거하는 차이의 관점으로 주체성의 문제에 초점을 두는데, 이 문제는 선진 자본주의의 탈영토화하는 흐름 안에서 자신의 준-안정적인 동맹들을 공격하면서 인간-아닌 것들의 힘을 끌어안아야 한다. 현대 지식 생산의 정치경제에 대한 논의에 적용하자면, 결정적인 문제는 생체-인지적 자본주의에 의한 탈-영토화와 재-영토화의 상이한 속도들과 그것이 야기한 현재의 유독한 포화상태가 잠재적인 것의 현실화에 해를 끼친다는 점이다. 잠재적인 퍼텐셜을 표현하고 물질화하려는 우리의 집단적 욕망을 폭력적으로 삭제하거나 수동적-공격으로 봉쇄하는 것이 주체의 형성과 사회에서의 지식 실천 둘 모두에 영향을 미친다. 그것들은 실제로 우리를 소진시킨다. 또한 그 내적으로 모순되는 속도들은 현대의 대학, 과학 공동체, 예술 세계에도 영향을 미친다. 지식 생산의 긍정적인 방식과 도구적이거나 기회주의적인 방식 사이의 차이를 어떻게 구분하느냐가 근본적인 문제이다.

포스트-학제적이고 관계적인 분야로서 포스트휴먼 지식 생산은 이윤을 앞세우는 자본의 가속을 피하여 어딘가 다른 곳으로 가기 위해 그 안에서 작업하면서 다양한 가능성들을 현실화한다. 이런 경향은 결과적으로 포스트인문학의 기준을 만드는 데 기여한다. 포스트인문학은 상이한 속도들로 기능하고, 상이한 타임라인들을 따라 움직이며, 상이한 윤리적 정서들로부터 힘을 얻는다. 그것은 사회적, 문화적 운동들, 경제적으로 생산적인 새로운 종류의 실천들, 잉여가치인 이윤추구 동기와 항상 일치하지는 않는 다양한 호기심에서 나온 지식 형성들과 연관된다. 다시 말해서 포스트휴먼 지식은 현대의 대학과 특히 학술적 인문학이 이익을 보게 될 생성의 지평을 고안해낸다.

권력은 다층적이고 역동적인 실체이기 때문에, 그리고 신체화되고 뿌리박혀 있으며 관계적이고 정서적인 주체로서 우리 자신이 우리가 변화시키려 하는 바로 그 조건들에 내재해 있기 때문에, 우리는 지식 생산—제도적 자본화의 예측 가능한 여백들과 함께—과 대안적인 인식 주체 형성들의 구축, 이 양자의 다른 속도들 사이에서 신중한 윤리적 구별을 할 필요가 있다.

이 논증의 결정적인 지점에서 부디 염두에 두어야 할 것은, 위치 혹은 내재성의 정치학이 갖는 중요성, 그리고 이미 일어나고 있는 것에 대한 다층적이고 다방향적인 설명으로서 관점주의의 중요성이다. 이 방법론은 권력의 정도 및 다른 주체들의 경험의 질을 표현하는, 동일하게 물질적으로 뿌리박히고 신체화된 위치들로부터의 다른 관점들을 존중한다. 우리는 다양한 유물론적 접근을 채택함으로써 우리 자신의 지식 실천들이 갖는 내적으로 모순된 측면들과 다수성을 인정해야 한다. 나는 이를 상대주의에 대한 해독제로 제안하겠다. 차이는 윤리에 달려 있다. 즉 생성이 긍정적이고 협력적인 윤리를 실현하는 것이라면, 이에 대립하는 것이 소비자들의 양적 선택의 극대화와 이윤의 공리이다.

이 접근은 새로운 글로벌 통치 양식, 새로운 범-인간 질서를 요청하기보다는 상황적 지식, 다양한 혼종적 배치, 포스트-학제적 세계 속에 저돌적으로 뛰어드는 상호접속들의 자기-조절적 힘을 특히 중시한다. 긍정의 윤리가 우리의 조건에 대한 이해 속에 스며들어 우리의 정치학을 인도한다.

제안된 실천은 잠재적인 것의 집단적 현실화(대안적 현실화)를 지지하기 위해서 포스트휴먼 트랜스-주체성들(이미 실현된 주체성들을 가로지르고 넘어서는 것)을 형성하는 것이다. 그것은 트랜스-개체적, 트랜스-문화적, 트랜스-종적, 트랜스-성적, 트랜스-국가적, 트랜스-인간적인 주체성의 양상들이다. 자본주의 공리의 부정적이고 엔트로피적인 광풍을 막을 수 있는 장벽은 현장에 기반한 변환적 정치에 의해 제공되는데, 이는 긍정의 윤리학에서 비롯한다. 이런 관점에서 신유물론의 생명적 입장은 생체-매개된 인지 자본주의의 가속주의적이고 이윤추구적인 지식 실천에 대한 강력한 반박을 제공한다.

우리가 '살아 있는 물질'을 조에/지오/테크노-중심의 과정, 즉 기술-사회적, 심리적, 자연적 환경과 복잡한 방식으로 상호작용하면서 자본주의 이윤 원칙(그리고 그것이 수반하는 구조적 불평등)에 의한 초코드화에 저항하는 과정으로 받아들이고, '도래할 민중'이라는 잠재적 퍼텐셜 또는 아직 실현되지 않은 것을 현실화하는 횡단적 주체의 배치들을 구성하면, 횡단적 주체성들의 구성이라는 긍정적 평면에 결국 도달하게 된다. 옛날 말로 하자면, 속도를 줄이고 희망의 사회적 지평들을 집단적으로 구축하는 데 기여해야 한다. 신유물론적 내재성은 횡단적, 집단적으로 지식을 생산하는 이 능력을 다른 종들에게까지 확장한다. 조에/지오/테크노 중심적 평등주의는 포스트휴먼 사상의 핵심이다. 포스트휴먼 사상은 정보적이고 과학적인 실천들에 영감을 불어넣고 그것들과 함께 또는 그것들에 대해 작업하며, 선진 자본주의에 의한 철저하고도 완전한 생명의 상품화에 저항한다(Braidotti 2006).

이제 이 논의에서 한 걸음 더 나아가보자. 포스트휴먼 연구 분야는 기술적으로 매개된 선진 자본주의와 인접해 있기 때문에, 역사적으로 과학적 탁월성을 수호하고 통제하는 역할을 해왔던 고등교육과 연구의 과학적 기관들에 국한되지 않는다. 대학, 과학 학회, 전문화된 기관들은 오늘날 지식 생산 능력의 유일한 소유자가 아니다. 자본주의가 정말로 인지적 전회를 맞았다면, 인지적 자료는 무수히 많은 방식으로, 기업 부문, 예술 세계, 군사 부문, 활동가 부문, 블로그 세상과 인터넷 등 다양한 장소들에서 생산되고 있다.

정보, 데이터, 그리고 지식인 양 행세하는 주장들의 생산에서 이러한 활기는 학문적 지식의 역할, 특히 인문학 연구와 대학의 기능 전반에 영향을 주지 않을 수 없다. 또한 선진 자본주의의 인지적 특성은 대학을 해체하고 아카데믹한 고등교육을 평생교육이나 개인교습의 형태로 대체하려는 많은 정치적 힘들에 실탄을 제공한다. 이 힘들은 인문학이 개인적 취미나 행복한 소수를 위한 고급 정보오락info-tainment으로 전락하더라도 개의치 않을 것이다. 이 책 전체를 관통하는 나의 반론은 오늘날 포스트휴먼 곤경으로 재정의되는 인문학은 시대의 복잡성을 반영하고, 비판과 더불어 긍정적 윤리학을 추구하는 새로운 사유, 새로운 개념들, 사회적 상상들을 창조하는 일이라는 것이다. 여기에는 방어적이거나 향수에 젖은 접근이 아니라 긍정적인 접근이 요구된다. 인문학은 기꺼이 변화하고자 하고, 낯선 영토로 들어가 포스트인문학이 되기를 마다하지 않는 한 번영할 것이다.

그러나 선진 자본주의와 포스트휴먼 지식의 상호 얽힘을 고려하면, 긍정과 지속가능성에 기여하는 과학적 지식과 이윤지향적이고 기회주의적인 지식 행세knowledge claim를 구분할 기준을 만드는 것이 중요하다. 이는 새롭고 독창적인 문제는 전혀 아니지만, 현대 기술의 속도와 영향을 고려하여 현재의 맥락에서 새롭게 응용할 필요가 있다. 그래서 상이한 속도들과 가속들을 질적으로 구분하는 데 적합한 틀을 고안하는 것이 중요하다. 이런 구분은 상이한 종류의 지식 행세들에 관련된다는 점에서 인식론적이지만, 그 구분의 힘은 윤리적이다.

이 논증은 관계들, 강도들, 힘들에 관한 윤리를 규칙들과 수용가능한 행동 규약들의 실행인 도덕성으로부터 구분하는 니체의 방식을 취하고 지지한다는 점에 주목해주길 바란다. 윤리는 권력에 관한 것이고, 권력 관계들은 제한하는 힘(포테스타스, 혹은 포획)이면서 동시에 긍정하는 힘(포텐시아, 혹은 역량강화)으로서 다층적이며 다면적이다. 다시 말해서 이 권력의 두 가지 양상들은 상호 배타적이라기보다는 같은 과정, 즉 주체 형성 과정의 다양한 측면들로서 공존한다.

그러므로 이런 참조틀에서, 윤리는 서로 다른 사례들, 아이디어, 관계들 사이의 질적 차이를 구별하는 적합한 지식의 생산으로 시작하는 실천이다. 이러한 접근은 스피노자의 기쁨의 윤리를 모델로 삼은 것이다. 그 윤리는 적합한 이해를 우리의 구속, 한계, 약점, 즉 권력에 대한 분석과 연관 지어 생각한다. 이렇게 관계에 있어서 부정적이고/포획하는 방식들과 긍정적이고/역량강화하는 방식들을 구분하는 기준을 제공하는 것은 재영토화와 탈영토화의 상이한 속도들의 지도그리기와 같다. 또한 그것은 관계들, 가치들, 지식 행세들을 포획하고, 지층화하고, 자본화하는 경직화 혹은 재-영토화뿐 아니라, 지식의 상이한 형태들을 윤리적으로 코드화하는 것과도 관계가 있다. 5장에서 적합한 지식과 긍정 사이의 연결을 다시 다루겠다. 우선은 나의 지도그리기를 따라가보기로 하자.

인지 자본주의와 신-지식경제

이렇게 역설적이고 내적으로 분열된 발전은 진공 상태에서 일어나는 것이 아니라, 선진 자본주의 또는 '인지' 자본주의(Moulier-Boutang 2012)의 공리계와 이윤추구 시스템(Toscano 2005) 안에서 일어난다. 서론에서 내놓았던 전반적인 개요를 여기에서 확장해보겠다.

이런 시스템은 고도의 기술적 매개뿐 아니라 기반시설과 그것이 만들어내는 노동 관계의 물질적 토대 때문에 네트워크 사회라고도 불렸다 (Terranova 2004; Castells 2010; Zylinska 2014). 이 시스템은 고도로 컴퓨터화된 시스템, 광범위한 자동화, '스마트한' 사물들, 사회적 관계의 유비쿼터스한 매개에 의존한다. 그러나 그것은 단지 기술적 매개로 환원될 수는 없다. 선진 자본주의 경제는 경제의 금융화와 노동의 탈-규제 사이에서 분열되어 있다. 포스트-노동(Srnicek 2016)을 주장하는 사회에서, 한때는 노동이었던 것이, 이제는 문화적이고 알고리듬적인 능숙함이 요구된다는 점에서 대단히 정교해지는 동시에, 규제에서 크게 벗어나 학대와 불의에 노출되었다. 그것은 인간 자본이자 벌거벗은 생명이다(Agamben 1998).

현대 자본주의가 실행하는, 노동과 자연자원의 무자비한 착취에 특별히 '선진적인' 것은 하나도 없다. 신용을 자본화하고, 모든 활동과 실천의 끝없는 상업화를 향해 국가기관들의 작용을 왜곡하며, 글로벌 규모로 부채를 생산해내는 시스템에서, 금융경제와 실물경제 사이의 격차는 노골적으로 드러난다(Lazzarato 2012). 가장 수입이 많은 계층과 바닥 사이의 경제 규모 격차는 1차 산업혁명 이후 최악이다. 2017년 세계 최고 부자 여덟 명이 하위 50퍼센트와 맞먹는 부를 가지고 있었다. 2018년에는 상위 1퍼센트 부자가 2030년이면 모든 부의 3분의 2를 소유하는 것을 목표로 하고 있었다(Savage 2018).

이렇게 파괴적이고 분열적인 정치경제는 결국 새로운 형태의 인종주의, 종교전쟁, 글로벌 아파르트헤이트를 조장하는 반反자유주의적이고 권위주의적인 포퓰리즘 쪽으로 가는 전 세계적 경향을 만들어낸다(Hall 1979). 웬디 브라운(2015)은 푸코의 콜레주 드 프랑스 강의에서 영감을 받아 신자유주의를 통치성의 체제로 본 날카로운 분석에서 대담한 주장을 전개한다. 이윤추구 동기를 현대 사회의 에토스이자 권력 체제로 만든 신자유주의에 의해 생긴 불평등은 사회 제도들의 효율성과 사회적 신뢰성을 모두 무화시킨다는 것이다. 국가 기구 전반이 기업 금융의 손안에 있게 되고, 이렇게 되면 서구 민주주의 제도들을 위한 공적 지원이 약화된다.

이러한 통치성 체제들은 주체 형성 과정을 이루기 때문에, 신자유주의적 통치는 민주주의적 상상을 공동화空洞化하는 더 큰 부작용을 낳는다. 이는 1장에서 분석했던 민주주의에 대한 피로감을 키운다. 그것들은 잔혹한 자유주의 시장경제화 바깥에서 삶을 꾸려가는 힘(포텐시아)을 조직적으로 탈취당하는, 부채에 눌리고 소진된 주체들을 구성해낸다. 그리하여 수량화된 주체는, 경쟁이 교환을 대체하고, 불평등이 평등을 대체하고, 기업가 활동이 생산을 대체하는 것과 마찬가지로, 고전적인 자유주의 주체를 대체한다(Brown 2015). 신자유주의는 우리의 자유를 부드럽게 죽이고 있다.

이러한 조건들은 우리 시대의 포퓰리즘적 분노뿐 아니라, 포스트휴먼 융합, 그 강도 높은 기술적 매개, 환경 파괴, 정서적 불안, 심리적 소진을 지속시키는 바로 그 조건들이다. 이는 어떤 조건과 활동이 우리 시대에 가치 있는 민주주의적 상상을 재-점화할 수 있을 것인지에 대하여 피할 수 없는 질문을 제기한다. 포스트휴먼 융합은 어떻게 인간-아닌 것뿐 아니라 인간에 의한 민주주의적 참여의 새로운 형태를 가리킬까?

케리 울프가 가장 잘 제시한 포스트휴먼 연구의 한 분야는 이 문제를 사회학적 틀에서 접근하여, 현재 지식과 권력 구성에서 인간 종의 상대적 주변성을 맥락화한다. 울프는 니클라스 루만의 체계이론을 빌려 기술적 매개를 설명하고, 근대화 자체를 각각의 자기생성적인/자기-조직화하는 사회 체계들로 사회가 '기능적으로 분화'하는 과정으로 이해할 수 있다고 주장한다. 이러한 체계들은 각각 나름대로 지식과 커뮤니케이션의 통치 코드를 갖는데, 이는 때로는 '파편화' 혹은 '전문화'로 불리기도 한다. 울프에 따르면, 담론과 실천의 이러한 과도한 전문화는 모두 같은 목표를 향한다. 그것은 바로 더 큰 환경의 증가하는 복잡성을 축소하는 것인데, 이 복잡성은 사실상 전문화된 담론들로 전개되면서 이 담론 체계들 자신이 생산에 일조한 것이다. 그리하여 공적 영역의 축소는 전체에 영향을 주지만 정치적인 문제는 아니다.

나는 인식론적인 것을 포함하여 현대의 생산 관계들의 내적 파편화와 과도한 전문화에 대해 울프가 내린 진단에 동의하지만, 그의 기능주의적 접근법에는 동의하지 않는다. 내가 포스트휴먼 융합이라 부른 것의 프레임 안에서는 지식 생산이 복잡성의 에이전트이자 지표이다. 그러나 이 복잡성은 사회적, 기술적 장치들에만 있는 것도 아니고, 그것만으로 발생되지도 않는다. 그보다 그 복잡성은 신체화되고 뿌리박혀 있으며 관계적이고 정서적인 방식으로 생성하는 주체들의 다양한 생태학에 속한다. 이러한 주체화의 과정들은 복잡한 횡단적 포스트휴먼 주체성들—매체-자연-문화 주체들—을 구축하는 결과를 가져온다. 더 큰 기술-산업 시스템들에만 초점을 맞춘다면 판단을 그르치게 된다. 특히 조에/지오/테크노-관점들이 포함되어 있는 변화가 주는 공동 충격을 제외한다면 더 말할 것도 없다.

사물인터넷에 범람하는 알고리듬 시퀀스와 '스마트한' 사물들은 '살아 있다'. 그리고 그것들의 능력을 입증하는 것은 아이러니하게도 비-기계적 본질을 지닌 인간들에게 달려 있다. 사실 자연과 문화의 고전적 분할은 처음에는 '자연문화' 연속체(Haraway 2003)로 대체되었다가 이제는 '미디어자연'(Parikka 2015a)이 되어, '미디어 자연문화' 환경(Braidotti 2016b)으로 융합되었다. 이러한 발전은 인간 주체의 중심성을 '호모 우니베르살리스', 인류형상주의적인 이성의 '대문자 인간'으로 강화하는 동시에 대체한다. 또한 그 발전은 인간의 그런 지배적이고 규범적인 비전에 대한 변증법적 대립항과 반대물들도 다시 위치시키는데, 이들은 역사적으로 성차화된 타자들(여성, LBGTQ+), 인종화된 타자들(비-유럽인, 토착민), 자연화된 타자들(동물, 식물, 지구)이었다(Braidotti 2002). 신-자유주의적 통치는 확실히 권력 차이를 악화시키는 데 핵심적 역할을 한다.

선진 자본주의는 1970년대부터 들뢰즈와 과타리가 주장했듯이 정신분열증적이다. 그것은 소비자 상품의 다양한 선택이 양적으로 확산하도록 돕고, 상품화를 위해 탈영토화된 차이들을 적극적으로 생산하는 차이의 엔진이다. 급속히 변화하는 상품들로 포화된 사회적 공간은 상품

물신주의의 모순적인 순간성으로 오염되어 현재의 잠재적 역량을 감소시킨다(Massumi 1992). 상품은 우리를 완전히 충족시키거나 해방시켜주는 것이 아니라, 끊임없이 더 많은 것을 찾기 위해 돌아오게 만든다. 중독적이고 유독한 선진 자본주의는 미래와 그 미래의 부와 권력의 원천 자체를 먹어치우면서 그 자신의 생존 가능성을 약화시키는 엔트로피적이고 자기-파괴적인 힘이다(Holland 2011).

이 시스템의 생명-기술적 기둥은 '잉여로서의 생명'(Cooper 2008) 경제에 기반하고 있는데, 이는 살아 있는 물질 자체의 정보적 힘, 그 생기적이고 내재적인 특질들과 자기-조직화하는 능력을 자본 가치로 본다. 똑같은 경제의 정보기술적인 면이 대개 데이터마이닝, 다시 말해 예전에는 '인구 통계'라 불렸던 것을 축적하는 데 적용되어 스마트 가상 시스템을 구축한다. 이것은 광범위한 자료 수집과 막대한 인구의 위험 평가를 목적으로, 인간과 인간-아닌 행위자들에 대한 중요한 정보를 모으는 생명-정치적 실천이다.

결과적으로, 인지적 선진 자본주의는 살아 있는 모든 것을 과학적, 경제적으로 이해함으로써 이윤을 얻는 지식경제를 실행한다. 생명이 인간만의 배타적인 특권은 아니기에, 이 기회주의적인 생체-유전의 정치경제는 이익을 얻을 수만 있다면, 인간과 다른 종들 간의 구분을, 실제로 삭제하는 데까지 가지는 않더라도, 최소한 흐리게 만드는 데까지는 간다. 그리하여 씨앗, 식물, 동물, 박테리아는 다양한 인류 표본과 함께 만족할 줄 모르는 소비의 이런 논리에 딱 들어맞게 된다.

이러한 경제 시스템에서 안트로포스의 유일무이함은 부정당하고, 시장의 정언명령하에 모든 종들을 말로만 통합하는 포스트-인류중심주의의 기능적 형식을 생산한다. 그래서 자본세의 과잉이 우리 행성 전체의 지속가능성을 위협하게 된다.

뿐만 아니라, 신 경제는 정보과학 시스템으로 작동되는 데이터의 저장, 자본화, 회수에 기반하고 있는데, 이는 살아 있는 물질에 대한 고전적인 착취 방식을 넘어선다. 이는 예를 들어 '생물 자원 수탈'(Shiva 1997)이나 살아 있는 실체들의 상업적 특허 출원에 그치지 않는다. 인지 자본주의는 더 나아가 생명을 코드로, 즉 생체-유전적(몬산토)이며 계산적인 코드들(구글)로 다시 만들어낸다. 이는 모든 살아 있는 유기체들과 마찬가지로 계산적 네트워크가 지닌 자기-조직화 능력을 가리키기 위하여, 마투라나와 바렐라의 유기적 자기-생성 개념에 기초해 펠릭스 과타리가 명명했던 '기계적 자기-생성machinic auto-poiesis'의 사례이다. 모든 종은 시장경제의 정언명령하에 거짓으로 통합된다.

이렇게 숨 막히는 기술적 진보는 전례 없는 규모의 생태 재앙을 목전에 두고 일어나고 있다. 한때 자연이라 불렀던 것을 기술로 지배하게 되었다는 기쁨이 남아 있다 해도, 그 기쁨은 이미 우리 환경에 의해 고통받는 병에 대한 만연한 불안감으로 바뀌었다. 여섯 번째 대멸종의 유령이 우리에게 닥쳤다. 핵 시대 이후로 과학과 기술을 군사적 용도에 집중했던 것이 우리 현재와 미래의 지속가능성에 대한 영속적인 불안의 근원이 되었다. 현재의 기술 혁명은 이러한 공포를 강화할 뿐 아니라 새로운 차원, 즉 행성적이면서도 아주 밀접한 차원으로 퍼뜨리고 있다.

이러한 변화는 선진 자본주의의 핑핑 도는 속도 안에서 기후변화의 위협을 배경으로 일어난다. 역동적인 정치 행위자로서 지구의 출현은 포스트휴먼 지식에 즉각적인 파급효과를 갖는다. 지질학적인 것과 사회적인 것—지구와 사회—간의 관계를 재정의하기 위한 노력이 한창이다. '지리존재력geontopower'을 조사하는(Povinelli 2016) 새로운 정치적 지질학이 구성되고 있다(Clark and Yusoff 2017). 포스트휴먼 융합 안에서 지리-중심적 지식 실천의 핵은 동물, 식물의 유기적 생명과 바위나 지질학적 지층의 비유기적 생명 사이의 전통적인 구분을 건드린다. 그 구분에 도전하고 이를 다른 것으로 대체하면 선진 자본주의가 이윤을 위해 물질 속으로 침투하는 데 대해 더 섬세한 분석을 할 수 있다. 프로테비(2001)는 들뢰즈적 관점에 따라 내재성과 생명적 물질을 가지고 작업하면서 지구의 힘들이 이제 사회적 어젠다의 핵심으로 이동했다고 인정한다. 그는 이러한 이동을 '정치적 자연학political physis', 또는 비-결정론적 자연주의 지리-정치학이라 명명한다.

조에/지오/테크노 관점들은 유럽, 특히 프랑스에서 18세기부터 번성했던 대륙 자연주의로도 알려진 생기적 유물론의 대륙적 전통을 재차 언급하고 있어서 여러 면에서 새로운 것은 아니다. 이 계보는 베르그송, 캉길렘, 바슐라르, 그들의 제자인 푸코, 세르, 들뢰즈로 이어진다. 생명과 살아 있는 체계에 대한 강조는 이들의 인식론적 프로젝트의 중요한 도구이다. 이는 이론적으로는 살아 있는 체계의 복잡성을 성찰한다. 전체론적 생기론과, 현대의 생명과학에 비추어 우리의 다양하고 내재적인 생태계들—사회적, 환경적, 정신적, 정서적인—을 다시 생각해보려는 일관된 비판적 시도 사이에는 질적으로 차이가 있다.

조에/지오/테크노 차원들은 아무리 뚜렷이 다르다 해도 더 일반적인 생태계의 일부이기도 하며, 이 생태계는 환경적, 사회적, 심리적 요소들을 아우르는 다층적인 역동적 체계이다. 에리히 회를은 이를 "권력이 분배 기반시설에 기초한 매체 기술에 의해 환경화되어 생태적으로 작동하기 시작하는" 맥락에서 "사유와 이론의 일반적 생태화"로 정의한다(2018: 172). 또한 프로테비는 이런 복잡한 배치를 '지리-물-태양-생명-기술-정치'의 측면에서 언급한다(2018). 그는 오늘날 비판적 사유의 목표는 포스트휴머니즘의 정치화이자 정치의 포스트휴먼화에 있다고 하면서(2013), 그 둘의 전제들이 지닌 유럽중심적 특수성을 드러냄으로써 그 둘 모두를 탈식민화하는 것이라고 덧붙인다. 그래서 포스트휴먼 연구에서 인류세를 사회학적으로 연구하고 동시에 사회적인 것을 지질학적으로 연구하자는 합의가 출현한다(Clark and Gunaratnam 2017).

포스트휴먼 지식 생산의 전제들은 조에/지오/테크노 관점들의 창조적인 상호얽힘으로 출현한다. 그것들은 구조와 움직임이 매우 리좀적이며, 예상외로 기괴하게 들리는 경향이 있다. 그것들 모두 선진 자본주의의 초코드화된 흐름들과, 모든 살아 있는 물질의 신자유주의적 경제 착취와 비판적으로 연관되어 있다. 또한 그것들 모두 인지적 자본의 가속화로부터 비판적 거리를 두려고 애쓰고 있다.

지금까지 이 장에서는 인문학이 포스트휴먼 지식의 낯선 영토들을 기꺼이 바꾸고 거기 진입할 만큼 성장하고 있다고 주장했다. 그러나 이런 변화를 개인적 실천과 제도적 환경 양쪽 면에서 다루는 법에 대해 좀 더 명확히 밝힐 필요가 있다. 이런 변화가 어떻게 일어나고 있는가? 그것은 대학과 같은 교육기관의 내용과 구조에 어떤 영향을 주고 있는가? 다음 장에서는 이러한 마땅히 가져야 할 관심사 몇 가지를 다루겠다.

4장

비판적
포스트인문학

POSTHUMAN
KNOWLEDGE

초학제의 풍성함

인문학은 자신을 재발명할 수 있다는 사실을 완벽하게 입증해냈다. 인문학은 전통이나 제도에 의해 인간과 인간의 휴머니즘적 파생물에 의존하지 않고, 새롭고 독특한 탐구 대상들을 설정함으로써 이미 포스트휴먼 융합이 제공하는 다양한 기회들을 받아들이고 있다. 이 분야는 포스트휴먼 시대에, 그리고 '대문자 인간Man'과 안트로포스가 최고의 자리에서 물러난 후, 오늘날의 과학과 기술 및 기타 거대한 도전들과 독창적이면서도 필수적인 토론에 들어갈 수 있도록 방법론적, 이론적 자원들을 충분히 갖추었다.

비판적 포스트인문학이 최근 포스트-학제적 담론의 전선으로 부상하고 있다. 전통적인 학문 분야들 가장자리만이 아니라 연구Studies를 자처하는 경향이 있는 더 주변적이고 학제적인 비판 담론들의 배경에서 등장하고 있다. 비판적 포스트인문학 분야에서 출현하는 용어상의 다양성을 슬쩍 보기만 해도 담론의 활기를 충분히 알 수 있다. 오늘날 출판물이나 과목, 커리큘럼, 연구 프로젝트에 들어 있는 제도적 현실들로 이를 발견할 수 있다. 예를 들어 생태 인문학, 환경 인문학은 바다와 대양을 연구하는 청색 인문학이나 지구에 초점을 맞추는 녹색 인문학으로 세분된다. 그것들은 또한 지속가능한 인문학이라고도 하며, 에너지 인문학이나 탄력성 인문학으로 더 무분별하게 변주되기도 한다.

다른 성공적인 예로는 바이오-인문학이라고도 하는 의료 인문학, 신경 인문학, 진화 인문학이 있다. 공공 인문학 또한 인기가 높아서 시민 인문학, 공동체 인문학, 번역 인문학, 글로벌 인문학, 대중 인문학을 낳았다. 더 신자유주의적인 변형으로는 상호작용 인문학과 기업가 인문학이 있다. 계산적, 정보적, 데이터 인문학으로도 불리는 디지털 인문학(Hayles 1999, 2005)은 지난 수십 년간의 가장 강력한 제도적 발전일 것이다.

급속한 성장은 이미 수많은 메타-담론적 분석을 촉발했는데, 그 결과 또 다른 일련의 신조어들이 탄생했다. 예를 들자면 포스트휴먼학Posthumanities(Wolfe 2010), 비인간 인문학Inhuman Humanities(Grosz 2011), 변환 인문학Transformative Humanities(Epstein 2012)이 있고, 신흥 담론으로 형용사 인문학Adjectival Humanities(De Graef 2016), 노마드 인문학Nomadic Humanities(Stimpson 2016) 등도 있다.

비판적 포스트인문학의 근본적인 가정들은 명확하다. 첫째, 비판적 포스트인문학은 아는 자—인식하는 주체—가 호모 우니베르살리스나 안트로포스만이 아니라고 본다. 인식하는 주체는 더는 단 하나의 실체가 아니라 인간을 포함하여 조에/지오/테크노-관계적 요인들로 이루어진 더 복잡한 앙상블이다. 이러한 인식하는 주체들은 인간과 인간-아닌 행위주체의 물질적 그물망에 공동으로 연결되어 있다. 디지털 인문학에서 지식의 주체는 인공지능으로 매개되어 있다. 환경 인문학에서는 토양과 물을 중심으로 한다.

둘째, 포스트휴먼 연구 분야는 모든 유기체의 지성, 능력, 창조성의 각기 다른 정도를 인정하면서, 비위계적인 방식으로 맺는 다양한 조에—인간-아닌 것의 생명—와의 긍정적인 관계에 기초한다. 조에- 및 지오-실체들은 지식 생산의 동반자이다. 이는 사유와 앎이 인간만의 특권이 **아니라**, 세계 속에서 발생한다는 것을 뜻한다. 여기서 세계는 다양한 유기적 종들과 기술적 인공물들이 나란히 함께 가는 공존으로 정의된다. 유기체와 계산적 네트워크는 생태-지혜적으로 접속된다. 이 살아 있는 연속체를 이해하는 것이 지식 실천의 세계-되기를 시사한다.

포스트인문학에서 무엇이 비판적이고 무엇이 포스트휴먼적인가는 주제적, 방법론적, 개념적 측면의 질문이다. 주제적으로, 비판적 포스트인문학은 더 넓은 스펙트럼에서의 인간 주체만이 아니라 연구의 인간-아닌 대상과 주체도 다룬다. 또한 포스트인문학은 횡단적인, 네트워크화된 도구와 빅 데이터 집합에도 초점을 맞춘다. 비판적 포스트인문학은 영토적, 행성적, 우주적 관심물들을 집단적 사유와 앎의 과정에서 진지한 행위주체이자 공동-구성자들로 설정한다. 여기에는 동물, 식물, 기술적 도구와 같이 자연적인 것으로 간주된, 인간-아닌 실체들이 포함된다. 이는 앞으로 전진하는 큰 한 걸음이면서, 또한 역사적으로 비-인류형상적 실체들의 사유하는 힘을 인정하지 않으려 했던 인문학에 대한 도전이기도 하다.

방법론적으로, 포스트인문학을 정의하는 본질적인 특징은 '상위-학제적supra-disciplinary' 성격이다. 이것이 포스트인문학을 비판적으로 만든다. 포스트인문학의 지식 생산을 추동하는 힘은 분과학문적 순수성의 유지가 아니라, 이런 담론들이 참여할 수 있고 기꺼이 참여하는 횡단적 혼종화와 관계의 방식들이다. 포스트인문학은 제도적 경계들에 비판적으로 질문을 던지면서 나아갈 능력과 의지가 있음을 보여주는 한 번성한다. 포스트인문학의 힘은 서로에게, 그리고 세상을 향해 열려 있는 관계적 능력에 정확히 비례한다.

개념적으로, 비판적 포스트인문학은 환경적이고 유기적인 토대에서 분리되어 탈-자연화된 사회적 질서의 비전을 극복한다. 비판적 포스트인문학은 오늘날 '자연문화들' 간의 다층적 상호의존성을 이해하는 더 복잡한 계획을 요청한다. 비판적 포스트인문학을 지탱하는 조에/지오/테크노 매개들은 자금 지원을 노리는 새로운 분야들의 양적 확산, 부정적으로 인식될 수 있는 파편화 양상으로만 나타나는 것이 아니라, 관점의 질적이고 방법론적인 이동도 수반한다.

정치적으로, 비판적 포스트인문학은 양적 데이터와 통제에 지배당하는 학문적 지식의 신자유주의적 관리에 대한 대안을 보여주는 한편으로, 그 관리의 조건들과의 재협상도 제시한다. 비판적 포스트인문학의 성공과 관계적 힘의 본질적 구성 요소는 기업 문화에, 금융과 산업에 참여할 능력과 의지에 있다. 이런 관점에서 포스트인문학은 주제와 방법 양쪽 면에서 다 혁신적이다. 그것은 수백 년 묵은 학문적 자유와 독립의 전통 또한 그만큼 위협한다. 학문적 배경에서 이러한 담론의 확산, 비판적 포스트인문학의 강렬하고 혼종적인 횡단적 생산성과 그것이 금융 투자에 의해 초-코드화되고 금융 투자와 뒤섞이는 속도를 고려해보면, 비판적 포스트인문학은 선진 자본주의의 이윤 주도 논리에 의심스러울 만큼 가까워 보일 수 있다.

내 주장의 다음 단계가 이 질문에 대한 답이다. 비판적 포스트인문학의 횡단적 담론들과 실천들은 인지 자본주의를 부채질하는 인식론적 가속주의로 환원될 수 없다. 이 책에서 내내 주장해왔듯이, 포스트휴먼 융합은 복잡하고 다층적이며, 부정적인 면과 긍정적인 면을 모두 보여준다. 그것은 새로운 권력 형성을 만들어내면서 거기에 저항할 새로운 방법들도 만들어낸다. 자본의 분열증적 속도와 가속화에 완전히 포착될 수 없는 지식의 형식과 주체들을 생산해낸다. 이것은 권력의 다층적 구조에 대한 푸코의 통찰을 심화하는 식으로, 다시 말해서 포획하기(포테스타스)와 역량강화(포텐시아) 두 가지 방식으로 작용하는 내재성의 정치학이다. 그러나 '이것이냐 저것이냐', '자본주의적 가속이냐 아니면 학문적 자율성이냐'의 질문이 아니다. 그보다는 '그리고… 그리고…'의 문제이다.

비판이론이 해야 할 도전은 각기 다른 장소들에 대한 지도그리기 방식의 설명을 실천함으로써 변형의 상이한 속도들과 흐름들 사이의 차이를 구별할 수 있게 하는 데 있다. 우리는 지식인 양 행세하는 주장들을 그것들을 지원하는 권력 변수들의 관점에서 아주 신중하게 위치시킬 필요가 있다. 무엇보다도 우리는 여기에서 상대주의가 아니라 담론적 생산의 물질성과 주체성의 관계적 구조를 존중하는 내재적 관점들을 다루고 있다.

신자유주의 경제학 안에 있지만 그와는 다르게 포스트휴먼 융합으로 부터 출현하는 비판적 포스트인문학의 비판적 계보학을 제공하면서, 나는 비판적 포스트인문학이 선진화된 지식의 이윤 주도 자본화와는 질적으로 다른 프로젝트라고 주장하겠다. 비판적 포스트인문학은 긍정의 윤리가 주도하는 횡단적 포스트휴먼 주체성을 구성함으로써 공동 세계에서 집단적 실천을 통해 지식을 생산하는 대항-프로젝트$_{counter-project}$를 구성할 수 있다. 비판적 포스트인문학은 자본에 의한 학문적 지식의 재코드화로만 치부될 수 없다. 비록 그런 측면 —다수가 주도하고 많은 자금 지원을 받는 것 —이 있음을 부인할 수 없다 해도 말이다. 비판적 포스트인문학은 변환적이고 공감적인 태도로 오늘날의 세계를 받아들이고 책임지는 횡단적 담론과 제도적 구조이기도 하다. 이러한 면은 소수 주도로 이루어지며 이윤을 중시하지 않는다. 예를 하나 들어보겠다. 해킹 문화와 매체 행동주의에서 접근한다면, 디지털 인문학은 구글 캠퍼스 같은 기업 부서에서 하는 연구와는 전혀 다르게 보인다. 마찬가지로, 환경 행동주의와 초국가적 대지권의 관점에서 보면, 환경 인문학은 기업의 녹색 경제와는 딴판이다. 이것들은 동일한 현상의 두 가지 양상이며, 둘 다 새로운 인문학 혹은 포스트인문학으로 대학에 진입했다. 이 책에서 나의 노력은 포스트인문학의 **비판적 잠재력**을 부각시키는 것이다.

비판적 포스트인문학은 이해와 지식을 훈련과 돌봄에 결합하여, 포스트휴먼 융합에 나타나는 불의와 강탈, 고통과 상처, 소진과 불안의 부정적 사례들과 관련된 비판과 치유의 기능을 모두 수행한다. 비판적 포스트인문학은 비판적이면서 그만큼 창의적이다. 그것은 지식의 급속한 재영토화를 비롯한 현재(현실적인 것이면서 동시에 잠재적인 것으로서)의 조건들 속에 붙들려 있지만 긍정적이다. 인접해 있으나 이것이 곧 연루되어 있음은 아니다. 질적 차이들을 만들어낼 수 있고 만들어내야만 한다. 나는 우선 비판적 포스트인문학의 계보학을 추적하고, 그다음 그것을 평가할 이론적 프레임을 제공할 것이다.

비판적 포스트인문학의 계보학

1세대 연구

포스트휴먼 연구의 첫 번째 구성 요소는 인류세 자체보다 아주 조금 더 앞선다. 지난 30년간 인문학에서 이론적 혁신의 핵심은 '연구Studies'를 자칭하는, 때로는 과격하지만 늘 학제적이었던 수많은 실천들로부터 출현했다(Braidotti 2013). 문화 연구, 영화, 텔레비전, 매체 연구와 함께 여성학, 게이와 레즈비언 연구, 젠더 연구, 페미니즘과 퀴어 연구, 인종, 포스트식민주의와 서발턴 연구가 나왔다. 과학기술학은 중요한 허브로(Stengers 1997), 과학에 대한 문화적 연구와 연결된다(McNeil 2007). 건강과 장애(Shildrick 2009), 매체(Bryld and Lykke 2000; Smelik and Lykke 2008), 문화의 지형학과 디지털 매체 연구(Lury, Parisi and Terranova 2012; Fuller and Goffey 2013; Parisi 2013)도 있다. 이 담론들은 지난 30년간 휴머니즘의 '이성의 대문자 인간'의 변증법적이고 구조적인 '타자들'에 대한 상황적 지식을 말해온 급진적 인식론들의 원형이다. 그것들은 다양하고, 상황적이며, 물질적으로 뿌리박혀 있는 장소들에 의해 발생한 통찰들과 지식을 활성화하고, 초학제적 지식 생산에 투입한다.

1세대 비판적 연구는 휴머니즘의 '대문자 인간'이 자신의 이성적 자기-재현에 무엇이 포함되고 무엇이 배제되는가를 통해서 스스로를 정의한다는 점을 강조하면서 포스트-휴머니즘을 위한 길을 닦았다. 이 휴머니즘적 주체는 가치가 점점 떨어지는 위계적 크기로 차이들을 조직화함으로써 성별화, 인종화, 자연화된 '타자들'을 폭력적이고 호전적으로 배제하는 것을 정당화했다. 이 타자들은 평가절하된 차이들의 자리에 놓여 잘해봐야 사회적으로 주변화되었으며, 최악의 시나리오에서는 처분 가능한 신체라는 인간 이하의 지위로 간주되었다. 결과적으로 '대문자 인간'의 휴머니즘적 이미지는 문화적 특수성을 거짓 보편성으로, 정상성을 규범적 명령으로 바꾸는 성차별주의, 호모-포비아 및 트랜스-포비아, 식민주의, 인종주의 위에 세워진 사회적 시스템들을 시행했다. 이러한 사유의 이미지는 위계적 배제와 문화적 헤게모니의 실행으로 휴머니즘의 제도적 실천을 형성했다.

이론적 수준에서 비판적 '연구'에 의해 행해진 휴머니즘 비판은 또한 현실 세계의 주요 사회-정치적 변화들과 공명했다. 근대 휴머니즘 주체로부터 구조적으로 배제되었던 '타자들'은 거대한 해방 운동에 힘을 보태면서 탈근대시대에 다시 출현한다(Braidotti 2002). 여권 운동, 반인종주의, 탈식민 운동들, 반핵과 친환경 운동들은 서구 근대성의 구조적 타자들의 목소리들이다. 이 새롭게 출현하는 주체들이 수행하는 정치 운동들은 지배 주체의 위기를 보여주는 동시에, 보수파들에게는 그 위기의 '원인'이겠지만, 적극적인 행동적 대안들을 표현하는 것이다. 노마드론의 언어로 말하자면, 그 운동들은 다수자의 위기와 소수자의 생성 패턴들을 모두 표현한다(Braidotti 2011b). 다시 말해서 성차화, 인종화, 자연화된 차이들은, 휴머니즘 주체의 범주적 경계를 준수하기는커녕, 유럽 중심적 휴머니즘에 의해 정의된 인간의 잔해 위에서, 인간 주체에 대한 만반의 준비를 갖춘 대안적 모델들로 진화해왔다.

1세대 '연구'는 수많은 이론적 전제들을 공유한다. 그 연구들은 학계의 인문학이 암묵적으로 지지하는 인간 개념을 비판한다. 이 비판은 두 가지 근거를 향하고 있는데, 한편으로는 구조적 인류중심주의이고, 다른 한편으로는 '방법론적 민족주의'(Beck 2007)와 내재된 유럽중심주의이다. 그러므로 그 연구들은 '정신의 단일문화들'(Shiva 1993)의 종말을 말하면서, 학계의 분과학문들의 규칙, 관습, 제도적 규약들로부터 비판적으로 절연한다. 이러한 분과학문적 '집'으로부터의 대탈출은 참조점을 과거의 권위에서 현재(현실적인 것이면서 동시에 잠재적인 것으로서)의 실생활 조건에 대한 책무성으로 이동시킨다. 푸코와 들뢰즈는 이를 '바깥의 철학'이라고 불렀다. 즉 세계에 대해, 세계 안에서, 세계를 위해 사유하기인 것이다. 이것이 지식 생산 실천들의 세계-되기이다.

제도적으로 볼 때, 1세대 '연구'는 고전적 분과학문들과 비교하면 상대적으로 자금 지원을 덜 받았으나, 새로운 방법과 혁신적 개념을 다양하게 제공해왔다. 이러한 연구들 중 다수―그러나 결코 전부는 아니다―는 1970년대 이후로 프랑스 포스트구조주의 세대가 도입한 예리한 철학적, 언어적, 문화적, 텍스트적 혁신에서 힘을 얻어 추진되었다. 그 연구들은 정신분석학, 기호학, 마르크시즘, 해체론, 페미니즘과 젠더 이론, 인종과 포스트-식민주의 연구의 영향을 받았다. 이러한 다면적인 비판적 물결은 미국에 큰 영향력을 미쳐서 거기서는 '프랑스' 이론과 '프랑스' 페미니즘으로 통했다. '연구'들의 창조적 확산은 캐나다, 북유럽, 오스트레일리아를 비롯하여 북아메리카 전역에서 일어난 제도적 현상이지만, 가톨릭계 남유럽에서는 그렇지 않았다. 프랑스 포스트구조주의 이론들이 프랑스 사회와 학계의 제도적 실천에 거의 영향을 미치지 못한 점은 전혀 역설이 아니다. 사실은, 특히 사회주의자 미테랑 정권하의 1980년대 내내, 특수한 프랑스식 공화주의적 보편주의가 다시 힘을 발휘했다.

게다가 나의 사랑하는 안티-휴머니즘 프랑스 스승들 — 들뢰즈와 이리가레는 물론이고 푸코도 — 이 부분적으로는 그들의 작업에 반응하여 출현한 새로운 학제적 연구들에 특별히 관심을 갖거나 지지하기보다는 훨씬 더 근본에 충실한 철학자들이었다는 점에 주목할 필요가 있다. 마찬가지로 에드워드 사이드는 포스트식민주의 연구 분야에서 그를 창설자로 기렸지만 본인은 그다지 관심이 없었다(Braidotti 2016a). 그들 모두 고전적인 인문적 교육을 선호했다 — 물론 그쪽을 비평하는 데에는 더 뛰어났다.[1] 기본적인 반론은 이러한 비판적 연구들이 도입한 연구 대상들과 규모의 변화는 개념과 방법의 면에서 질적인 이동을 가져오기에는 충분하지 않다는 점이었다. 그들은 동일성 관련 주장들의 양적 성장에 힘쓰는 대신에 위험을 감수하며 포함과 배제의 담론적 힘들을 강화했다. 나는 그들의 경고를 마음에 새겼지만 그런 보수적인 평가에는 동의하지 않고 여성, 페미니즘, 젠더 연구에 개념적, 방법론적 변화를 만들어내는 데 내 작업의 상당 부분을 바쳤다.

1990년대 내내 이루어졌던 이런 독창적인 제도적, 이론적 실험들은 학계에 대안적 관점들과 영감의 원천들을 가져다주었다. 이러한 발전은 대학 구조의 지대한 변형과 동시에 일어났지만, 또한 정치적 반발의 목표가 되기도 했다. 미국에서는 비판적 연구들이 경쟁하는 프랑스 이론들과 충돌한 탓에 반발이 일어났고, 다른 곳에서는 그 연구들의 과격한 면 때문에 반발이 일어났다.

모든 비판적 연구들이 휴머니즘에 반대하는 것은 아니고, 휴머니즘적 자아, 인간, 지식, 사회에 대안적 비전을 제공하기도 한다는 점은 주목할 만하다. 제안된 이론적 개념들 중, 여성과 페미니즘(Irigaray 1993), 퀴어 휴머니티(Butler 2004), 흑인 휴머니티(Fanon 1967)와 같은 일부는 더 포괄적인 신-휴머니즘의 예들이다(Braidotti and Gilroy 2016). 다시 한번 상기시키자면, 내가 이 책에서 옹호하는 포스트휴먼 주체는 전혀 다른 경우를 제시한다. 나는 휴머니즘을 넘어서 대안적이고 포스트-정체성주의의 방식으로 '여기에-함께-있음'을 협력적으로 구성하는 포스트휴먼 윤리를 향한 도약을 꿈꾼다.

이 연구들을 정의하는 두 번째 특징은 이 연구들이 실생활의 현재 세계에 굳게 기반을 두고 있다는 사실이다. 이는 살아 있는 경험의 내재성을 강조한다는 뜻이다. 현재의 상황 속에 놓여 있으면서 세계 안에 뿌리를 두고 있는 이 연구들은 경험론의 감각적이고(Irigaray 1993) 초월론적인(Deleuze 1994) 형식들을 통해 지식을 생성하는 신체적 유물론의 내재성이라는 독창적인 형태들을 표현한다. 비판적 연구들은 실생활의 사건과 경험, 특히 억압, 폭력, 박탈과 같은 부정적인 것까지 신뢰한다.

이런 관점에서 1세대 비판적 연구는 합리성과 폭력, 즉 한편에는 과학적 진보, 다른 한편에는 구조적 파괴와 배제의 실천이 양립할 수 있음을 드러낸다. 이는 반反과학적인 자세가 아니라 오히려 과학, 철학, 예술의 작업들을 배제된 자들의 관점에서 동등하게 평가하는 비-이분법적이고 다층적인 방식이다. 배제된 주체들이 몰려 있는 주변부가 혼잡하기 때문에 이런 경험들에 충실하기는 결코 쉽지 않다. 앎의 실천과 적합한 이해를 위한 탐구의 근거를 살아 있는 경험 속에 놓음으로써 이 연구 담론들은 또한 권력 관계를 진지하게 취급한다. 이는 더 나아간 발전을 낳는다. 즉, 배제되고 주변화된 주체들의 통찰과 능력을 강조함으로써 비판적 연구들은 결국 초기의 전제를 극복하게 된다. 이 연구들은 여성이나 LBGT+, 식민주의, 인종주의의 경험에서 출발하여 이 범주들의 권리를 위해 싸운다. 그러나 중요한 것은 이보다 훨씬 더 큰 이슈와 관련된다. 바로 인간이라는 것, 비인간과 대면한다는 것, 그리고 포스트휴먼이 된다는 것의 의미가 무엇인지에 대한 공통의 이해를 갱신하는 것이다.

나는 이런 연구들이 비판적이면서 창의적인 방식으로 자기-갱신의 포스트휴먼 실천을 발전시키기에 유리한 위치에 있다고 주장하고 싶다. 왜냐하면 이 연구들은 현재의 긍정적인 퍼텐셜뿐 아니라 부정적인 면들까지 다루는 데 복잡성과 섬세함, 다재다능함을 이미 보여주었기 때문이다. 이것들은 대중적인 매체 문화에서만이 아니라 과학과 대학 구조에서도 일어난 변화들에 모두 놀랍도록 잘 적응해왔다. 이 연구들은 인식 주체들의 지배적 비전을 비판하면서, 동시에 주변화된 주체들의 잠재적이고 실현되지 않은 통찰과 역량을 현실화하여 창의성을 발휘하면서, 지도그리기의 임무를 달성한다(Braidotti 2002, 2006).

여성, 페미니즘, 퀴어, 젠더 연구의 사례는 인식 주체에 대한 지배 관념들로부터 포스트휴먼적으로 벗어나는 데에서 나타나는 비판적 예리함과 창의적 풍요로움을 상징한다. 현대 페미니즘은 살아 있는 모든 개체들의 신체에 접근할 권리를 독점하는 종으로 정의된 대문자 인간과 안트로포스의 체제로부터 결연한 대탈주를 예견했다. 특히 생태-여성주의자들은 언제나 지구-중심적이고 포스트-인류중심주의적이었다(d'Eaubonne 1974; Griffin 1978; Merchant 1980; Mies and Shiva 1993). 그러나 소속-없음에 대한, '내부의 아웃사이더'(Woolf 1939)에 대한 심층적인 감각은 페미니즘 문학 전반에 스며든다. 1970년대 페미니스트들 이후로(Kristeva 1980), 이는 과학소설과 공포물 장르의 '테크노-기형학적' 세계(Braidotti 2002)와의 정치적 동맹에 대한 상상으로 귀결되었다(Barr 1987, 1993; Creed 1993; Haraway 2004〔1992〕). 이러한 동맹은 여성들—'대문자 인간'의 타자들—과 LBGT+, 비-백인들(포스트식민주의자, 흑인, 유대인, 토착민, 원주민), 인간-아닌 것들(동물, 곤충, 식물, 나무, 바이러스, 균류, 박테리아, 기술적 오토마타)과 같은 다른 '타자들'의 반란을 부추긴다. 예전 의미와 새로운 의미, 실천들, 주체들의 이러한 동맹은 앞 장에서 보았듯이 분명 '기괴하다'고 말할 수 있다.

그때 이후로, 괴물스럽고 이질적인 타자들을 비롯하여 인간-아닌 것에 대한 공감적 유대는 포스트휴먼 페미니즘의 토포스가 되었다(Braidotti 2002; Creed 2009). 그 결과 내가 옹호해온 차이적이며, 뿌리박히고 신체화된 페미니즘의 유물론적 전통이 생겨났다(Braidotti 2011). 페미니스트와 LBGT+들은(Hird and Roberts 2011; Gruen and Weil 2012) 자기들의 성㫌에 부여된 인간 권리에 관해서는 확실치 않았지만(MacKinnon 2007), 이분법적 젠더 체계를 벗어나 포스트휴먼 형성을 향해 도약할 기회라면 결코 놓치지 않았다(Halberstam and Livingston 1995; Balsamo 1996; Giffney and Hird 2008; Livingston and Puar 2011; Halberstam 2012;

Colebrook 2014b). 트랜스-종 동맹들은 곤충(Braidotti 1994, 2002; Grosz 1995), 물고기(Alaimo 2010), 미생물(Parisi 2004)을 비롯하여 인간-아닌 종들의 형태학을 본뜬 성적 다양성, 대안적 섹슈얼리티와 젠더 체계들로 실험할 수 있게 해준다. 내 참고문헌 목록에 올리진 못했어도 참고문헌들이 얼마나 많은지 정말로 당혹스러울 정도이지만, 현대 페미니즘 이론이 생산적으로 포스트휴먼적이라는 점에는 의문의 여지가 없다(전체적으로 개괄하려면 Braidotti 2015; Grusin 2017을 보라).

물론 포스트휴먼 전환을 이해하고 평가하는 데 영감을 줄 계보학적 원천이 페미니즘만 있는 것은 아니다. 인간을 변형하고자 하고, 우리가 거주하는 포스트휴먼 융합의 복잡성에 적합한 사유 양식을 설명하고자 하는 현대의 노력들이 토착 철학들의 훨씬 더 오래된 전통과 함께한다는 점을 인식하는 것이 중요하다(Moreton-Robinson 2003, 2009). 이러한 전통들은 넓게는 포스트휴먼 시대, 좁게는 인류세 담론과 폭넓게 공명한다(Todd 2015; Whyte 2017). 개념적 공명은 그 정도가 높아서 만남과 교차의 지점들을 낳는다. 시몬 비그널이 주장하듯이, 토착 철학의 전통은 마찬가지로 인간 존재를 형성하는 지구의 힘들에 대한 이해 안에서 물질적으로 뿌리박혀 있으며 횡단적이다(Bignall, Hemming and Rigney 2016). 공통분모는 비베이루스 지 카스트루가 '차이의 최소 공배수'라 부른 것(2015: 14), 다시 말하자면 인간들에게 공통적인 다양성multiplicity이다 (후마니타스 물티플렉스humanitas multiplex). 다수적이고 차이적이며 물질적으로 뿌리박혀 있는 이런 관점들의 수용은 포스트휴먼 융합에서 핵심적인 역할을 한다. 그러므로 나의 논의에서 다음 단계가 가장 중요하다.

2세대 연구

새천년에 접어들며 2세대 연구는 더 직접적으로 인류중심주의 문제를 다루면서 출현했다. 이 연구들은 비판적 목표와 정치적 영향, 사회 정의에 대한 헌신의 면에서 계보학적으로는 1세대에 빚지고 있지만 다른 것들을 연구 대상으로 채택한다. 유의미한 예들로는 동물 연구, 생태비평, 식물 연구, 환경 연구, 해양 연구, 지구 연구, 음식과 식단 연구, 패션·성공 및 중요 경영 연구 등이 있다. 새로운 매체들이 소프트웨어, 인터넷, 게임, 알고리듬 및 중요 코드 연구 등 더 많은 하위 부문들과 상위 분야들로 증식되었다. 이 못지않게 풍성한 연구 분야는 우리의 역사적 조건의 비인간적인 양상들에 관심을 갖는다. 갈등과 평화 연구, 포스트 - 소비에트/공산주의 연구, 인권 연구, 인도주의적 경영 연구, 이주와 이동성 및 인권 연구, 트라우마·기억·화해 연구, 안전 사고사나 자살 연구, 멸종 연구 등이 그것이다. 그리고 이 목록은 여전히 늘어나는 중이다.

2세대 연구들의 증식이 가속화된 것은 포스트휴먼적 전회 시기와 맞물리는데, 이 시기는 모든 살아 있는 실체들의 신체에 접근할 권리를 독점했던 최상위 종으로서 안트로포스에 대한 비판이 '대문자 인간'을 향하던 때였다. 또한 생물학적인 '웨트웨어wetware〔인간의 뇌〕'와 비-생물학적인 '하드웨어hardware'의 결합 형태인 인간과 인간-아닌 것의 새로운 연결과 기술적 매개가 어디에나 존재하고 만연하게 됨으로써 휴머니즘의 인류중심주의적 핵심이 도전을 받았다.

내가 앞 장에서 주장했듯이, 인류형상적 사유와 인류중심적 사유 패턴을 탈중심화하는 것은 특히 인문학에서 어려운 함의를 갖는다. 인문학의 구조적인 인류중심주의는 인문학이 생태적 환경, 매체-자연-문화 연속체, 인간-아닌 타자들을 다룰 적합한 개념의 부족으로 어려움을 겪고 있음을 의미한다. 그와 동시에 인문학이 포스트휴먼 행위주체들과 대상들을 위한 전문 용어, 메타포, 표상을 대부분 제공하고 있다는 것은 역설적이다. 여기에는 방법론적인 문제도 걸려 있는데, 왜냐하면 전통적인 인문학과 대부분의 비판적 연구 영역들 양자에서 똑같이 지배적인 모델이 바로 자연-문화 분할에 기반한 사회 구성주의적 접근이기 때문이다. 이 방법이 우리의 생태-철학적이고, 포스트-인류중심주의적이며, 지구에 뿌리를 둔, 기술-매개적인 환경세계의 도전들을 다루는 데 늘 도움이 되는 건 아니다.

'우리'—포스트휴먼 비판이론가들—가 그 모든 '타자들'을 포스트휴먼 지식 생산에 넣고 싶다면 관점의 변화가 필요하다. 이는 영토적, 행성적, 우주적 관심물들, 동물과 식물 같은 자연화된 타자들, 기술적 도구들을 진지한 행위주체이자 횡단적 사고와 앎의 공동-구성자로 다시 자리매김하는 것을 의미한다. 실로 이것은 진정한 조에/지오/테크노-기반 관점을 성취하는 것이다. 지식 생산의 이러한 새로운 방식들은 직관에 반하는 것으로 들릴 수도 있다. 물론 종들 간의 구조적 상호의존성을 받아들이는 것과 실제로 인간-아닌 것들을 지식 협력자로 취급하는 것은 질적으로 다르다. 그러나 나의 요지는, 한편에는 계산적 네트워크와 합성생물학이 있고, 다른 한편에는 기후변화와 자유의 침식이 있는 시대에, 이것이야말로 바로 우리가 이미 알고 있는 모든 것에 덧붙여 무언가 하기 위해서 우리가 배워야 할 것이라는 점이다. 우리는 새로운 기술이 제공하는 기회들을 끌어안아야 하고, 이것들을 새로운 형태의 민주적 토론과 반대 및 연대를 창안하는 방향으로 이끌고 가야 한다.

1세대와 2세대 연구들의 공통점은 배제되고 주변화된 자들이 생산한 경험, 통찰, 이해를 말하는 데 헌신한다는 점이다. 이 연구들은 억압과 고통으로부터 지식을 추출해내고 있다. 그렇게 함으로써 그 연구들은 또한 인간으로 간주되는 것에 대한 대안적 정의들과 인식론적, 윤리적 주체성에 관한 더 폭넓은 관심사들에 개방되어 있다.

 비판적 포스트인문학의 계보학적 지도그리기가 끝나가는 마당에, 여기서 나는 잠정적인 결론을 내리겠다. 이러한 연구 영역들의 연속된 세대들은 제도적으로나 이론적으로나 비평과 창의성의 동력이다. 다음에서 나는 이 연구들이 최근에 새로운 담론적 실천들을 생성하기 위해 이종교배하고 있다고 주장할 것인데, 바로 이 새로운 담론적 실천들을 비판적 포스트인문학이라고 부를 것이다. 다음 단계의 논증으로 넘어가면서, 나는 종들과 계산적 네트워크들을 가로지르는 포스트휴먼 사유에서 다양한 종류의 조사와 탐구를 구별할 수 있는 어떤 질적 기준을 반복하여 말하고 싶다. 비판적 연구들은 포스트휴먼 지식의 소수자 양상들을 위한 주요 구성 요소이다. 왜냐하면 그 연구들이 우리가 되기를 중단하고 있는 것 ─현실화된 것, 또는 '더는 아닌 것' ─과 우리가 생성의 과정 중에 있는 것 ─잠재적인 것, 또는 '아직 아닌 것' ─모두를 기록하고 있기 때문이다. 그 연구들이 생산하는 지식은, 다수파의 승인을 받고 연구 자금을 끌어올 수 있는 주류적 특징과 이윤을 추구하지 않는 소수파 주도의 경계적 특징 두 가지를 다 가지고 있다. 들뢰즈의 표현을 빌리자면, 그 연구들은 왕립 과학과 유목민 과학 둘 모두를 구성한다. 이 책에서 나는 다수 과학과 소수 과학으로 표현할 것이다. 핵심은 그 차이를 말할 수 있게 하고 그 귀결을 도출할 수 있게 해주는 방법과 테크닉을 고안하는 것이다.

비판적 연구에서 포스트인문학으로

초학제적 담론들—'연구$_{Studies}$'로서, 그리고 비판적 포스트인문학으로서—의 확산은 그 자체가 진지한 학문적 자격을 보장하는 것이다. 이는 '다수 과학$_{Major Science}$'의 형성을 수반하지만 또한 '소수 과학$_{minor science}$'의 다양한 배치도 가능하게 한다. 이 확산은 인간-아닌 것을 탐구 대상으로 정량화하고 연구 영역을 양적으로 성장시킬 뿐만 아니라 질적인 변화도 만들어낸다. 이러한 변화는 생기적이고 신유물론적인 내재성의 철학 안에서 가장 잘 이해될 수 있다. 이 철학은 자연-문화와 미디어-자연-문화 연속체에 근거하고 있으며, 여기서 인간들은 더 큰 앙상블의 관계적 구성 요소로 놓인다.

이러한 프레임은 비판적 포스트인문학이 현대 지식 생산의 상위-학제적이고 리좀적인 분야로 출현하는 데 이론적 기초를 제공한다. 이는 인지 자본주의의 인식론적 가속주의와 가까이 있지만 동일하지는 않다. 그것은 다른 속도로 작용하고, 다른 타임라인을 따라 움직이며, 근본적으로 다른 윤리적 정서로부터 힘을 얻는다. 비판적 포스트인문학의 참신함, 그 '새로움'은, 원한다면 또한, 현실적이면서 동시에 잠재적인 현재의 그 분열된 시간성에 의해서도, 즉 우리가 되기를 중단하고 있는 것과 우리가 되어가고 있는 것에 의해서도 정의된다. 다시 말하자면, 이 복잡성의 정도는 포스트인문학이 단지 인지 자본주의에 의해 영토화되었다는 것만이 아니라 또한 생성의 가능한 지평들도 기획한다는 것을 의미한다. 즉 포스트인문학은 학계의 '소수 과학'을 구성한다. 현대의 대학들은 이러한 발전에서 득을 볼 수 있다. 소수성의 양상은 다양한 방향으로 펼쳐진다. 이것은 사회적, 문화적 운동들, 자본주의 공리로부터 벗어난 시장경제 안에서 경제적으로 생산적인 새로운 종류의 실천들, 예술과 미디어 행동주의, 인지 자본주의의 이윤추구 동기와 일치하지 않고 호기심을 따르는 다양한 지식 실천들과 관련된다.

포스트휴먼 융합을 고려하면, 비판적 사상가들은 비판적 포스트휴먼 지식 생산을 추구하는 것 외에는 달리 할 일이 남지 않는다. 여기에는 포스트휴먼 권력을 향해 진실을 말하는 너무나도 인간적인 실천이 포함된다. 왜냐하면 권력은 다층적이고(포테스타스와 포텐시아), 그 시간적 연속은 인지 자본주의의 다양한 속도들 한가운데에 있으면서 다차원적(현실적인 것이면서 동시에 잠재적인 것으로서의 현재)이기 때문에, 권력을 향해 진실을 말하기라는 임무에는 복잡성과 다양성이 따른다. 이에 대처하기 위해서는 '우리'가 우리들 각각의 위치를 구성하는 복잡한 특이성들에 더 날카롭게 초점을 맞출 필요가 있다. 비판적 포스트인문학은 이런 프로젝트를 위한 인식론적 수단, 특히 포스트휴먼 저항에 헌신하는 '우리', 즉 도래할 민중을 위한 내재성의 평면을 구성할 수 있는 작업 수단이 된다.

'우리', 즉 바로 이 시점에 이 행성에 거주하는 자들은 상호접속되어 있지만 또한 내적으로 분열되어 있다. 계급, 인종, 젠더, 성적 지향, 연령, 장애 없는 몸은 계속해서 '정상적' 휴머니티에 대한 접근을 틀 짓고 감시하는 중요한 표지로 기능하고 있다. 비판적 포스트인문학은 포스트휴먼 시대에 '인간'의 형성과 변화하는 인식들을 다양한 배열로 제공한다. 이 분야는 새로운 휴머니티에 관한 합의 같은 것을 목표로 하지는 않으나, 수많은 도래할 민중을 현실화하기 위한 프레임을 그려준다. 그들의 '소수적인' 혹은 노마드적인 지식은 가능한 미래들을 양성하는 기반이다. 비판적 포스트인문학 안에서 소수 과학의 복잡한 재구성을 지탱하는 긍정의 신유물론적 윤리학은 우리가 실제로 되어가고 있는 것이 무엇인지를 판단할 척도를 제공한다.

비판적 포스트인문학을 위한 이론적 프레임

주요 특징

비판적 포스트인문학은 위기와 분열의 증후이기는커녕, 현대 지식 생산의 새로운 생태-지혜적, 포스트휴먼적, 포스트-인류중심주의적 차원들을 연다. 비판적 포스트인문학은 조에/지오/테크노-매개된 관점들을 제공하면서, 인문학을 위한 생태-지혜적, 포스트휴먼적, 포스트-인류중심주의적 차원들을 강화한다. 유물론적 지도그리기 방법에서 중요한 것은 이러한 발전들이 경험적으로 정당화될 수 있다는 것이다. 이러한 발전들은 이미 이루어졌다.

무시당하기 일쑤인 포스트모더니즘은 말할 것도 없고, 계속해서 확산되고 있는 새로운 담론들을 단지 상대주의의 표현 정도로만 받아들인다면 지적 태만이 될 것이다. 비판적 포스트인문학의 빠른 성장을 자기-발생적이라고 보고 싶을지 몰라도, 이 또한 잘못된 생각이다. 인터넷을 통해 지원받는 리좀적이고 웹-같은 지식 생산이 입소문을 탄다고 해서 그것이 저절로 만들어진 게 되지는 않는다. 오늘날 비판적 포스트인문학은 사상가, 학자, 활동가들의 공동체가 몸 바쳐 일한 결과이며, 이들은 학계의 지식 실천들에서 잃어버린 연결고리들을 재구성한다. 그들은 대안적인 집단적 배치들을 형성한다. 그 자체가 바로 새로운 '우리', 도래할 민중을 구성하는 집단적 실천이다.

비판적 포스트인문학의 증식하는 담론들을 평가하는 데는 적어도 두 가지 방법이 있다. 첫 번째 접근법은 이것들을 인지 자본주의의 인식론적 가속을 표현하고 이에 대해 책임감을 갖고 대응하는 것으로 보는 것이다. 더 구체적으로 말하자면, 비판적 포스트인문학의 담론들은 현대 대학들의 신-자유주의적 통치가 포스트휴먼 융합을 이용하고 있다고까지 표현한다. 새로운 담론적 에너지는 분과학문들로부터 벗어나서, 그 분과학문들을 바깥으로 밀면서, 최근에 대학 바깥에서 생산된 지식의 일종과의 분과학문 외적인 만남을 향해 나아가도록 추동한다. 이러한 지식의 확산은 기업적, 시민적, 공적, 예술적, 활동가적 장소들의 폭넓은 스펙트럼을 가로지르면서 발생한다. 비판적 포스트인문학의 담론들은 연구, 개발, 실험을 지식 생산의 새로운 방식으로 정렬하고 있다. 이런 발전들은 그러므로 선진 자본주의의 주류 발전과 일치한다.

두 번째 접근법은 이러한 발전들을 소수 과학과 소수자 배치들의 표현으로 받아들이는 것이다. 그것들은 더 자율적이고 급진적이면서 잠재적으로 전복적인데, 이는 덜 공식적이면서 제도화되지 않는 경우가 많은 실천들과 담론들의 확장을 통해 발전한다. 데란다(2016)는 다수자인 왕립 과학과 소수자인 노마드 과학 간의 구분에 대한 날카로운 분석을 제공한다. 전자는 보편적 정리들과 집합 규칙들을 따르는 과학 실험의 공리적 모델을 따르는 반면, 소수 과학은 문제제기적인 방식으로 상정되고 현상 자체의 역동적 물질성을 긴밀히 따른다. 이러한 질적 차이는 과학자의 입장에도 영향을 주게 되어, 왕립 과학 방식의 미리 정해진 전문적 기술의 수동적 적용으로부터 노마드 방식의 관계적이고 개방적인 접근으로 변하게 된다. 왕립 과학은 안정적인 것에 관심을 두지만, 소수 과학은 생성의 흐름에 주목한다. 이러한 리좀적 성장은 관계적 배치들과 발생적 타가수분cross-pollination*을 통해 작동하는데, 이는 잡종 자손들과 새로운 혼종적 배치들을 계속해서 낳는 경향이 있다(Deleuze and Guattari 1994). 이 포스트-학제적 접근은 인식적 관계들의 전례 없는 양상들을 현실화하려는 적극적인 욕망에서 비롯한다(Lykke 2011). 노마드 주체들은 노마드 인문학을 생산한다(Stimpson 2016).

이 현상의 양 측면을 동전의 양면처럼 고려할 필요가 있다. 나는 두 번째 접근법에 더 공감하지만, 전통적 분과학문들과 위에 열거한 '연구'의 상이한 세대들 사이의 구분을 따르지 않는 편이 비판적 논의에는 더 생산적이다. 나라면 그것들을 구성적 블록으로, 즉 고전적인 분과학문들의 변형과 하위-분과학문 '연구'의 성장 둘 다로 이루어지는 것으로 다루겠다. 핵심은 두 가지 모두 질적으로뿐만 아니라 양적으로도 다양한 압력들 아래 변화하고 있다는 것이다.

만약 포스트인문학의 두 기둥인 환경 인문학과 디지털 인문학을 받아들인다면, 문제는 최근 이들의 기하급수적인 성장에서 우리가 간파할 수 있는 제도적 발전의 메타-패턴들은 무엇인가이다. 무엇 때문에 이

---

* 타가수분이란 꽃의 암술이 곤충이나 바람, 물 따위의 매개에 의해 다른 개체 꽃 수술의 꽃가루를 받아 열매나 씨를 맺는 것으로, 이종 개체 간이나 계통 간의 수정을 말한다. 암술머리가 같은 개체 꽃의 꽃가루를 받는 것은 자가수분self-pollination이라고 한다.

두 분야는 이윤 주도의 다수파 취향이 되었다가 또 횡단적이면서 비판적인 소수파 경향이 되기도 하는가?

먼저 환경 인문학을 보자. 다수파의 형성물들에 기반한 첫 번째 메타-패턴을 신자유주의 경제학과 동일시하며 이를 지지하는 것으로 받아들인다면, 지배적인 제도적 내러티브와 실천을 만나게 될 것이다. 예컨대 인류세가 밀어닥치면서 비교문학은 우선 생태비평, 동물과 식물 연구를 만들어냈고, 다음으로 사회과학, 인류학, 지질학, 환경과학의 더 큰 배치들과 제휴하고, 지속가능성이라는 공통의 발상들을 내놓은 끝에 마침내 자신의 활동 분야를 환경 인문학으로 기록했다. 이 분야는 대단히 많은 성과를 내고 있으며, 하나가 아니라 여러 전문 학술지들을 출간하고 확고한 학문 분야로 기능하고 있다.[2]

동시에 소수가 주도하는 분야도 아주 잘해나가고 있으며, 너무나 역동적이어서 멈출 수가 없을 듯하다. 그것은 이미 지구에 초점을 맞춘 '녹색 인문학', 물 문제에 집중하는 '청색 인문학'으로 분화했다. 이것들은 생태여성주의와 다른 형태의 행동주의에서 나오고 있는데, 다음 장에서 보겠지만 포스트-식민주의와 탈식민주의 이론들과 실천들에서도 나오고 있다. 이처럼 그것들은 더 포괄적이면서 사회에 관심을 두는 탐구 영역이다.

훨씬 더 놀라운 것은 디지털 인문학의 경우이다. 이에 대한 지배적인 또는 그램분자적인 내러티브는, 인문학 콘텐츠에 계산적 방법 적용하기를 거쳐서, 독점은 아니지만 분명하게 매체 연구와 연결된다. 성경과 그 밖의 고전 텍스트, 문학 텍스트의 데이터베이스 생산 및 악보, 시청각 자료, 기록 보관소의 역사적 자료의 디지털화가 그 예이다. 디지털 인문학의 발생 지점은 혼종적일지 몰라도, 디지털화된 아카이브, 용어 색인, 그 외 이런 자원들의 개발을 통해서, 그것은 아직도 인공물과 사물들을 학문적으로 입증하는 전통적인 경험적 테크닉과 연결되어 있다.

권력은 금지할 뿐만 아니라 생산하기도 하므로, 다수파의 방식에도 여전히 소비자 애플리케이션이 있다. 현대의 시장경제는 사람들의 내밀한 삶과의 인터페이스를 이용할 방법을 찾아내어, 수십억의 페이스북 페이지처럼, 미시적 실천들과 분자적 형성물들을 다양한 그램분자들로 재구성한다. 디지털 인문학 분야는 이제는 너무나 발전해서 적어도 여섯 개의 전문 학술지, 그 분야로부터 발전해 나온 파트너, 제도화된 센터들(Schreibman, Siemens and Unsworth 2004)의 국제적 네트워크를 거느리고 있다.[3] 오늘날 전 세계의 많은 주요 연구중심 대학들은 디지털 및 환경 인문학 센터나 기관을 자랑할 수 있다. 초학제적 실천에 대한 이러한 열광은 특히 인지 자본주의 안에서는 결코 사소한 것일 수가 없다.

그러나 이러한 다수파의 메타-패턴만 있는 것은 결코 아니다. 신-자유주의 경제학의 재영토화 속도에 의해 추동되므로, 역시 그로 인해 제한도 받기에, 이 지배적인 메타-패턴이 전부는 아니다. 환경 인문학, 디지털 인문학, 그 어떤 포스트인문학이건 자본의 삼투가 그 잠재력을 소진시키지는 못한다. 현상에 접근할 또 다른 길이 있으며, 이는 비판적 포스트인문학의 윤리적 열망과 방법을 모두 시사한다.

위의 비판적 '연구들'을 분석하면서, 나는 비판적 포스트인문학이야말로 지식 실천과 앎의 주체의 소수파-되기becoming-minoritarian에 연동된 메타-패턴을 구성하는, 상위-학제적 담론들의 구성적 블록이라고 주장하겠다. 그것은 긍정적인 윤리적 힘들을 가져온다. 소수파가 주도하는 활동 축에서, 예컨대 디지털 인문학은 예술가, 적극적인 시민, 모든 종류의 활동가와 교파(상당한 규모의 우파 정치적 요소를 포함하여)의 다양한 공동체들을 아우른다. 이 분야는 빠르게 움직이며, 또한 제도적 무대로도 진입하고 있다. 예를 들어 최근 출판된 두 학술서에서는 페미니즘과 반인종주의적 실천, 사회 정의, 디자인 프로그래밍과 해킹을 매우 강조한 것이 특징이었다(라우틀리지 출판사와 존스 홉킨스 대학 출판부의 디지털 인문학 안내서들; 각각 Sayers 2018; Ryan, Emerson and Robertson 2014).

그리하여 두 종류의 지식경제가 포스트휴먼 융합 안에서 작용하고 있다. 첫 번째는 지배적인 또는 '다수 과학'(Deleuze and Guattari 1994)에 봉사하는 선진 자본주의의 인식론적 가속주의에 근접해 있다. 두 번째는 소수파들과 관계를 맺고, 지식 전통들 또는 '소수 노마드 과학'의 긍정적 다양성을 수반한다. 질적으로 구분되는 이 실천들 사이의 관계방식은 이분법적이거나 변증법적인 것이 아니라, 끊임없는 협상과 논쟁으로 이루어진다. 이것들의 역동적이고 때로는 적대적인 상호작용은 급속히 성장하고 있는 비판적 포스트인문학 분야에 엄청난 에너지를 공급한다.

제도적인 대답

비판적 포스트인문학의 제도화도 진행 중이다. 내가 앞서 2장에서 언급한 옥스퍼드대의 트랜스휴머니즘적인 '인류미래연구소'가 다수파 포스트휴먼 입장의 한 예이다. 이는 포스트휴먼의 헤게모니적 모델을 분석적으로는 포스트-인류중심주의적이지만 규범적으로는 신-휴머니즘적인 것으로 구체화한다. 트랜스휴머니즘은 '초지능'으로 불리는 연구 플랫폼에 기반하여 보편주의적 합리성의 계몽주의 모델 안에서 인간 향상 프로그램을 제안한다. 이는 과학적 합리성을 통하여 대문자 인간이 완전해질 수 있다는 휴머니즘적 믿음을 인간 향상 프로그램과 결합한다. 연구소장인 닉 보스트롬(2014)은 유럽 계몽주의에 충성을 맹세하고, 포스트휴먼을 슈퍼-휴먼 메타-이성주의 실체로 정의하기 위하여 로봇공학과 컴퓨터 과학 외에 임상심리학과 분석철학까지 뇌 연구와 결합하는 도덕 담론을 채택한다.

케임브리지대의 '실존위험연구센터Centre for the Study of Existential Risk: CSER'는 옥스퍼드대가 주도권을 쥔 연구를 확장하는 동시에 이에 대응한다. CSER는 "인간 멸종과 문명 붕괴로 이어질 수 있는 위험의 연구와 완화"[4]에, 특히 생물학적, 환경적 위험, 그리고 인공지능과 기후변화로 인한 위험에 매진한다. 휴 프라이스와 마틴 리스가 스카이프의 얀 탈린에게서 자금 지원을 받아 연구소를 이끌면서 현대의 문제들에 대한 관리상의 해결책에 초점을 맞춘다.

포스트휴먼 융합에 대한 더 복합적인 제도권의 대응들도 있다. 예를 들어 덴마크 오르후스 대학의 '인간의 미래들' 프로젝트는 인문학에 신경과학과 생명과학이 적극적으로 참여하는 것을 중시하여 횡단적 연결관계를 구성한다(Rosendahl Thomsen 2013). 더 최근에는 '포스트휴먼 미학' 프로젝트(Wamberg and Rosendahl Thomsen 2016)가 포스트휴먼 렌즈를 통해 문학적, 문화적 분석을 끌어들인다. 두 프로젝트 모두 국립연구위원회 프로젝트로부터 자금 지원을 받았다.

더 실험적이면서 어떤 면에서는 더 사변적인 접근은 독일 연방정부가 채택했는데, 포스트휴먼 융합을 다루는 두 개의 연속 프로그램에 자금을 지원했다.[5] 첫 번째는 '인류세 프로젝트'(2013~2014)로, 자연에 대한 우리의 이해에서 일어난 심대한 변화를 다룬다. 휴머니티가 자연을 형성한다고 주장하면서, 이 프로젝트는 인류세가 제공한 기회들을 탐색했는데, 인류세는 패러다임 전환을 일으키고 인문학과 자연적인 것 사이에 새로운 관계를 설정하게 했다. 또한 이 프로젝트는 문화, 정치, 일상생활의 새로운 모델들을 연구하고, 진행 중인 인류세 커리큘럼뿐 아니라 예술에 기반한 인류세관측소를 설립했다. 뒤이어 '테크노스피어Technosphere' 프로젝트들이 진행되었는데, 이는 행성적 수준에서 인간과 기술적 하부구조 간의 상호작용에서 커져가는 밀접성을 탐색한다. 라이브 미디어 시스템과 유기적인 생명 형태들의 융합은 새로운 상황을 창조하고, 태양, 물, 지구 자원과 알고리듬 시스템의 조에-중심적 조합을 만들어낸다. 이 프로젝트는 이러한 자기-조직화하는 기계적 배치들 안에서 인간 행위성의 한계에 관한 질문을 던진다. 두 프로젝트 모두 독일 국립박물관과 베를린에 있는 세계 문화의 집Haus der Kulturen der Welt에서 진행한다.

스웨덴은 세실리아 오스베리의 주도하에 강력한 비판적 사회 이론의 관점에서 린셰핑 대학의 소수자 정신의 포스트휴먼 허브를 선도해왔다(Åsberg and Braidotti 2018). 페미니즘, 포스트식민주의, 반인종주의, 환경 이론들의 지식 자본을 포스트휴먼 조건에 쏟으면서, 포스트인문학 허브는 초학제적 동맹과 혁신적 방법을 추진하고 있다.

다른 많은 대학들도 각 지역에서 적극적으로 연구를 주도하고 있는데, 그중에서 캐나다 브록 대학의 포스트휴먼연구소는 크리스틴 데이글의 주도 아래 포스트휴먼 존재론에 초점을 맞춘다.[6] 뉴욕대는 철학적이고 미학적인 관점에서 프란체스카 페란도가 이끄는 포스트휴먼 연구 집단을 만들었다.[7] 로스앤젤레스 기반의 베르그루엔 연구소와 함께 사회연구 뉴스쿨은 토비아스 리스가 이끄는 '인간의 변환' 프로그램을 운영한다.[8] 목록은 여기에서 끝이 아니다.

이 분야는 이제 두 개의 최신 학회지도 갖추었다. 한국 서울의 이화인문과학원이 둘 다 관리하고 있는데, 하나는 《포스트휴먼 연구 저널*Journal of Posthuman Studies*》[9]이고, 다른 하나는 21세기 인문학에서 문화적, 사회적 탈-경계 현상을 연구하는 데 초점을 둔 《탈경계 인문학 저널*Journal of Trans-Humanities*》[10]이다. 웹사이트 '비판적 포스트휴머니즘 네트워크'는 포스트휴머니즘의 급속히 성장하는 계보학을 구축해나가고 있다.[11] 이 분야의 제도화의 마지막 사례는 처음으로 발간된 포스트-인문학 책 시리즈이다(Wolfe 2010).

현대 지식 실천들이 제도화되는 각기 다른 속도와 형태들은 지식을 이용하는 신자유주의적 논리의 가속하는 회전에 비판적 포스트인문학이 어느 정도로 포획되는 동시에 저항하는가를 보여준다. 비판적 포스트인문학은 연구 기관들이 따라잡을 수 없을 만큼 빠르게 발전하고 있다. 그것은 초학제적 '연구들'로부터 성장하거나, 대학, 사회 운동, 공동 관심사들 사이의 '교역 지대' 안에서 성장하고 있다(Galison 1997).

이 다면적인 발전 방식은 때로는 인문학의 '위기'로 묘사되기도 하지만, 이 분야가 이러한 성장, 활력, 새로운 영감을 보여주고 있으므로, 그 표현은 정확하지도 않고 딱히 도움이 되지도 않는다. 이런 빠른 성장은 이 새롭고 횡단적인 지식 분야를 재영토화할 기준, 코드, 방식을 요구하는데, 이것이 다음 장의 주제이다.

이 장에서는 비판적 포스트인문학이 선진 자본주의의 핵심을 형성하는 자본—금융 자본이든 인지 자본이든—으로서의 지식의 이윤지향적 취득과 공존하며, 심지어 이를 공동 구성한다는 것을 보여주었다. 비판적 포스트인문학이 현대 자본주의의 작동들을 비판적으로, 반대 입장에서 굴절한다는 것 또한 마찬가지로 진실이다. 내가 환경 인문학과 디지털 인문학에서 출현한다고 그렸던 담론적, 제도적 발전의 메타-패턴에서, 우리는 한편으로는 이윤 주도적인 다수파 취향의 실천들, 다른 한편으로는 횡단적, 비판적, 소수파 경향의 실천들을 발견할 수 있다. 이러한 발전들은 진행 중이기 때문에, 포스트인문학 학자들이 소수 과학의 방향으로 지식 생산 과정에 영향을 미칠 수 있도록 조직화되는 것이 중요하다.

다수 과학과 소수 과학의 구분은 윤리적이지만, 그 효과는 제도적일 뿐 아니라 정치적이다. '우리'—비판적 포스트휴먼 사상가들—는 그 정치적 힘이 집단적 상상의 현실화에 있음을 인식하며, 긍정적 배치들을 유지시킬 수 있다(Gatens and Lloyd 1999). 복잡성은 '다수 과학'의 현실화된 상태들과 '소수 과학'의 잠재적 생성을 구분하는 효과적인 단어가 되었다. 6장에서는 긍정의 윤리학의 맥락에서, 소수 과학들의 발전을 더욱 확장할 것이다. 그러나 먼저 다음 장에서 포스트휴먼 사유의 주요 대의를 밝히고, 다양한 분야들로부터 나오는 구체적 실천의 사례들을 제공하겠다.

5장

어떻게
포스트휴먼적으로
사유할 것인가

POSTHUMAN

KNOWLEDGE

알베르트 아인슈타인이 현명하게도 우리에게 일깨워주었듯이, 현대의 문제들을 만들어낼 때 사용했던 것과 동일한 사고를 이용해서는 그것들을 해결할 수 없다.[1] 우리 시대의 도전들은 관습적인 분석 범주들 밖에서 생각함으로써, 현재의 불의와 위험에 저항하기 위해서만이 아니라 위대한 진보를 이루기 위해서도 책무성의 적합한 형식들을 요청한다. 문제들은 긴급하고 복잡하다. 우리가 살아내고 있는 격렬하고 내적으로 모순적인 변환들을 학문적 탐구의 기본 도구인 선형성과 객관성의 언어로 어떻게 해명하고 이해할 것인가? 비평은 말할 것도 없고 이론에 대해서조차 믿음을 잃어버린 시대에 비판적 사고를 어떻게 실천할 수 있을까? 보증을 갖추었다는 자칭 전문가들에 대한 포퓰리즘적 경멸 속에서 인문학 연구자들이 어떻게 분별 있는 충고를 내놓을 수 있을까? 사회 전반에서, 때로는 전혀 예상치 못한 영역과 분야에서조차 이토록 많은 지식이 생성되는 오늘날, 학계의 연구는 무엇을 나타내는가? 전쟁, 갈등, 사회적 격변의 시기에 사회 정의, 비판적인 페미니즘 사상, 급진 생태론들, 반-인종주의, 공정한 지속가능성과 평화를 위한 교육을 추구할 수 있는 적절한 방법은 무엇인가? 철학의 스타일이 장식이 아니라 개념들의 힘과 운동을 추적하는 항해 도구라는 점을 인식하고, 어떻게 새로운 사유의 스타일을 개발할 수 있을까? 이 장은 이론적 원칙들을 설명하고 긍정적인 포스트휴먼 지식 생산의 실천들을 제시할 것이다. 그 목표는 포스트휴먼 지식의 인식론과 윤리학을 연결하는 데 있다.

포스트휴먼적 사유는 관계적 활동이며, 이는 세계 안에 자리 잡고 있는 다수의 상이한 주체들을 가로지르며 각 주체의 복잡한 다양성 안에 있는 수많은 요소들과 접촉점을 구성함으로써 발생한다. 그 사유는 뿌리박히고 신체화되어 있는 관계적 만남들의 지도그리기 형태를 취한다. 이런 만남들은 텍스트, 제도, 혹은 다른 구체적인 사회적 현실들이나 사람들과의 만남 형태로 일어날 수 있다. 예를 들어 이 책에서 나는 포스트휴먼 융합을 위한 비판적 프레임 구축 프로젝트와 대화할 수 있는 지점들을 강조하기 위해서 상당량의 다른 연구들을 조합하고 있다. 이러한 작업 방식은 만남의 평면들과 공유된 작업 플랫폼들을 구성할 가능성이 확실해 보이는 교차-접속들을 끌어낸다.

이러한 관계적 활동은 감각적이고 인지적인 데이터의 위계질서에 따라 정보를 중앙집중적으로 정리하는 초월적 의식의 관리 통제에만 의존하지 않는다. 이성의 이 초월적 비전은 사실, 예를 들자면 내가 앞 장에서 설명한 트랜스휴머니스트들의 작업에서 오늘날 점점 더 되살아나고 있다. 이는 또한 스티브 핑커(2007)와 같은 계몽주의적 근본주의자에 의해서도 되살아났는데, 그는 인간 이성과 언어를 선천적 특징으로 본다는 점에서 진화심리학, 인지과학, 촘스키의 언어학을 따른다. 포스트휴먼적 사유는 이와 반대로 내재성의 경로를 취하여 분산된 의식 모델을 활성화한다. 이 모델은 향상된 수용성과 지성의 상태들을 공동 구성하는 다층적, 다규모적 관계들의 그물망을 뜻한다. 사유는 외연적이고 강도적인 윤리적 관계성을 인정하고, 포착하고, 그것으로 작업하는 활동이다. 이 책은 사유가 새로운 개념들과 그것들을 표현할 적합한 형상들을 만들어내는 것이라고 주장한다.

다수 과학과 소수 과학

내가 비판적 포스트인문학 안에서 열망하는 '소수'의 발전은 앞 장에서 보았듯이 배제의 패턴이 반복되지 않도록 막는 것이 아니다. 예를 들어 페미니즘, 퀴어, 이주, 빈곤, 탈식민주의, 디아스포라, 질병, 장애의 인문학을 공식화한 기관은 거의 없었다. 이러한 담론들은 여전히 수많은 비판적 '연구' 영역들의 핵심 기둥이지만, 현재 비판적 포스트인문학의 재조직화에는 포함되지 않는다. 다시 말해서 이런 소수 담론들에 관한 이론들이 존재하고 있고 또 번성하고 있지만, 그것들이 공식적으로 자금 지원을 받는 그런 실재들은 아니다. 그러므로 지식의 이 소수 주제들의 탈영토화 속도는 자금 지원을 받는 다수 과학의 다수파가 주도하는 인식론적 가속과는 전혀 다른 질서에 속한다. 인지 자본주의는 이러한 소수 주제들을 더 돈이 되는 주제를 영토화하듯이 초코드화할 수도 없고 그럴 용의도 없다. 하지만 인지 자본주의는 이런 소수 영역에 조직도나 제도화된 지원금은 주지 않으면서 그 영역들에서 '스타 견본'만 뽑아낸다. 지배적인 다수와 소수 간의 이러한 분리접속관계disjunction는 인지 자본주의가 이 영역을 감속하여 소수적 주제에 대안들을 현실화할 시간과 정치적 잠재력을 준다는 점에서는 강점이 될 수도 있다. 이 대안들은 생성 주체들의 대안적 방식을 포함하면서도 다른 인식 방식들도 포함하는데, 이는 다른 '우리', 즉 '도래할 민중'에 의해 지지되는 다른 메타-패턴을 디자인한다. 다수 과학과 소수 과학 간의 이런 분리접속을 짧게 이론적으로 설명하고 나서 다시 이 주제로 돌아오겠다.

3장에서 나는 사유가 관계의 양태로 들어갈 수 있는 능력, 변용하고 변용되는 능력의 개념적 대응물이라고 주장했다. 따라서 사유는 질적 변이와 창조적 긴장을 지탱한다. 비판적 신유물론 사상은 사유의 지배적 시스템들이 끌어당기는 힘에서 빠져나와 횡단적 관계들의 현실화를 추구한다. 포스트휴먼적 사유는 위치 이동의 관점에서 작용하는 생기론적이고 유물론적인 다방향의 정서성, 다시 말해서 생성적인 타가수분과 혼종적인 상호접속에 거주한다(Crist 2013; Bastian et al. 2017). 사유는 참으로 세계를 채우는 재료이다(Alaimo 2014).

이런 자세는 양적 또는 외연적 상태들과 질적 또는 강도적 상태들 사이의 중요한 구분을 낳는다(Deleuze 1988). 예를 들어 나의 비판적 포스트인문학에 대한 지도그리기는 포스트휴먼의 위치들로부터 발생되는 담론들의 양적 확산을 분명하게 보여준다. 앞 장에서 보았듯이, 비판적 포스트인문학은 일련의 새로운 연구 대상들을 생산했고, 이 중 상당수는 인간이 아니라 기술적 인공물, 동물, 사물, 스마트 객체 등 인간-아닌 행위주체를 다룬다. 현재 상황은 이 대상들이 신자유주의 학문 시장을 위해 아이템화되고 계량화되어 새로운 탐구 분야를 만들어내고 있다는 것이다. 이는 이 대상들을 연구하는 사람이라면 누구든 포스트휴먼적이고 포스트-인류중심적인 방식으로 비판적 포스트인문학을 하는 중이라고 주장할 수 있다는 의미일까? 담론의 이와 같은 양적 확산만으로 패러다임 혁명을 주장하는 데 충분할까? 나는 그렇게 보지 않는다.

질적 변화 없이 양적 확산만으로는 새로운 개념과 개념적 실천을 생산할 충분한 조건이 되지 못한다. 신뢰할 수 있고 엄정한 비판적 포스트인문학을 설립하기 위하여 우리에게는 질적 움직임이 필요하다. 포스트휴먼 지식을 뒷받침하는 조에-주도적, 생태-지혜적, 지리-중심적, 기술-매개적인 존재론적 기반은 질적이고 방법론적인 변화를 지지하며, 요구하기까지 한다. 온갖 퇴행으로 얼룩진 세계에서 비판적 포스트인문학은 현대 지식 주체들의 상황적이면서 복잡한 특이성을 다룰 진보적인 도구들을 제공하는 내재성의 정치학을 현실화한다.

평가를 위한 질적 기준은, 상위-학제성, 비-이윤성, 비판적 성찰성, 물질적 장소들, 공동체-기반, 횡단성, 생성적 힘과 긍정적 윤리에 대한 강조 등이다. 이러한 일반적 원리들은 일련의 방법론적 가이드라인들 속에서, 윤리적 책무성이 필연적으로 함께하는 지도그리기의 정확성에서부터 역설의 재능과 예술 실천들의 특수성에 대한 인식이 함께하는 비판과 창의성의 조합에 이르기까지, 광범위한 영역에서 작동한다. 다른 기준들도 있다. 비-선형성, 기억과 상상의 힘, 낯설게하기 전략 등이다 (Braidotti 2013).

여기에서 이런 기준들을 다 상세히 논할 여유가 없으니 중요한 것들만 강조하겠다. 비-선형성은 매체-자연-문화 연속체의 다방향적 논리 속에 내장되어 있다. 그러므로 현대의 고도로 매개된 사회적 관계들의 복잡성과, 글로벌 경제가 그물처럼 분산된 다중심적 방식으로 기능한 다는 사실에 대처할 필요가 있다. 현대의 디지털 데이터 생산과 수집의 이중언어가 이 경향을 강화한다. 그것은 배중률에 저항하고, 고도의 다 층적 관계성으로 구조화된 주체들을 위해 지식의 복잡한 지형학을 요구 한다.

들뢰즈와 과타리(1994)를 따라 시간적 용어로 번역하자면, 선형성은 제도적 시간의 수호자이자 과거의 권위를 지지하는 크로노스Chronos의 지배적인 방식이고, 이와 대립하는 것이 역동적이고 반항적이며 더 주 기적인 생성의 시간인 아이온Aion이다. 지식 생산 실천에 적용하자면, 크 로노스는 '왕립' 또는 '다수' 과학에 해당한다. 이는 선진 자본주의의 경 제적 정언명령과 "살아 있는 물질 속으로의 인지적 침입"과 양립 가능 하기에 제도적으로 실행되고 자금 지원을 풍부하게 받는다(Bonta and Protevi 2004). 반면 아이온은 '노마드' 혹은 '소수' 지식을 생산한다. 이 는 자금 지원을 제대로 받지 못하고 주변부에 있지만, 윤리적으로 변환 적이며 정치적으로 힘을 부여해준다. 다수 과학이 정적이고 규약에 묶 여 있는 반면, 소수 과학은 상황적이고 관점주의적이며 새로운 개념의 창조와 비판을 조합할 수 있다.

생기적 유물론 연속체는 비판적 포스트인문학의 개념적 동력인 생성 의 인식론을 떠받친다. 그 생성의 인식론은 철학, 과학, 예술 사이의 새 로운 평행론 확립을 통해 제공될 수 있다(Deleuze and Guattari 1994). 그 러나 거기에서 멈추지 않는다. 본타와 프로테비(2004)는 유물론적 '지리-철학'이 '섬세한' (인문)과학과 '딱딱한' (자연)과학이라는 '두 문화'의 관계를 재정의하는 데 도움을 준다고 강조한다. 비판적 포스트인문학은 그 둘 사이의 새로운 창조적 앙가주망을 지지한다. 데란다(2002)는 반反본질주의적인 들뢰즈 과학의 강도적 양상을 높이 평가하고, '소수' 과학이 또한 유형학적 사유를 대체한다고 지적한다. 잠재적이고 강도적인 생성은 유사성, 동일성, 유비, 대립의 지배 원리를 대체한다.

또한 비-선형성은 기존의 관습을 깨뜨리는 모습으로 나타난다. 상위-학제적 혼종화와, 생기적 조에-지오-테크노 프레임이 갖는 힘 사이의 조합은 우리의 사유 습관을 낯설게 만드는 임무를 질적 변화가 일어나는 지점까지 밀어붙인다. "우리가 상실로 여기는 우리의 특권을 잊으라"는 포스트식민주의적 명령(Spivak 1990: vii)은 특히 이를 확장함으로써 인간-아닌 타자들을 향한 우리의 관계적 결함과 상처에 대한 질적 평가를 지속할 수 있다는 점에서 그 어느 때보다 더 관련이 있다. 그 모든 개방적이고, 상호-관계적이고, 초국가적이고, 다多-성性적이고, 트랜스-종적인 생성의 흐름들 속에서 참조들은 세계가 된다. 이것이 세계주의cosmopolitanism의 토착적 혹은 지방적인 형태이다(Bhabha 1996; Braidotti 2006, 2013).

인간-아닌 대상들에 대한 양적 연구의 착취와는 반대로, 그 흐름들이 비판적 포스트인문학을 향한 질적 변화와 실천을 이끄는 주체이자 주역이다. 내재성의 관념은 조에-지오-테크노-매개된 주체성의 다른 비전을 지지하는데, 이는 다른 종류의 사유를 요구한다. 이러한 물질적이고 생기적인 연속체를 이해하려면 인간-아닌 행위주체들을 받아들이는 법을 배워야 한다. 또한 그것들이 위치한 장소들의 지도그리기를 제공하고, 현실적 재영토화와 인지 자본주의의 네트워크화된 이익의 클러스터들 안에서 잠재적인 것을 위한 협상 여지를 끌어내야 한다. 핵심 아이디어는, 현재가 정적인 것이 아니라 잠재적인 것에 늘 열려 있듯이, 넘쳐흐르는 자본의 코드가 생성의 과정을 결코 완전히 포화시킬 수 없다는 점이다. 권력은 단일 실체가 아니라 다층적이고 역동적이며 전략적인 하나의 과정이기 때문에, 결국 소수 담론들은 항상 다수 과학의 권리를 박탈할 여백을 품고 있다.

따라서 우리는 다수 과학의 고원 위에 있는 비판적 포스트인문학이 강력한 재정적 이익에 의해 추진된다고 말할 수 있을지 모른다. 그러나 소수 과학의 축에서 보자면, 그 성장은 수많은 도래할 민중과 주변부 공간들을 통한 상호교배와 타가수분의 비-이윤적 형식을 취한다. 이는 뭐든 다 된다는 뜻이 아니라, 횡단적인 다방향성이 소수 과학들, 그리고 이와 관련된 지식 생산 시스템을 위한 규칙이라는 뜻이다. 중요한 것은 신유물론 존재론의 중심 교리, 즉 이 고원들은 변증법적으로 구분되고 대립되는 것이 아니라 인접해 있고 공동 구성되는 것이라는 점을 잘 기억하는 것이다. 더 정확히 말하자면, 소수 과학들의 유목민적 도주선들은 다수의 잃어버린 고리를 창조하고, 생성을 위한 틈을 열고, 주변부 공간을 찾아가는 방식으로, 지배적인 지식 생산 시스템들을 가로지르고, 재영토화하고, 재구성한다. 단 하나 중요한 것이 있다면, 이 힘에 오염되지 않은 순수한 '외부'는 없다는 것이다. '우리'—비판적 사상가들—는, 우리가 생성하기를 중단하고 있는 것과 우리가 생성 과정 중에 있는 것 모두의 기록으로서, 현재 안에서, 그 밑에서, 그리고 그 너머에서 비판적 공간들을 작동시키는 힘겨운 노동을 수행한다. 첫 번째 도전은 새로운 정서적인 횡단적 배치로 진입하여 윤리적이고 정치적인 대안적 힘을 공동-창조할 주체들을 활성화하는 것이다. 다시 말해서 우리의 도전은 새로운 '우리', 도래할 민중을 구성하는 것이다. 두 번째 관련된 도전은 대부분의 현실적인 민중에 접근 가능한 언어로 이를 어떻게 표현하고, 또 이를 적합한 이론적 도식들로 어떻게 제시할 것인가이다.

포스트휴먼 법 실천

이런 더 추상적인 원리들을 구체적인 실천 사례로 설명해보면 도움이 될 것이다. 포스트휴먼 융합은 법의 이론과 실천에서 중요한 변화와 진보를 촉발했다. 예를 들어 패트릭 해너핀(2018)은 포스트휴먼 접근법이 신자유주의 백인 남성을 주체의 비전으로 삼는 다수적 인권 모델을 전복한다고 주장한다. 이러한 논쟁적 운동은 법과 생명-권력의 문제들을 제기하는데, 여기에는 들뢰즈에서 가져온 횡단적 주체성의 대항-모델이 가장 유용하다. 이 집단적 비전은, 법률과 규칙의 추상적 개념화와는 반대 방향으로, 법리학의 창의적이고 집단적인 실천을 구현해나가고 있다. 들뢰즈가 일렀듯이, 법리학은 확립된 규약과 개념에 저항하는 능동적인 방식이다. 그것은 법을 변화시키고 문제 삼고자 하는 집단적 개입을 받아들이면서, 권리의 내재적 개념화를 가능하게 하는 역동적 요소이다.

해너핀은 이 접근법을 생성의 미시정치학과 연결 짓는다. 이는 포스트휴먼 융합 안에서, 기술적 조력을 통한 재생산의 생명-정치적 관리에서부터 안락사와 조력 자살을 비롯한 죽음의 방식들에 대한 죽음-정치적 개입에 이르는, 삶과 죽음의 기본적 문제들을 다룬다. 포스트휴먼 권리들은 생각과 행동, 삶과 죽음, 환경과 인간성, 또는 동물성과 인간성 사이의 이분법적 분리를 신경 쓰지 않는 개인들의 횡단적 배치에 대한 주장을 구현한다. 이 덕분에 우리는 (물질적으로 신체화된 특이성으로서) 조에로서의 생명에 대한 미시정치학에 관해 생각할 수 있게 되는데, 이는 (초월적이고 항상 이미 남성으로 이해되는) 비오스로서의 생명에 대한 그램분자적 정치학과 다투는 것이다.

이 분열적인 요소들은 법적 문제를 사회와 연결하여 권력과 자격부여에 대한 정치적 문제들을 제기한다. 해너핀은 포스트휴먼 접근법이 관계적인 권리 개념을 도입함으로써 자유주의적 권리 담론의 정전을 변형하는 데 일조한다고 주장하는데, 관계적인 권리 개념은 인류형상의 주체들을 배제하지 않을 뿐 아니라 동물과 환경도 포함하는 것이다. 근본적인 이 구분을 바꾸면 법에 강력한 영향을 미치게 된다. 이로 인해 법은 개인에 대한 생명-정치적 지배로부터 거리를 둘 수 있게 되며, 개인들은 개인주의를 넘어 더 넓은 분야에 개입할 수 있게 되어 적극적이고 경쟁적인 형태의 시민권을 실행하게 된다.

화제를 바꾸어서, 잉그리드 워스(2017)는 포스트휴먼 시대에 국제법이 점점 더 적절해지고 있다고 주장한다. 이는 여러 요인들이 복합된 결과이다. 부정적인 면에서는 인권의 상대적 쇠퇴가 있는데, 이는 인권을 하나의 독트린이라기보다는 하나의 실천으로 간주하는 것이다. 이런 현상은 권위주의 정부들의 증가, 국제적 인권 강화와 다면적 조약의 쇠퇴, 국제법 내용에 대한 중국과 러시아의 커져가는 힘, 서방 세계의 국가주의와 포퓰리즘 부상을 통해 증명될 수 있다. 긍정적인 면에서는 국제법을 더 요구하는 것은 물론이고 포스트휴먼 인권 시대에 이를 강화해야 한다는 요구도 출현했다. 확장되는 이 두 주요 영역은 평화와 안보에 관련되어 있다. 그러나 어떤 권력 메커니즘이 새로운 포스트휴먼 권리의 법적 프레임을 실행하는 데 도움을 줄 수 있을지의 문제는 여전히 남아 있다.

야니케 셸(2017)은 포스트휴먼적 전회의 함의들을 탐색하기 위하여, 환경적 주체를 모델로 삼은 '포스트휴먼 데이터 주체'의 관념에 초점을 맞춘다. 셸은 사람과 사물 간의 고유한 차이라는 생각을 비판하는 데에서 시작하여, 인간 예외주의와 그것이 인간 주체성을 다른 모든 것들과 구별되는 것으로 특징짓는 방식을 부정한다. 인간이라는 범주 및 인간과 다른 종들 간에 걸쳐 있는 그런 구분들은 언제나 차별적인 권력 집합들의 효과라고 주장하면서, 셸은 항상 유동적인 이 경계들에 대해 문제를 제기해야 한다고 말한다. 이는 디지털 기술과의 관계에서 딱 들어맞는 말이다. 디지털 기술은 사물인터넷과 스마트 객체들을 통해 예전에는 사적 영역이었던 것까지 파고들어 완전히 새로운 법적 문제들을 만들어냈다. 그 문제들은 디지털화된 인격성과 개인화된 데이터에 대한 권리에서부터 온라인 보안과 프라이버시 문제까지 다양하다. 셸은 이 모든 문제들은 인류중심적이고 휴머니즘적인 자유주의적 개인주의를 법적 현장의 중심에서 밀어냄으로써 이로운 효과를 줄 것이라고 주장한다.

법 이론에서는 이러한 진보가 더 광범위하게 나타난다. 법 이론은 법적 주체성의 관념을 인간-아닌 행위주체로까지 확장한다. 가장 놀라운 예는 '자연'에 법적 인격성을 부여한 것이다. 예를 들어 뉴질랜드는 지금 강에 인격성을 가질 권리를 인정해주고, 인도는 폭포의 권리를 인정하며, 에콰도르는 환경 전체에 권리를 부여한다. 셸은 특히 '잊힐 권리' 사례가 신체에 관한 데이터를 실제 인간의 신체와 분리시킨다는 점에서 디지털 프라이버시의 유용한 선례를 마련한다고 보고 이에 집중한다. 이것은 중요한 개념적 움직임으로, 현대의 진보한 기술들이 인간 신체의 탈물질화와 디지털 신체의 역逆-물질화를 성취한다고 보는 분석에 기초한다. 이러한 분리가 그 자체로 선진 자본주의의 효과이며, 페이스북과 같은 기업들이 탈물질화된 신체에 관한 데이터를 소유하고 통제한다는 점을 염두에 두면서, 셸은 인간을 기술적으로 매개된 배치의 일부로 다시 생각하고 이 복잡성을 감당할 만한 법적 프레임을 고안하기 위해 포스트휴먼 이론을 동원한다. 근본적인 인권의 역량 안에서 커뮤니케이션과 프라이버시의 권리는 이제 인간 신체의 탈물질화와 디지털 신체의 물질화를 인정함으로써 디지털 영역과의 관계 속에서 이해하고 발전시켜야 한다. 어느 정도는 시장 행위자들에 의해 통제되는 상품으로 간주되는 데이터에 대한 통제에 끊임없이 질문을 던지고 궁극적으로는 이를 폐지해야 한다. 비판적인 경계가 포스트휴먼 저항의 핵심이다.

적합한 이해를 향한 욕망

포스트휴먼 융합은 두 가지 근본적인 수준에서 우리의 사유하는 힘에 도전한다. 첫 번째는 포스트휴먼 융합이 일으키는 문제와 거기에서 비롯되는 역설들이 보여주는 시간적, 공간적 규모 그 자체이다. 두 번째는 더 정서적인데, 포스트휴먼은 우리 종의 멸종에 대해 생각할 수 있는

가능성을 가장 극단까지 밀어붙인다. '우리' 없는 세계라는 유령이 사유의 인간적 지평을 사로잡고 있다. 죽음은 당연히 상상할 수 없는 사건이지만, 상상할 수 없는 것이라도 지나간 일로 치부할 수는 없다. 마치 인간 없는 세계를 상상하는 것은 우리의 집단적, 개인적 이성의 영역 안에서는 일어나지 않는 듯이, 한때는 생각할 수 없었던 것 — 우리의 멸종 — 을 생각하려는 노력들을 우울한 정조가 에워싼다(Ghosh 2016).

그러나 푸코와 들뢰즈의 윤리적 성향에 상당한 영향을 주기도 한 철학적 스토아주의 전통에서는, 우리 자신의 필멸성에 대한 숙고가 윤리적인 삶을 구성하는 중요한 지침이었다. 하루하루가 마지막 날인 것처럼 살기, 그리고 기꺼이 죽음을 맞이할 자세에 대한 비판적 해명, 이것들이 이 윤리적인 학파의 핵심을 이룬다. 더 최근에, 포스트모던 주체들의 윤리적 공식은 주체성 자체와 그 비인간적 구성 요소를 포함하는 어떤 범주건 그 근본적인 신뢰성에 대해 깊이 회의하는 자세였다(Lyotard 1989). 포스트-핵nuclear 주체들의 윤리적 공식 — 지금부터는 종말론 — 은 그들 자신과 다른 종들의 멸종을 환기하는 동시에 지연시키는 방식으로 작동했다(Derrida 2007). 통계적으로 발생 가능성이 높은 사건으로서 멸종은 피하는 것이 더 낫다는 것을 인정해야 한다.

그러나 포스트휴먼 주체들에게 윤리적 명령은 더 복잡한데, 이는 '우리' — 사유와 지식의 주체들 — 로 간주되는 것의 변화와 상호연결되어 있기 때문이다. 정신분열적으로 양쪽에서 잡아끄는 힘 및 극과 극을 오가는 기분도 그렇지만, 4차 산업혁명과 여섯 번째 대멸종의 융합이 촉발한 문제들의 규모를 생각하면 인식론적 도전들은 대문자 인간Man과 인류 너머로 책무성을 넓혀야 할 필요성과 겹친다. 우리는 다수의 다른 관점들로부터, '우리'가 생성하고 있는 모종의 관계적 주체들에 관해 다르게 생각하는 법을 배워야 한다. 우리는 수많은 도전들에 대처하기 위해서 우리의 이해understanding를 재조정할 필요가 있다.

적합한 이해는 주체들의 행위 능력을 키워준다. 이 행위 능력의 증가는 기쁨과 더불어 더 많이 잘 알고자 하는 새로운 욕망으로 체험된다. 그러나 내가 이 책 전체에 걸쳐 주장하듯이, 모든 지식은 뿌리박히고 신체화되어 있으며 상황적인 것이기에, 불가피하게 관점주의적이며 따라서 제한적이다. 지식이 확장되면 결함이 생기고 오류와 실패가 따르게 된다. 인간은 정념과 편견에 사로잡히는 경향이 있다. 이는 적합한 이해를 향한 탐구가 인식론적이면서 동시에 윤리적임을 의미한다. 인식론적으로, 이해는 누군가의 조건들에 대한 비판적 해명을 요구한다. 윤리적으로, 포스트휴먼 주체는 누군가의 가장 내밀한 본성에 맞추어줄 필요가 있다. 그것들의 조합이 근본적인 자유를 표현하며, 이 자유는 기쁨의 정념으로 체험된다. 들뢰즈의 표현대로, "윤리적인 기쁨은 사변적 긍정의 상관물이다"(1988: 27).

이 프로젝트의 핵심은 긍정을 형성하는 인식론적이고 윤리적인 실천으로서의 사유와 초월적 의식에 대한 애착을 구분하는 것이다. 나와 같은 내재성의 철학자들에게 초월적 의식은 가상이다. 들뢰즈는 이를 "눈을 뜨고 꾸는 꿈"이라고 불렀다(1988: 20). 동시에 그 의식은 차별적인 원리들로 가득 찬 규범적 명령이다. 그러므로 나는 횡단적 주체성을 구성하는 비판적이고 창의적인 활동으로서의 사유와 그것을 대비시키고자 한다. 이는 초월적 의식을 버린다는 의미이다. 대신, 포스트휴먼 지식은 공동적이면서 분산된 주체성을 발생시킨다. 이 주체성을 뒷받침하는 것은 우리의 자유를 제한하는 조건들을 합당하게 이해하려는 공유된 욕망이다. 사유는 항상 능동적이다. 자기 삶의 조건들을 이해하게 되면 이를 바꾸고자 긍정적으로 노력하게 된다.

포스트휴먼 지식은 모든 물질과의 상호접속에 대한 적합한 이해를 생산하기 위해 관계적 능력을 이용한다. 과학과 기술이 여러 수준에서 물질에 대한 지식을 혁명적으로 바꾸어놓은 역사적 시기에 그러는 것이다. 적합한 지식의 추구는 인간과 인간-아닌 행위자들 간의 횡단적 동맹 안에서 행위 능력의 윤리적 추구와 더불어 진행되어야 한다. 포스트휴먼 윤리는 급변하는 현재 안에서, 주체들의 복잡한 배치들이 갖는 실현되지 않은 퍼텐셜을 추구하면서 시작한다.

예술적 실천

창조적 상상력의 자원들이 어떻게 포스트휴먼 지식 프로젝트를 구출하는지 보여주는 가장 좋은 예는 문학과 예술적 실천에서 끌어낼 수 있다. 예를 들어 캐럴린 류(2018)는 포스트휴먼 문학 비평이 초학제성을 향한 패러다임의 근본적인 변화를 나타낸다고 주장한다. 신유물론적 생기론에 대한 참조와 창의성의 강조는 학계 안에서 광범위한 분과학문들에 걸쳐 비판적 사고를 해방할 뿐 아니라, 또한 독자들이 인류중심적이고 휴머니즘적인 습관 밖에서 생각하도록 재훈련하는 데 중요한 분야로 문학 연구를 자리매김시킨다. 포스트휴먼 문학 이론은 낯설게하기, 비-선형성, 형상화의 역할, 교조적 진실에 대한 비판과 같은 주요 방법론적 도구들에 기초한다. 그것은 사변소설과 과학소설 같은 장르에서 나타나며, 생태-비평(Glotfelty and Fromm 1996), 초국가 정의, 인종적 평등, 기후변화, 아프리카-미래주의와 같은 폭넓은 분야들에 적용된다. 류에 따르면 포스트휴먼 비평은 페미니즘, 포스트식민주의, 소수 과학의 특징들을 다 갖고 있는데, 이것들은 선진 자본주의의 폭력, 경제적 정언명령, 차별에 대한 강박을 폭로하는 것으로서 윤리적으로 변환적인 탐구들이다.

다음 사례는 예술 실천에서 나온다. 이 책 전체에 걸쳐 나는 포스트휴먼 미학(Wamberg 2012) 및 예술 이론과 실천(Davis and Turpin 2015; Braidotti and Hlavajova 2018)에서 몇 가지 적절한 예들을 지적했다. 그중 일부는 포스트-자연 박물관의 사례에서처럼(Pell 2015) 명시적으로 논의했다. 또한 건축과 디자인이 포스트휴먼적 전회를 진지하게 받아들이고 있다는 증거도 많이 있다(Radman and Sohn 2017). 지면상 제한이 있으니 독창성과 엄정성을 보여주기 위해 포스트휴먼 예술 실천 분야에서 딱 한 가지 예만 더 강조하겠다.

캐머런(2018)은 포스트휴먼 융합이 특히 모든 박물관학적 전시와 공간에 대한 인류중심적 가정들에 도전함으로써 큐레이터의 실천 전반에 어떻게 영향을 주는가를 논의한다. 공간은 인간이 보고 즐기고 해석하도록 전시된 대상들을 둘러싸고 조직화된다. 제공되는 배경 정보는 그 대상들의 사회적, 이데올로기적, 역사적, 문화적 구성들에 특권을 부여한다. 유일한 예외는 토착 수집품들 중 일부인데, 이는 토착 큐레이터의 행위성의 결과이다. 포스트휴먼 접근은 이 실천들의 유럽중심적인 휴머니즘적 보편주의와 암묵적인 인류중심주의를 모두 비판함으로써 박물관의 실천에서 지배적인 관점에 도전한다.

캐머런이 제시한 예는 '검은 토요일 산불'[2]의 수집품 중에서 멜버른의

빅토리아 박물관에 전시된 '녹아내린 녹색 플라스틱 양동이'이다. 이 품목은 생존자들의 고난에 대한 설명으로 제시되면서 동시에 우리가 그 설명을 맥락화하도록 도와준다. 결과적으로 그 대상은 관련된 인간 주체들의 기능 안에서, 인간 편에서 본 자연재해의 정적인 요소로서 제시된다. 캐머런이 보기에 여기에는 이중의 단점이 있다. 첫째로 자연과 문화, 인간과 인간-아닌 것 사이의 이분법을 복귀시킨다. 두 번째로는 사건의 범위를 좁혀서 산불에서 살아남았다는 것이 갖는 물질적, 담론적, 기술적, 생물학적인 측면들, 그리고 인간-아닌 것의 측면을 무시한다.

우리가 다른 힘들과 행위자들과의 연속체 안에서 인간 세계를 인정하는 포스트휴먼 관점으로 옮겨 간다면, 이런 종류의 박물관 실천은 어울리지 않을 뿐 아니라 그것이 재현하고자 하는 사건의 프레임도 기만적이기까지 하다. 반대로, 조에/지오/테크노-지향적 프레임에서는 그 문제의 다른 많은 층위들, 즉 물질적, 기술적, 개념적, 생태적, 사회적, 감정적 구성 요소들이 뚜렷하게 드러난다. 이것들은 플라스틱 양동이 자체의 생산 과정, 지리적 위치, 산업적 계보, 날씨와 기후 역사와 함께 시작된다.

그러므로 인간 주체는 박물관이 설명하려는 한 사건의 분산된 행위성을 구성하는 수많은 힘들 중 하나일 뿐이다. 이 힘들은 언어와 표상의 사회적 관습으로 환원될 수 없고, 자연적, 영토적, 기후적, 우주적 힘들을 가진 관계적 연속체의 구성 요소로서만이 아니라, 종들 간의 접속과 문화들 간의 관계로서 접근되어야 한다. 캐머런은 이런 다양한 행위성과 독립성을 공정하게 다루는 새로운 전시 방법과 기록 절차를 옹호한다. 그녀는 그것들을 설명하는 데 가장 좋은 방법은 그 수행성performativity

을 창발적 과정으로 표현하는 지도그리기라고 주장한다.

이 논점은 런던 골드스미스 대학의 '법의학적 건축' 프로그램이 강력하게 뒷받침한다. 특히 파울루 타바리스는 '혼탁한 대상들'을 바라봄으로써 포스트휴먼 융합에서 예술적 실천의 변화하는 역할을 종합한다.[3] 이 대상들은 환경 파괴와 정의에 관한 국가적, 초국가적 논의들에서 법적으로 유관한 증거로 변형되어온 생태적 대상과 시스템들이다. 자연적 대상(나무, 강 등)과 인공물(불에 녹은 플라스틱 양동이) 모두를 법의학적 증거로 바꾸는 이러한 변환은 그 존재론적 위상을 법적 증인의 위상으로 변화시킨다. 따라서 예술적 실천 또한 변하여, 타바리스가 "자연 주위에 모여드는 과학적 실천들, NGO 지지, 국제법, 글로벌 지정학의 마구 뒤엉킨 배치"라고 부르는 것을 보여주기 위해, 증거를 탐지하고, 기록하여 보관하고, 동원하는 새로운 규약을 도입하게 된다. 글로벌 자연을 법의학적 증거로 새롭게 강조하는 것은, 한편으로는 예술적이고 큐레이터적인 실천과, 다른 한편으로는 인간과 인간-아닌 것의 법적 권리들과 교차한다.

다른 경험론

긍정적 포스트휴먼 지식 생산의 또 다른 이론적 원리는 경험론을 신유물론적 관점에서 재정의하는 방법이다. '녹아내린 녹색 플라스틱 양동이'의 예는 인간, 비인간, 인간-아닌 것, 그리고 인간보다-더 빠른-힘들과 행위주체들의 배치와 횡단적 과정을 강조하는 내재성의 철학이 갖는 이점들을 보여준다. 이 내재성의 철학은 종종 멀리 떨어져 있던 관념과 실천들을 연결해준다. 녹아내린 녹색 플라스틱 양동이라는 보잘것없는 예는 생태화되고 매개된 연속체의 조에/지오/테크노 구성 요소들뿐만 아니라, 날씨처럼 영토적이고 우주적인 차원까지 포함한다.

이렇게 응용된 신유물론적 관점은 스피노자주의의 향상된 버전에서 영감을 받는다.[4] 백인 남성 구경꾼의 것으로 가정되는 시점과 일치할 수밖에 없는 단 하나의 시점에 특권을 부여하지 않음으로써, 더 민주적인 시야가 열릴 수 있다. 이 더 포괄적인 접근은 일종의 존재론적 평화주의, 다시 말해서 산불처럼 자신의 불행에 대해 외적 정황만 탓할 수 없는 것을 표현한다. 사실, 세계와 우리의 친밀성에 대한 신뢰와 세계에 대한 지식은 우리 자신의 소비 습관을 비롯하여 관련된 모든 요인들에 초점을 맞춘다. 이는 실효성도 없고 정당하지도 않은 비난을 배분하는 부정적 습관을 만든다. 다시 말해서 비난을 배분하기 또는 희생양 만들기는 이중으로 나쁘다. 이해의 면에서 그렇고 윤리 면에서도 그렇다. 포스트휴먼 프레임 안에서, 주체의 윤리적 핵심은 의식적 지향성의 관점에서가 아니라 주체의 힘과 정서로 정의되어야 한다. 윤리는 긍정적인 가치와 관계들의 추구로, 정치학은 그것들을 실행하는 실용적인 실천으로 정의된다. 윤리적 힘은 포텐시아, 즉 역량강화empowerment의 관점에서만 이해될 수 있다.

신유물론적 접근은 모순되어 보이는 요구들 사이에서 균형을 잡으려한다. 즉 신체화되고 뿌리박혀 있는 관점들을 통해 현장에 기반을 두면서 거대 이론에 저항하는 것이다. 동시에, 우리의 방법들은 사회학적 환원이나 빅 데이터에 의지하는 식으로 협소하고 평평한 경험론으로 후퇴

해버리지 않도록 해야 한다. 선호되는 접근은, 동일성을 색인화한 주장들만 배타적으로 참조하지 않으면서, 경험의 현상학을 존중하는 확장된 경험론이다. 여기에서는 내재성과 책무성이 핵심 용어이며, 구체적인 사례로는 민족지학적 관찰이 적절하다.

비판적이고 창조적인 지도그리기는 최근 구성된 앎의 주체들에 대한 대안적인 개념적 페르소나나 형상을 산출하는 데 방법론적으로 일조할 수 있다. 모든 형상들은 지역화되고, 상황적이며, 관점주의적이고, 그러므로 특정 조건들에 내재적이다. 그것들은 특정한 지리-정치적, 역사적 장소들을 위한 물질적, 기호학적 이정표로 기능한다. 그것들은 '증거-기반' 사고로 간주되는 것의 스펙트럼을 확장하는 초월론적 경험론의 형태 안에서, 보편적 주장들이 아니라 현장에 기반한 복잡한 특이성들을 표현한다.

지도그리기 설명이 지원하는 형상들은 권력 관계의 복잡성을 다루고자 한다. 그것들은 지배적인 주체 형성의 억압적 구조들(포테스타스)을 드러내지만, 또한 현장에 기반하고 있으면서 동시에 유동적인 또는 과정 속에 있는 것(포텐시아)으로서 주체의 긍정적이고 변환적인 비전들도 표현한다. 어떤 면에서 하나의 형상이라는 것은 보편적 모델은 물론이고, 주체성의 단일한 규범적 모델을 참조하지 않으면서, 생성의 과정을 드라마화하는 것이다. 그것은 '우리'가 바로 여기에 함께 있다, 그러나 우리가 모두 동일한 하나는 아니다, 라고 말할 수 있게 해준다.

지도그리기와 함께 그것을 지탱하는 형상들도 나온다. 내가 이 책에서 줄곧 주장했듯이, 신체화되고 뿌리박혀 있기에 포스트휴먼이 경험적으로 현장에 기반하고 있다 해도, 그것은 실체적인 존재로보다는 하나의 형상이나 개념적 페르소나로 기능한다. 이론적으로 힘을 갖는 지도 그리기의 도구는 현재를 현실화된 것인 동시에 잠재적인 것으로 적합하게 이해하기를 목표로 한다. 다시 말해서, 지도그리기는 우리가 되기를 멈추고 있는 것—인류중심적이고 휴머니즘적인 것—의 기록이면서 동시에 우리가 생성 중에 있는 것—포스트휴먼 주체의 다양체—의 씨앗이다.

다시 말해서 포스트휴먼 융합은 무수히 많은 학제적 분야들에서 인간-아닌 것, 비인간 혹은 트랜스휴먼의 출현을 추적할 수 있게 해준다. 이 출현은 휴머니즘과 인류중심주의에 대한 비판을 교차시킴으로써 생성된다. 포스트휴먼 융합은 그것을 지지하는 생기적 유물론에 맞게, 행성과 우주의 자원들을 활용하는 경험론의 조에/지오/테크노-매개된 형태를 도입한다.

이런 관점에서, 세계 전반에서 끌어낸 관찰 가능한 증거를 통해 지식에 접근하는 특정한 방법으로서의 경험론은 초월적인 의식과 그 관념론적 사유 모델에 의존하지 않는다. 대신 그 경험적 분야는 경험에 매이지 않으면서도 경험으로부터 추론하고, 상황적 실천이나 장소의 정치학의 방식으로 객관성을 달리 제시하는 또 다른 중간지대를 구성한다. 이는 들뢰즈가 초월론적 경험의 영역으로 옹호한 모델인데, 그 영역은 현장에 기반하고 다층적이지만 환원적이지 않은, 혼종적 자연의 횡단적 접속과 배열을 구성하고 그 접속과 배열에 의해 구성된다.

이는 연구 방법에 중요한 함의들을 갖는다. 엘리자베스 세인트 피에르(2016)는 새로운 유물론과 새로운 경험론을 연결하는 중요한 작업에서, 질적 접근법을 넘어서는 연구 방법론을 발전시키기 위해 들뢰즈의 초월론적 경험의 개념에 정확하게 의거한다. 세인트 피에르는 경험론과 유물론이 협력한다고 주장하면서, 이 상호접속이 처음에는 물질과 정신의 이분법적 분할을 지지했던 존재론에 문제를 제기한다고 말한다. 또한 그런 협력은 (포텐시아로서) 사유하는 힘이 제도적 구조(포테스타스)에 의해 실행된 이분법적 구분을 요구하지 않는 주체를 통해서, 학자와 과학자에 대한 지배적이고 독단적인 이미지에 도전함을 의미한다. 세인트 피에르는 실험, 호기심, 정서성의 중요성을 강조하면서, 보통 '경험론'으로 불리는 제한적인 방법들을 직시해야 한다고 주장한다. 또한 그녀는 이 실험들을 떠받칠 윤리적 긍정이 필요하다는 점을 부각시키는데, 왜냐하면 이 실험들이 아직 아니지만 가능할 수 있는 경우를 현실화하고자 하는 한에서 집단적이고 공동적인 자원들을 요청하기 때문이다. 대안들을 강화하려는 욕망에 의해 활성화된 관계성은 '우리'—그 임무를 수행하는 앙상블—를 구성하라는 윤리적 정언명령을 지원한다.

주체성의 관계적 모델은 구체적으로 말하자면 학계의 기관들 안팎에서 초학제적이고 다방향적으로 동맹을 만드는 것이 좋다는 뜻이다. 항상 쉽거나 조화롭지는 않겠지만, 대화를 진행하려면 없어서는 안 될 수단이다. 이 대화는 선진 자본주의의 다양한 속도들 및 재영토화와 탈영토화 안에서 훨씬 더 긴급하다. 선진 자본주의는 협력적이고 이윤을 좇지 않는 만남의 대안적 평면을 구성하려는 시도를 위협한다. 그러므로 인간-아닌 요소들을 지식 형성의 과정에 포함시키는 다양한 방법들로 탐색하고 실험하는 것이 중요하다.

더 나아가, 특히 빅 데이터 분석의 시대에, 경험론은 과학적 진실을 검증하는 용도의 일부이긴 하지만 오직 그것을 위한 규약들로 환원될 수는 없다. 게다가 인문학에서는 다른 기술들이 요구된다―이는 경험적 증거로서 텍스트 자료들을 받아들이는 것에서부터 해석학적 방법과 비판적 사고의 중요성까지 다양하다.

포스트휴먼 장애 연구

신유물론 이론을 구체적인 실천에 연결하기 위해 포스트휴먼 장애 연구로 관심을 돌리겠다. 장애 연구의 핵심은 다르게 구성된 신체를 비정상으로 재현하기를 거부하는 것이다. 여기에는 장애 없는 몸을 특권화하는 규범적 분류 체계들로부터 주체의 비전들을 떼어내는 작업이 수반된다. 장애에 대한 긍정적 접근은 옹호의 대안적 방식에서부터 윤리적, 방법론적 가치들(Roets and Braidotti 2012)까지, 상이한 실천들을 가능하게 만든다. 비판적 장애 연구는 포스트휴먼 주제와 매우 잘 맞는데, 왜냐하면 장애가 인간이라는 것이 무엇인지에 대한 전통적인 고전적 휴머니즘 개념에 항상 거슬렸기 때문이다. 거꾸로 장애가 포스트휴먼에 대한 비판적 분석을 불러온다는 것도 사실인데, 왜냐하면 '나'의 포스트휴먼적 향상을 전형적으로 보여주면서 동시에 휴머니스트의 등기부에서 '나'를 식별할 것을 요구하기 때문이다.

포스트휴먼 융합 안에서, 장애 연구는 '디스휴먼DisHuman' 연구로 이동했다(Goodley et al. 2014, 2018). 디스휴먼 연구는 장애가 인간을 힘들게 하고, 인간을 개조해야 할 필요성이 있음을 인정하면서도 동시에 장애를 가진 사람들의 휴머니티를 주장한다. 이 연구는 유럽중심적 휴머니즘이 지지하는 인간에 대한 자화자찬적 내러티브에 저항하면서, 기능적인 생산 단위로서의 시민에 대한 이상적 이미지가 갖는 신자유주의적이

고 '장애인 차별적'인 면에 초점을 맞춘다. 우리가 페미니즘과 포스트식
민주의 연구에서 배웠듯이, 인간에 대한 이런 협소한 휴머니즘적 개념
은 역사적으로 많은 것을 배제해왔다.

낯설게하기

포스트휴먼 지식 생산에는 낯설게하기의 방법론적 실천이 도움이 된
다. 이 실천은 지난 수십 년간 페미니즘, 서발턴, 포스트-식민주의 이론
으로 부활했다.[5] 이는 앎의 주체들이 익숙하게 받아들였던 자아에 대한
지배적인 규범적 비전에서 벗어나도록 그들을 자극하는 교육학적 도구
로 기능한다. 낯설게하기는 권력 관계에 자신이 어떻게 연관되어 있는
가를 해독하는 방식으로, 가야트리 스피박(1990)은 이를 "자신의 특권들
을 잊어버리기"로 불렀다. 요즘은, 새로운 것에 자리를 내주기 위해서,
이런 특권들에 유럽중심적 휴머니즘과 인류중심주의적 사고 습관들과
그것들이 지탱하는 재현 형식들이 포함된다.

주체 형성의 지배적 모델들로부터의 탈-동일화dis-identification는 우리 사
회의 권력의 축과 제도들로부터의 과격한 단절을 통해 우리의 상상을
탈식민화하는 방법이다. 여기에는 여성성과 남성성의 이분법적 재현이
있는 젠더 시스템(Braidotti 1991), 포스트식민주의의 비판을 받는 백인
특권과 인종적 위계질서(Gilroy 2000), 인종 담론(Hill Collins 1991; Wynter
2015)도 포함된다. 이런 경우 탈-동일화는 여성-되기(성별화)와 타자-
되기(인종화)의 축을 따라 일어나며, 그러므로 인류형상주의의 한계 안

에 남게 된다. 여기에서 더 나아가려면 포스트휴먼 융합에 상응하도록 동일화의 포스트-인류중심주의적 형태들을 개발할 필요가 있다.

인류중심주의가 포함된 낯설게하기는 인간-아닌 타자들과의 관계를 변화시키며 수백 년 묵은 인류중심주의적 사고와 휴머니즘적 오만으로부터의 탈-동일화를 요구한다. 이는 인문학이 스스로의 전제들을 바꿀 능력과 의지가 있는지 시험해보기에 충분하다. 이 인류학적 대탈출은 상실과 고통의 느낌이 따를 수 있기에 감정적으로나 방법론적으로나 특히 어렵다. 탈-동일화는 정든 사고와 재현 습관들의 상실이 따르며, 해방적인 부수적 효과 면에서는 매우 흥분될 수 있지만 한편으로 공포, 불안과 향수의 느낌도 만들어낸다.

탈-동일화는 포스트-정체성주의의 장소의 정치학으로 이끈다. 낯설게하기는 또한 기존의 사유 패턴 및 동일성 형성과 철저히 단절하는 생성의 능동적 과정들을 수반한다. 이는 근본적으로 간디의 시민 불복종 사상을 떠올리게 하는 개념적 불복종의 생산적 형태들을 지지하는 반反 오이디푸스적 방법론이다. 자신의 문명에 등 돌리는 것은 때로는 그 문명의 현실적 규범뿐 아니라 개발되지 않은 잠재력에 대한 애정에서 이를 존중하는 가장 좋은 방법이기도 하다. 이 프로젝트의 변환적 측면들은 주체의 편에서 근본적인 재설정을 요구하는데, 이는 자명하지도 않고 고통이 없는 것도 아니다. 의식을 고쳐시키는 과정이 고통과 같다고 할 수는 없지만, 고통이 따르는 것은 사실이다. 그것은 연관된 복잡성과 그 프로젝트를 지탱하는 협력적 관계의 필요성 두 가지 모두에 대한 자각을 제고하는 길이다.

개인적이고 문화적인 가상의 동일성을 변화시키는 것은 입던 옷을 벗어딘지듯이 간단한 일이 아니다. 이런 질적인 변화는 분자적이거나 주체의 수준에서 더 쉽게 일어나며, 이를 공유된 사회적 경험과 공적 담론으로 번역하는 것은 복잡하고 위험스러운 일이다. 바로 여기가 '우리'라는 집단적 앙상블들이 작동하기 시작하는 장소이다. 이것들은 긍정의 정치학과 윤리적 관계를 생산하고자 하는 횡단적 배치들이다. 이런 도전을 지탱할 수 있는 신체화된 차이들의 차이적인 관계적 윤리학이 필요한데, 왜냐하면 단일화된 인류의 차이화되지 않은 문법으로는 할 수 없는 일이기 때문이다. 차이화되지 않은 통일성, 전체성, 일자성의 관념은 단번에 버려야 한다. 사회적으로 뿌리박혀 있고 역사적으로 현장에 기반한 공동체들은 조에-지오-테크노-매개된 포스트휴먼 프레임에서 민주주의에 대한 집단적 감각의 동력이다. 그 공동체들은 협력적 노력으로 현실화되는 변환을 위해서 자신들의 공유된 욕망에 힘을 부여하고자 공동으로 움직인다.

포스트휴먼 교육학

포스트휴먼 연구 분야는 교육학의 영역에 성공적으로 침투해 들어가고 있다. 방법론적이면서 개념적인 각도에서, 초등학교를 포함한 모든 교육 수준에서 파고들어 간다. 두 갈래의 포스트휴먼 접근은 휴머니즘과 인류중심주의 둘 다를 목표로 하며, 생태적으로 곤경에 처한 세계에서 진보한 기술을 다루어야 하는 이중의 도전을 교육 의제로 놓는다 (Braidotti 2013; Bayley 2018).

새로운 유물론 분야는 교육 전반, 특히 페미니즘 교육 실천에서 유독 강하다. 이 연구 분야의 성장과 높은 수준은 그 자체로 연구해볼 가치가 있을 정도로 강렬하다.[6] 현재 상황을 잘 평가한 최근의 참신한 연구들을 말해보겠다(Ringrose, Warfield and Zarabadi 2019). 대문자 인간을 모든 사회-문화적 분석의 초점으로 가정하는 방법론적 관습에 도전하면서, 세실리아 오스베리(Åsberg, Koobak and Johnson 2010)는 근본적으로 남성중심적이고 인류중심적인 과학기술학 계열에 대한 지역교차적이고 종-횡단적이며 유물론적인 비판으로 페미니즘 포스트인문학 논쟁을 처음으로 시도한 이들 가운데 한 사람이었다(Åsberg and Braidotti 2018). 또한 페미니즘의 들뢰즈적 방법들은 분과학문을 가로질러 상이한 지식 분파들 사이의 경계를 재정의하는 연구에 적용되어왔다(Braidotti 1994; Coleman and Ringrose 2013). 이러한 신유물론적 접근들은 인문학의 질적 방법론에 대한 토론에도 성공적으로 적용되었다(Mazzei and McCoy 2010).

스트롬(2015)은 포스트휴먼 교육의 질적 측면들을 탐색하고, 이 접근의 혁신이 주제적으로는 유물론적 실천에 대한 강조, 방법론적으로는 지식의 생산과 이전에서의 협력적인 방식으로 구성된다고 주장한다. 선생-학생의 이분법적 관계를 분열시키면 개인주의를 우회할 수 있고, 이러한 연합 활동의 과정에서 출현하는 더 광범위한 앙상블이 가능하게 된다. 협력적이고 비-위계적인 가르침은 넓은 세계로 교육적 실천을 연결하는 혼종적 힘들로서 또한 인간-아닌 요소들, 기술, 동물 혹은 타자가 개입할 수 있는 여지를 만들어준다(Strom et al. 2018). 혼합, 혼종, 차이에 대한 강조는 실천 지향적이고 관계적인 스타일의 가르침으로 향하게 한다.

보잘렉 외(2018)는 남아프리카의 맥락에서 작업하면서 포스트휴먼 프레임의 정치적 이점뿐 아니라 방법론적 이점도 강조한다. 그들은 포스트휴먼 시대에 사회적으로 정당한 교육학에 관한 작업에서 몇 가지 기초적인 원칙들을 개괄한다. 우선, 그 교육은 분석적인 수준과 규범적인 수준 양쪽에서 일관성 있게 포스트휴먼적이어야 한다. 따라서 이는 페미니즘적 신유물론과 정서적 전회affective turn 같은 운동으로 입증된 포스트휴먼 존재론과 새로운 윤리에 대한 필요성을 제기한다.

두 번째로, 그들은 탈-인간화와 차별의 특정 형태들, 우리 시대를 정의하는 비인간적이고 죽음정치적인 측면을 포함하여, 포스트휴먼 곤경의 사회-정치적 측면들을 강조해야 한다고 주장한다. 가장 긴급하게 다루어야 할 문제는 신자유주의가 낳은 경제적 양극화와 커져가는 불평등의 형태들, 그리고 그것이 대학 교육에 영향을 주어온 방식이다. 남아프리카의 #Rhodesmustfall과 같은 대규모 학생운동은 이런 비판적 자세를 대학 세계의 인종주의, 백인 우월주의, 식민주의의 지속되는 형태들에 맞선 싸움으로 확장해왔다. #Metoo는 대학 생활에서 사라지지 않는 성폭력과 성희롱을 목표로 했다.

포스트휴먼 곤경에 대한 존재론적 토대로서 들뢰즈의 노마드적 생성 개념은 포스트휴먼 교육학과 교육에 특히 영감을 주었음이 입증되었다. 세메츠키는 노마드적 교육을 위해 역량강화 프레임을 설정했다(Semetsky 2008; Semetsky and Masny 2013). 그녀는 이분법적 반대항들 사이로 흘러가고 자리바꿈하는 배치들 속에서, 자연/기술, 남성/여성, 백인/흑인, 로컬/글로벌, 현재/과거 사이에서, 횡단적으로 발생하는 하나의 사건으로서 주체가 형성된다는 아이디어에 기초하여 작업한다. 이는 동물 같은 자연적 존재든 기술적 도구든, 교육의 인간-아닌 요소들이 연루되어 있는 관계에서 타자-되기에 기반한 교육 이론을 생산한다.

포스트휴먼 교육의 또 다른 중요한 자리바꿈은 철학, 예술, 과학 사이의 평행론에 기반하고 있으며, 들뢰즈와 과타리는 이 셋을 잠재적 가능성의 강도에 적합한 프레임을 제공하는, 동등하게 가치 있는 시도들로 본다. 이것은 이 영역들 간의 상호접속이 더 쉽게 이루어지도록 해주며, 전통적인 학제성을 훨씬 뛰어넘는다. 또한 훈련의 강조점을 재현적 스킬에서 더 신체화된 수행적 스킬로 옮겨서 더 정서적인 접근을 교육에 가져온다. 지식의 횡단적 분야인 비판적 포스트휴먼 연구 분야를 위해 존재론적 기반을 제공하는 신유물론에 대한 강조는 또한 고등교육의 비즈니스 모델에 저항하는 방법이기도 하다. 비판적 포스트휴먼 사상가와 교육자들은 지식 생산의 아이디어를 신체화되고, 뿌리박혀 있고, 긍정적이며 관계적인 것으로 옹호하면서, 그들 자신을 세계 안에 그리고 세계의 일부로서 위치짓는다.

뤼케(2018)는 포스트휴먼 지식과 교육 실천을 위한 중요한 변환 원리로 포스트학제성postdisciplinarity을 강조한다. 다학제적이고 간학제적인 작업이 분과학문들의 프레임 안에서 협력하여 서로 새로운 시너지를 일으키는 관계로 들어간다는 의미인 반면, 포스트학제성은 학문적 지식을 생산하는 경계위반적인 방식과 더 관련이 있다. 그러한 방식은 인문과학, 사회과학, 자연과학 간의 학문적 분할을 구조화하는 지식의 위계질서와, 상이한 분과학문들의 헤게모니적 힘을 불안정하게 만들고 분열시킨다. 뤼케는 포스트학제성이 새로운 커리큘럼과 방법론적 도구뿐 아니라 조직화의 새로운 제도적 방식을 요구한다고 덧붙인다. 그들은 비-이분법적인 방식으로 정의되는, 공통 관심사에 대한 상이한 접근들 사이의 횡단적인 대화를 전개할 필요가 있다. 이러한 횡단적 대화를 설정하는 가장 적절한 방법은 협력인데, 그러려면 공동체 작업이 일어날 수 있는 특정한 공간들이 필요하다.

이러한 관심사들 중 일부를 따라, 콜은 과타리와 포스트휴먼 횡단성에 관해 작업한다(Cole and Bradley 2018). 조직화 원리로서 횡단성은 피라미드 같은 학계의 구조를 비판하는데, 이 구조는 대부분의 고등교육 기관의 핵심에 있는 위계적 명령 계통을 암시한다. 콜은 이 횡단성 개념을 탐구하고 그것이 교육 실천을 갱신할 잠재력을 갖는다고 주장한다. 여기에는 우선 교육을 이윤추구 동기에 종속시킴으로써 기능하는 상업적 사업으로서의 글로벌 교육 시장에 대한 비판이 수반된다. 글로벌 자본주의 맥락에서 가르침과 배움은 어떤 이들에게는 이윤을 생산해주지만, 대부분의 사람들에게 현실은 무거운 부채와 불완전 고용이다. 신자유주의 대학들의 노동 조건이 어떤 상황이 되었는지를 염두에 두고서, 콜은 대학의 기업화와 지식의 현금화에 강한 반대 입장을 밝힌다. 과타리의 '횡단성'은, 만남의 비-수직적이고 비-수평적인 평면의 의미에서, 교육에 관계성과 정서의 모델을 도입한다는 점에서, 해독제이다.

내재성의 정치학에 따라서 교사와 학생 모두의 상황적인 관점을 강조해야겠지만, 그들 각자의 위치를 지도그리기의 관점주의적 방식으로 설명할 필요도 있다. 나아가 우리가 확장된 자아나 분산된 의식(예: 비-데카르트적)으로 재정의될 수 있는 횡단적 주체성을 구성하는 긍정적 평면이라는 윤리적 목표를 향해 작업한다면, 그들의 관계적 능력은 인간 종에 제한될 것이 아니라 비-인류형상적 요소들까지도 포함해야 한다. 조에, 인간-아닌 것, 생명의 활력은 이전에 분리되어 있던 종, 범주, 영역을 가로질러 사고할 수 있게 하는 횡단적 실재이다. 조에-중심적 평등주의는 트랜스-종으로 생명을 상업화하는 선진 자본주의에 저항할 수 있는 영감을 제공하는 포스트휴먼적 교육 실천의 핵심이다. 횡단성은 영토, 지질, 생태, 생존 기술과 관련된 리좀의 견지에서 대등하게 동물계와 연결되도록 촉진한다. 그것은 학생과 교육자 모두를 그들이 배우고자 하는 바로 그 세계 안으로 재위치시킨다.

포스트휴먼 대학을 위한 첨언

이 모든 구체적인 발전들은 응용된 포스트휴먼 지식이 건강한 상태에 있음을 나타낸다. 그 발전은 또한 포스트휴먼 대학에 대하여 중요한 시사점들을 제시한다. 핵심 가치는 지식의 포스트휴먼 주체의 역량을 강화하는 윤리적 비전을 성찰하고 향상시키는 학문 공동체를 조직해야 한다는 것이다. 분과학문과 사회를 가로지르는 횡단적 상호접속은 이런 새로운 집단적 주체를 양성하고 구성하고자 하는 윤리적 실천을 실행하는 길이다. 이 주체는 하나의 배치—'우리'—로서, 인간, 인간-아닌 것, 스마트하고 자기-조직적이지만 혼돈스럽지는 않은 생기적 상호접속에 연결되어 있는 조에/지오/테크노-기반의 계산적 네트워크와 지구인들의 혼합물이다.

지식 생산의 포스트휴먼 대학 구조들은 동일성으로 가득 채워진 현대의 정신, 소비 자본주의와 그 생명 상업화에 반대한다. 대신 그것들은 많은 '우리'—집단적인 횡단적 주체들—가 다양한 행성적 위치들에서 현재 어떻게 조합될 수 있는지, '우리'가 무엇으로 생성할 수 있는지에 대한 비-이윤적 실험을 선호한다.

우리의 역사성은 이러한 주체를 구조짓는 바로 그 요인들이 동시에 치솟았다가 무너져 내리는 그런 것이다. 새로운 것은 바로 변환의, 즉 이전 그대로이기를 멈추면서 동시에 생성의 과정에 있는 것의 규모, 속도, 구조이다. 포스트휴먼 속도로 기능하는 계산적 네트워크는 사유가 뇌를 가진 유기체에 제한되지 않는다는 생각에 새로운 차원을 더했다.

반면에, 환경, 기술, 부의 축적과 양극화, 이동성의 흐름, 장벽과 국경 검문소의 건설, 증가하는 상호작용, 인종혐오와 인종차별의 확산에는 어디를 보아도 발작적이고 내적으로 모순적인 사건들이 있다. 어떤 지성의 프레임을 적용하여 이러한 발전들을 이해해보려 해도, 이슈들의 규모와 정신분열적 성격에 적합한 사유는 없는 듯하다. 사유는 마찬가지로 우리가 서로를 대하고 세계를 다루는 방식에서 드러나는 불의, 폭력, 무시, 모욕의 고통스럽고 이글거리는 규모를 이해하기에도 적합하지 않다. 그래서 긍정적인 태도로 포스트휴먼 지식을 구성하는 프로젝트가 긴급해진다.

인식론적인 것과 윤리적인 것을 함께 고려한다면, 협력적이지만 엄정한 학문적 작업을 위한 방법론을 개발할 수 있다. 나는 이를 '공유 작업대'라 부르겠다. 이것은 생명과학에서 쓰이듯이 인문학에서도 쓰일 수 있는 그런 공통 방법론은 아니다. 여기에서 중요한 관념은 비-경쟁적인 공유와 협력이다. 인문학에서의 연구는 포스트인문학 관점을 향해 이동하면서 작동하는 핵심 용어와 개념에 대한 협력적 탐구를 하는 기초 실험실의 작업으로 구성되어야 한다. 우리는 '경성hard' 과학들에서 우리 동료들이 사용하는 것과 같은 근본적인 방식으로 언어와 개념에 대해 작업해야 한다. 포스트인문학도 똑같이 실험적이다.

연구와 교육에서 생산적인 포스트휴먼 관점들로 이동하고 있는 대학에 도움이 될 몇 가지 가이드라인은 다음과 같다.

첫째, 겉보기에 약간 비슷해 보일지 몰라도 포스트휴먼 융합은 포스트모던 조건의 부활은 아니다. 반대편에서는 두 사유의 운동들이 모두 날카로운 멸시의 대상일지라도 그렇다. 오늘날 그 어느 때보다도 '이론'은 항상 '고급 이론high theory', 즉 검증된 경험적 증거로 입증되지 않는 추상적인 것들과 동일시되면서 남용되는 용어이다. 그래서 상호 재조정을 제안하고자 한다. 한편에서는 공격적인 자세를 버리고, 이론을 새로운 개념과 긍정적 가치를 창조하고자 하는 비판적 지도그리기로 보도록 해야 한다. 다른 편에서 개념적 창조자들은 자신들의 의사소통 기술을 개선하고 자신들의 아이디어를 인류 대다수와 공명하는 언어로, 생성의 과정에 있는 것에 대립하는 것으로서, 지금 존재하는 대로, 설명해야 한다.

둘째, 지식인들의 모습이 지금까지는 시대착오적이지만, 비판적 사유의 임무와 프레임은 포스트휴먼 비평과 포스트-인류중심적 창의성을 결합하고 포스트인문학 안에서 모든 존재자들의 연속성을 긍정하는 움직임 속에서 재정의되어야 한다. 여기에는 휴머니즘의 과거에서 무엇을 구제할 수 있고 또 구제해야 하는가에 대한 진지한 토론이 따른다. 물론 과거와 과거의 정전화된 텍스트들은 존중받아야 하지만, 그것들을 신성한 국가주의적 아이콘으로 동결해놓아서는 안 된다. 유럽 휴머니즘의 과거는 기념만 하기에는 너무나도 풍요롭고 중요하다. 그 과거는 횡단적이고 폭넓은 행성적 관점에서 현재를 감당해야 한다. 이는 다른 우주론적 상상을 형성하기 위하여 자민족중심적이고 가부장적이며 예외주의적인 전제들로부터 고전적 정전들을 분리시킬 것을 제안한다.

셋째, 학계에서 '활동가 연구'로 치부되곤 하는 급진적 인식론들의 통찰, 방법, 용어, 윤리적 열망의 역할을 포스트인문학의 구성 요소로 간주하면서, 이들을 인정하고 적용하는 것이 중요하다. 페미니즘, 젠더, 퀴어, LBGTQ 이론, 포스트-식민주의와 탈-식민주의 연구, 비판적 인종 이론, 환경 연구와 생태비평, 장애 연구, 신유물론, 비판적 포스트휴머니즘은 포스트휴먼 융합의 위험을 넘어 현대의 대학 커리큘럼과 연구 의제들을 이끌어나가도록 도와줄 수 있는 핵심 도구들이다.

넷째, 우리는 비판적 포스트인문학과 생명과학, 신경과학과 정보기술 사이의 새로운 동맹을 만들어내면서 전반적으로 초학제적 타가수분을 적용해야 한다. 우리의 포스트휴먼 시대의 복잡성에 대응할 공동의 노력에 맞춘 상호 존중과 협력적 도덕성에 기반한 새로운 관계를 만들어야 한다. 비판적 포스트인문학의 분산된 프레임은 학문적이고 과학적인 것에서 시작하지만 그 너머를 지향한다. 비판적 포스트인문학은 모든 수준에서 정책 결정을 위한 자원으로서 새로워진 자신감으로 자신의 능력을 제공할 수 있다.

다섯째, 소수적 혹은 노마드적 과학의 생성적 잠재력과 그 대안적인 지식 생산 시스템에 투자하는 것이 현명하다. 포스트인문학은 신-식민주의적 전유에 저항하면서도 훨씬 더 오래되고 더 정교한 토착 우주론과 인식론으로부터 배우고자 한다. 우리는 횡단적이고 물질적으로 뿌리박혀 있으며 차이적인 '우리'의 구성으로 시작해서 생성적 동맹들을 발견해가야 한다.

여섯째, 우리는 주류 포스트인문학이 유도한 재영토화를 통해, 정치적인 인지 자본주의가 학문적 인문학의 취약한 분야를 전유하려는 시도에 저항해야 한다. 이는 소수 과학을 제도적으로 지원해야 한다는 의미이다. 우리가 되기를 멈추고 있는 것의 기록이면서 동시에 생성의 과정에 있는 것의 씨앗인 대학을 구성하는 것은 도전해볼 가치가 있는 방법이다.

신자유주의가 학문적 인문학을 전유하려는 데 저항하는 또 다른 형태는 감속을 양성하는 것이다. 감속—속도 줄이기—은 학문 공동체들이 선진 자본주의의 유독한 속도에서 빠져나올 수 있게 해준다(Noys 2014). 버그와 시버는 교수들이 연구 분야를 고르면서 생활방식과 윤리도 선택한 것이라는 점을 상기시킨다. "우리는 지적인 발견의 기쁨, 문학 텍스트의 아름다움, 새로운 아이디어들의 근본적인 잠재력 때문에 대학에서 일하고 싶었다. 우리 중 상당수는 임시고용이 계속 증가하면서 이러한 이상들을 얻기 어려워졌지만, 오늘날 포위상태에 놓인 제도 속에서조차 이를 실현할 가능성은 있다"(2016: 3). 그들은 '느린 교수들' 운동을 통해 교육과 연구 문화의 감속을 제안한다. 이 운동은 '가속에 대한 숙고'를 옹호한다(Berg and Seeber 2016: xviii). 그들은 학문 연구의 핵심 임무로서 교직원과 학생들 모두를 위해 생각할 시간을 더 요구하면서, 대학을 위해 더 협력적인 작업 모델을 제안한다. 격심한 경쟁, 자족적인 개인주의, 점점 더 빨라지는 속도 대신, 공유와 공동 배움을 요청한다. 성찰과 제약 없는 탐구를 위한 시간은 핵심 가치이지 사치가 아니다.

마지막으로, 시간제한을 두지 말라는 요청은, 더 많은 연구 시간이나 더 많은 안식년을 의미한다는 점에서 단지 양적인 것만이 아니라, 단기적인 빠른 생산성에 연동되지 않는다는 점에서 질적으로 다른 시간

이용을 가리킨다. 궁극적으로 "느림은 지속의 문제가 아니라 기쁨, 지식, 품질을 배양하려는 성향과 함께, 구별하고 평가하는 능력의 문제이다"(Berg and Seeber 2016: 89). '느린' 접근은 복잡성을 존중하며, 상황적이고 정서적인 성질로서 지성의 더 신체화되고 뿌리박힌 비전과 공명한다. 궁극적으로 핵심은 윤리이다. 사유의 제한 없는 본성은 인간-아닌 행위주체들도 포함하는 타자성에 대한 개방성과 연결된다.

인지 자본주의는 금전화와 이윤의 기업 원리에 따라 대학의 제도를 재조직화하는 데 관심을 쏟았다. 노엄 촘스키(2014)는 미국 대학의 죽음을 거론하기까지 한다. 선진 자본주의에서 지식 생산의 분산된 구조를 고려하면, 지금 기업의 이익과 외연을 같이하는 그 많은 연구—생명공학뿐 아니라 정보와 디지털 미디어에서의 연구—와 대학이 무엇을 위해 있는가의 문제는 그 어느 때보다도 더 관련성이 깊다.

나의 대답은 대학이 비판적 사고와 창의적 대안을 가르치고 있다는 것이다. 포스트휴먼 융합 내에서 이런 중대한 변화의 순간에, 대학 교육은 넓은 범위의 시민들에게 출구와 가능성을 제공해야 한다. 우리는 더는 존재하지 않는 경제의 이전 노동계급을 훈련시킬 평생교육 프로그램이 필요하다. 그러나 또한 우리는 오늘날의 디지털로 연결되고 돈을 좇지 않는 정신을 가진 젊은이들을 위한 최신의 실험적 커리큘럼도 필요하다. 난민과 망명 신청자들은 더 잘 활용되어야 할 훌륭한 문화적, 지적 자원이므로 교육 규모의 모든 목적에서 교육 실무자가 될 수 있다.

인문학은 현대의 대학 안에서 더 나은 위상을 차지할 자격이 있다. 우리는 인문학을 실용적으로 볼 수 있다. 인지 자본주의조차 제너럴리스트, 몽상가, 세계를 자유로이 읽고 해석할 수 있는 사람들을 필요로 하게 될 것이다. 정책 입안자들이 이를 받아들일 수 있다면 인문학을 축소하는 것이 아니라 지원할 것이다. 그들은 인문학을 이중의 자본으로 간주해야 한다. 인문학의 창의성이 비판적 연구 담론들의 파도를 일으키고 있기 때문이기도 하다. 이런 담론들은 최근 비판적 포스트인문학의 '소수 과학' 분파에서 연합하고 있다. 또 인문학이 독특하고 대체 불가능한 자본을 소유하고 있기 때문이기도 하다. 대학의 상이한 학과들에 속하는 우리 학자들은 우리의 역사적 업적과 결점을 비판적으로 성찰하는 법을 가르칠 수 있다. 우리 문화의 역사적 업적뿐 아니라 실수를 가지고 겸손을 배우고 가르침을 얻으면서, 인문학 교육은 시민의 학문적 비판을 통해 민주주의의 기둥으로 남는다. 결국 풀리지 않는 질문은 이것이다. 당신은 어떻게 민주주의를 하는가? 세계가 알아야 할 것은 바로 그것이다. 대학은 수백 년간 민주주의를 비판하면서 연구해왔고, 다른 종류의 인지 자본을 구축했다. 인문학은 자본으로 씌어진다. 이 자본을 내버린다면 근시안적인 정도가 아니라 자살 행위이다. 민주주의를 가르치는 방법은 딱 하나뿐인데, 자신의 주제 영역에 대한 애정과 시민으로서의 책임감을 가지고 경계를 가로질러 함께 작업하는 학자들의 공동체에서 실제로 민주주의를 실행하는 것이다.

대학은 포퓰리즘적인 지나친 단순화에 맞서 복잡성을 이용해야 한다. 여기에는 포스트휴먼 융합의 모순 및 복잡성과 공명하는, 권력을 향해 진실 말하기 방식들이 수반된다. 대학은 세계와 함께, 세계를 위해서, 잠재적인 세계-되기의 과정으로 생각될 필요가 있다. 다시 말해서 다양한 범위의 인간과 인간-아닌 타자들의 성장과 복지에 기여할 능력을 키워야 한다.

우리에게는 민주적 비판을 위한 비판적 훈련으로 대학이 필요하다. 나는 비판적이고 창조적인 배치가 구성될 가능성을 꿈꾼다. 에드워드 사이드가 마이크로소프트를 만나고, 글로리아 안잘두아를 만나고, 질 들뢰즈를 만나고, 페이스북을 만나고, 도나 해러웨이를 만나고, 인류세를 만나고, '흑인의 생명도 중요하다' 운동을 만나고, 미투 운동을 만나고, 초국가적 환경 정의를 만나고, 긍정적으로 생각하고자 하는 도전을 만난다. 나는 이런 앙상블들을 교육과 연구를 위한 대학 트레이닝의 핵심에 되돌려놓고자 한다. 전 세계에서 우리 모두가 배워야 할 것은 기능적이고 포용적인 민주주의가 되는 법이다. 비판적 포스트인문학의 모델은 소수 과학과 긍정의 윤리를 강조하면서 앞으로 나아갈 수 있는 길을 제공한다.

현대의 비자유주의illiberal 세계 안에서, 학문적 자유와 같은 기본 원칙들을 고수하는 것이 중요하다. 대학에 기반한 비판정신은 역사적으로 민주적 사회들을 위한 힘이 되었다. 이는 현재 유럽연합EU에서 인종혐오와 초기-파시즘이 커져가고 있기 때문에 더욱 중요하다. 내가 이 책을 마무리하고 있을 즈음, 중앙 유럽 대학Central European University, 즉 CEU는 2019년에 새로운 학생들을 받아들이기 위해 헝가리의 부다페스트에서 오스트리아의 빈으로 '강제로' 이전당했다. 국제적 지원 속에서 장기간의 반대 캠페인이 진행되었지만, 결국 CEU는 헝가리에서 문을 닫아야 했다. 공식적으로 미국에 등록되어 있는 그 대학에 헝가리 정부는 달성할 수 없는 요구 사항들을 부과했고, 이는 비판을 받았지만 결국 그로 인하여 대학이 이전하게 된 것이다. CEU는 1991년 독지가 조지 소로스가 설립했는데, 그는 대학을 위해 상당한 규모의 기부금을 내놓았다. 진보적인 명분의 옹호자인 소로스는 그 지역과 미국 양쪽에서 포퓰리즘적 정부들의 공격 목표가 되었다. CEU 총장인 캐나다인 마이클 이그나티에프는 이것이 "학문의 자유에는 암울한 날"이었고, 전 세계의 어느 대학에든지 좋은 징조는 아니라고 말했다. 오스트리아의 제바스티안 쿠르츠의 포퓰리즘 정부는 CEU가 학문의 자유와 연구에 대한 헌신으로 오스트리아 수도에서 틀림없이 환영받을 것이라고 거듭해서 확신했다.

민주주의를 혼종적이고 차이적이지만 연결된 시민성의 비판적 힘으로서, 내적으로는 차이화되어 있지만 함께 일하는 '도래할 민중'으로서 옹호하자. 이것이 바로 물질적으로 뿌리박혀 있는 '우리', 즉 포스트인문학을 21세기 민주주의로 끌어넣는 바로 이 특정한 프로젝트 주위로 모여든 하나의 민중이다.

이 장에서는 몇 가지 이론적 원리들을 설명하고, 긍정적인 포스트휴먼 지식 생산의 실천뿐 아니라 포스트인문학이 대학에 기여할 수 있는 가이드라인을 제시했다. 원리와 실천의 혼합이 포스트휴먼 지식의 인식론과 윤리를 이어주기를 바랄 따름이다. 나는 이론적이고 방법론적인 창의성뿐 아니라 인류중심주의와 인간 예외주의의 잔해 위에서 발전하고 있는 윤리적 책무성을 보여주는 실천 사례들을 광범위한 분야로부터 골라 내놓았다. 그 예들은 세계가 분열되는 듯한 때에, 세계 안에서, 세계와 더불어 생각한다는 것이 어떤 의미인가에 대해 다양한 팁을 제공한다. 포스트휴먼 주체들이 그들에게 제기될 상충하는 요구들을 다루기 위해서는 바로 긍정의 윤리가 필요하다.

포스트휴먼 주체들은 바로 지금 여기에서 비인간적 현재와 몰-인간적 미래를 대면하고 있다는 점에서 너무나도 인간적이 될 것이다. 우리가 언젠가 될 인간에 대해 생각할 때 우리가 무엇을 할지에 관해 다르게 생각하도록 배우려면, 상상력, 우리의 가장 깊은 열망, 비전, 신뢰의 자원들이 필요하다. 이런 자질들은 '우리는-여기에-함께-있다'와 같은 협력적이고 상호접속된 주체에 대한 새로운 이해를 요구한다. 궁극적으로, 이것은 우리를 포스트휴먼적이고 비-인류중심적인 새로운 윤리학에 대한 요구로, 즉 물질적으로 현장에 기반한, 그러나 차이적인, 그리고 무엇보다도 관계적이고 긍정적인, 그런 새로운 윤리학에 대한 요구로 이끈다. 다음 장에서 이 새로운 긍정의 윤리를 논하겠다.

6장

긍정의
윤리학에 대해

POSTHUMAN
KNOWLEDGE

4장과 5장에서 제시한 자료의 충분한 양과 참신성은 포스트휴먼 융합이 위기는커녕 인문학에 대단히 생성적인 순간이라는 잠정 결론을 뒷받침했다. 포스트휴먼 융합은 새로운 지식 생산과 대안적 주체 형성을 만들어낸다. 나는 질적으로 다른 두 가지 사유 노선을 지적했다. 이윤추구가 주도하는 자본의 재영토화에 가까운 다수 과학, 그리고 혼종적이고 비-이윤추구의 호기심이 주도하는 소수 과학이 그것이다.

　지식 생산의 이 서로 다른 속도들을 다루면서 나는 복잡하고 혼종적인 접근법을 불러냈는데, 이 접근법은 능동적인 횡단적 배치들, 즉 **바로 이** 특정 프로젝트를 함께하고 있는, '하나가 아니고 똑같지도 않은', '우리, 포스트휴먼 주체들'의 구성에 의존한다. '우리'는 신체화되고 뿌리박혀 있는 차이적인 것이지만 물질적인 장소들에 위치해 있으며, 이 장소들은 지식, 주체성, 포스트휴먼 융합에 관해 상이한 관점들을 낳는다. 또한, 나는 비판적 사유의 임무는 차이들뿐 아니라 이 배치들을 구성하는 공동 기반을 이해할 지도그리기와 항해 도구 혹은 형상들을 제공하는 것이라고 주장했다. 이 횡단적 연결고리들은 인간과 인간-아닌 행위주체들을 아우르지만, 여전히 포스트 휴머니즘적이고 포스트-인류중심적이며, 뿌리박히고 신체화되어 있으며, 관계적, 정서적, 윤리적으로 책임 있는 주체성의 기능으로 작동한다.

앎의 주체들을 그들이 이해하고 변화시키거나 저항하고자 하는 바로 그 조건들 안에 놓는다는 것은, 비판적 사유가 지식과 주체 생산 모두의 상이한 속도와 영토화를 신중하게 윤리적으로 구분해내는 일이라는 의미이다. 이는 현실적인 것—다수 과학의 제도적 자본화에서 예측할 수 있는 여백들—과 잠재적인 것—소수 과학에 의한 대안적 형성물들의 구성—둘 모두로 정의되는 현재에 대한 비판적 참여에 달려 있다. 왜냐하면 두 측면 모두 연속적인 현재의 시간적-공간적 차원에서 작동하고 있기 때문에, 비판이론의 특수한 과제는 잠재적인 것에서 가능한 현실화의 여분을 그려내어 작동시키는 것이다. 나는 용기를 북돋워주고 영감도 주기 위해서, 이러한 프레임에서 작업 중인 구체적 실천의 다양한 사례들을 제공했다.

이 장과 다음 장에서는 비판적 포스트휴먼 관점이 포스트휴먼 융합을 특징짓는 소진, 불안, 공포 상태에서 벗어나는 출구를 제공한다고 제안한다. 또한, 이 관점은 허무주의적이고 가속주의적인 경향뿐 아니라 이윤에만 집중하는 인지 자본주의의 지식 실천에 대한 강력한 논박을 제공한다. 긍정적 윤리학의 힘을 주장한다고 해서 갈등과 고통의 현실을 밀쳐놓는다는 의미는 아니다. 부정적 요소들은 진지하게 다루어져야 한다. 포스트휴먼 주체성에 집중하면 불평등, 차별, 배제의 문제들도 다루게 된다. 포스트휴먼 지식을 정의하는 프레임을 완성하기 위해서는, 이 곤경의 비인간적이고 탈인간화된 측면들은 물론이고 빼앗긴 사람들과 계급들에 대한 구조적 부정의가 영속화되고 있음을 강조하는 것이 중요하다.

현대 세계에는 해명해야 할 부정의가 너무나 많다. 에이드리언 파(2018)는 현대 정치학에서 중첩되는 세 가지 축, 경제 생활, 통치성, 군국주의를 도표화한다. 그 세 가지가 결합된 폭력은 엄청나게 파괴적이며 전지구적 저항을 불러일으킨다. 새로운 권력 관계들의 야만성은 통치의 죽음정치적 방식을 확립했는데, 이는 살아 있는 것들의 관리뿐 아니라 죽음의 다양한 실천들을 겨냥한다. 드론 비행대와 기타 무인 차량들이 이끄는 산업 전쟁을 통해서 인간 신체, 인구, 환경에 대해 일어난 전반적인 물질적 파괴를 생각해보라. 또한 강탈, 추방, 테러의 결과로 일어난 이민의 전지구적 효과들도 생각해보라. 난민 수용소 등의 구금 시설이 급속히 불어나고 있으며, 군사화된 인도주의적 개입도 늘어나고 있다. 인류의 상당수가 치외법권의, 인간 이하의 지위로 강등되었다. 적대적인 바다를 건너고자 하는 난민들처럼 말이다. 이방인 타자들이란 여기 머무른다는 것을 의미하지 않는다.

우리 시대의 죽음정치 논리를 찬찬히 살펴보고, 그 폭력에 반대하고, 정의와 연대를 위해 싸우는 것은 중요한 우선순위이다. 그러나 나는 포스트휴먼 주체를 상처받은 자들, 취약한 측면만으로 축소하는 데에는 저항한다. 이 그림은 확장할 필요가 있다. 반복하자면, 이 프로젝트는 지식과 이해만이 아니라 윤리적 가치에도 관련된다.

개념적으로 보면, 주체들은 오히려 취약한 필멸성으로 환원될 수 없다. 주체들은 본질적으로 욕망의 주체들이다. 자유는 우리 존재를 확장하고 강화하려는 욕망으로 우리 시스템에 기입된다. 이것이 바로 포텐시아로서의 욕망이다. 사유하는 존재들은 그들을 포획하려는 프레임 바깥으로 계속해서 흘러나간다. 자본주의와 같은 시스템이 관심을 갖는 것은 바로 이 생기적 힘이다. 거기서 정보를 채굴하고 이윤을 끌어내기 위해서이다. 그래서 지식의 재영토화와 자본화의 끊임없는 흐름들이 있는 것이다.

윤리적으로 보면, 생기적인 신유물론적 주체들은 그들이 될 수 있는 모든 것을 표현할 자유를 지향하는 존재론적 욕망의 긍정성으로 활력을 얻는다. 이 존재론적 열망의 근거는, 바로 잃어버린 '우리'에 의해서, 다시 말해 잠재적 퍼텐셜들을 핵심에 품고 있는 시간의 열린 구조 안에서 구체적인 역사적 정황들 속에 구성될 횡단적 주체인 그 '우리'에 의해서, 잠재적 가능성들이 현실화되어야 한다는 사실이다. 혼종성, 복잡성, 다양성들이 이 생성의 과정을 나타내며, 이 과정은 저항 및 대안들의 대항-현실화 둘 다의 무수한 가능성들을 개방한다. 포스트휴먼 주체성을 구성하는 것은 바로 이런 복잡성과 혼종성이다. 포스트휴먼 주체성은 다른 관점에서 알기를 원하고 다른 방식으로 지식을 생산하기를 원하는 포스트휴먼 주체들의 구성으로 정의된다.

내가 앞 장에서 제공한 비판적 포스트인문학의 지도그리기는 긍정적 윤리학의 힘을 보여준다. 이 새로운 지식 분야는 담론적 힘이 오늘날 어떻게 작용하는지, 그리고 지식의 새로운 매개변수들을 제공하면서 동시에 전통적인 배제의 패턴들을 어떻게 영속화하는지에 대하여 현장에 기반해 분석할 수 있게 해준다. 포스트휴먼 융합은 소수 과학을 위한 잠재성과 연결되는 긍정적이고 생성적인 차원을 지닌다는 점에서 인지 자본주의의 인식론적 가속과는 질적으로 다른 지식의 확산을 보여준다. 비판적 포스트인문학은 선진 자본주의의 기회주의적인 인식론적 속도에 저항하는 데 동원할 수 있는 긍정의 여분들과 횡단적 에너지 덕분에 환영받을 수 있다.

이 책 전체에 걸쳐 나는 옛 위계질서의 영속화와 새로운 지배 형태, 노골적인 불의에 대응하여 희망의 사회적 지평을 구성하는 집단적 실천으로서 긍정의 윤리학을 옹호해왔다. 이제, 조에/지오/테크노 관계들을 위하여 안트로포스를 탈중심화한 후, 포스트휴먼 융합이 열어놓는 긍정의 여분들을 더 신중하게 검토하고, 고통을 처리하는 그 능력을 평가하고, 우리 시대에 가치 있는 윤리적 주체성을 구성할 차례이다.

'우리'는 여기에 함께 있는가?

분명히 '우리'는 여기 포스트휴먼 융합 안에 함께 있지만, 그렇다고 이것이 꼭 모든 인간들을 통합하여 우리를 갈라놓는 구조적 차이들을 평평하게 만들었던 휴머니즘의 존재론적 유형을 말하는 것은 아니다. '우리'는 이 포스트휴먼 곤경에 함께 처해 있지만, 전혀 다른 권력 관계들 속에 위치해 있기 때문에 선택받은 민족, '유일자'가 아닌 것은 물론이고, '우리는 하나가 아니다'. 상황적이고 내재적인 실천들은 이 권력의 차이들에 대한 더 날카롭고 현장에 기반한 분석을 가능하게 해준다.

그럼에도 불구하고, 우리는 여전히 우리 모두에게 영향을 주는 수많은 고통스러운 모순들에 직면하고 있다. 예를 들어 기후변화는 행성적 차원에서 전개되고 있으며, 디지털 상호접속은 즉각적인 친밀성을 키우면서 동시에 증오와 편집증도 키운다. 경제적 세계화는 구조적 불평등과 새로운 독점들을 되살려내지만, 또한 경제적 보호주의와 인종혐오에 대한 공포의 형태로 대항 운동을 만들어내기도 한다.

이런 모순으로 가득 찬 맥락에서 예를 들면 유엔의 인도주의나 다소 이기적인 기업 휴머니즘은 공통적으로 휴머니티의 통합된 의미에 호소한다. 그러나 그러한 호소는 권력의 불평등한 관계들로 인한 엄청난 파괴의 규모에 비하면 공허하게 들린다. 게다가 이런 위험에 처한 휴머니티의 화급한 재구성은 인류중심주의를 복귀시키며, 인간들이 지구행성을 포함하여 다른 모든 종들에게 휘두르는 폭력을 제대로 다루지 못한다. 더 나아가서 많은 인류세 연구는 지구행성의 끔찍한 상태와 생존 가능성에 대한 일종의 '백색' 공포와 긴급 사태를 드러낸다. 식민지 시대의 점령 지역에서 그토록 많은 파괴와 수많은 멸종들의 원인이었다가 이제야 종의 미래와 멸종을 그토록 근심하게 된 유럽 문명의 풍광에는 아이러니한 것이 있다. 포스트휴먼 융합이 낳은 문제들의 심각성을 부인할 수는 없지만, "남반구와 북반구 극빈층의 많은 사람들에게 이러한 조건들은 오래전부터 만연해 있었고 만성적이었다. 오늘날 지구 온난화와 자본세는 북반구 도처를 포함하여 덜 계층화된 방식으로 피해를 분산하고 있다"(Clarke 2018: 15)는 것 또한 사실이다.

그러므로 논쟁의 다음 단계로 옮겨 가기 위해 이 책에서 이미 언급한 수많은 개념들을 반복하는 것이 중요하다. '우리 인간들', 또는 심지어 '우리 포스트휴먼들'과 같은 진술들은 '우리는-여기에-함께-있지만-하나가-아니고-똑같지도-않다'는 점을 고려하여, 신중하게 물질적으로 뿌리박혀 있는 차이적 관점들에 근거할 필요가 있다. '우리'는 우리가 역시 비판하고 있는 바로 그 조건들 안에 내재해 있으며, 이는 그 조건들에 본질적으로 연결되어 있다는 것이다. 포스트휴먼 융합은 우리의 역사적 순간이 공유하는 특징이지만, 이것이 실제로 무엇의 위기인지는 확실치 않다. 기술적 매개와 위기와 멸종 모두의 공동 조건을 공유한다고 하는 인류를 차이화되지 않은 존재(혹은 차이화되지 않은 '우리')로 말할 수는 없으므로, 비판적 사상가들은 추가 작업을 할 필요가 있다. 이에 대응하여 나는 접근들의 다양성과 혼종성을 가능케 하는, 물질적으로 뿌리박혀 있는 차이적 관점들의 중요성을 강조한다.

포스트휴먼-되기는 도회적, 사회적, 심리적, 생태적, 행성적일 수 있는, 공동의 공유된 세계, 영토적 공간에 대한 누군가의 애착과 접속의 느낌을 재정의하는 과정의 핵심에 있다. 그것은 일종의 세계-되기이다. 이 현장에 기반한 관점은 소속의 다양한 생태학들을 설명한다. 주체성의 수준에서, 이 관점은 우리가 여전히 '자아'라 부르는 것의 집단적 본성과 외향적 특징을 받아들이기 위해 감각적이고 지각적인 자기-이해의 변형을 요구한다. 이 '자아'는 사실상 공동의 생활-공간 안에서 움직일 수 있는 배치인데, 그 주체는 항상 어떤 공동체, 어떤 묶음 혹은 어떤 배치 안에서 단지 거주할 뿐이지 결코 그 공간을 지배하지 않는다. 포스트휴먼 이론에 있어서, 조에-지오-테크노-프레임화된 주체는 인간과 인간-아닌 것의 관계들의 네트워크에 푹 잠겨 있으며 그것에 내재하는 횡단적 실체이다.

윤리적 이상은 포텐시아의 긍정적 방식으로 생명의 능동적 힘들을 동원하는 것이다. 이것은 다양체인 타자들과의 상호접속에 대한 긍정과 역량강화의 정도를 높이는 인지적, 정서적, 감각적 수단을 현실화한다. 포스트휴먼 되기의 과정을 추동하는 정서적 힘의 선택은 부정적인 정념을 긍정적인 것으로 변환시키는 기쁨과 긍정의 윤리에 의해 조절된다. 작동하는 것은 도덕적 명령이 아니라 윤리적 힘이다. 이 힘들은 진행 중인 실험들을, 집단적으로 새로 만들어내야 하는 강도들을 가지고 분석하는 프레임처럼 작용한다. 우리가 생성할 수 있는 모종의 주체들과 더불어 공동 세계에서 하는 실험은, 얼마나 많은 신체들이 받아들일 수 있는지에 대한 적합한 지도그리기를 통해 설명될 수 있다. 예전 작업에서 나는 이것을 '지속가능성의 문턱들'이라 불렀다(Braidotti 2006).

긍정적 윤리학은 뿌리박히고 신체화되어 있는 유물론적 실천에 근거하여, 다양한 우주들의 소멸과 죽음을 인정하는 집단적 실천이다. 훨씬 더 오래된 토착 인식론들이 낳은 지식도 포함하여(Nakata 2007), 다수 과학과 소수 과학 사이의 학술 연구에서 최근 출현하고 있는 공명 쪽으로 비판적 포스트인문학에 대한 나의 논의 방향을 틀어보면 이 접근법은 훨씬 더 의미 있어질 것이다.

지구행성 차원의 차이 인문학

논의의 다음 단계를 구성하기 위한 블록들은 우리를 다시 4장으로 데려간다. 4장에서 나는 비판적 포스트인문학의 지도그리기를 제공했다.

그 장에서 다수 과학과 소수 과학의 생산을 구분했다. 거기에서 나는 지식의 비판적 주체들 중 일부는 포스트휴먼 지식을 현대에 제도화하는 작업에서 사라지고 있다고 주장했다. 이제 포스트휴먼 프레임 안에서 페미니즘적, 반-인종주의적, 포스트-식민주의적, 반-파시즘적 관점들을 결합하는 소수 과학의 신생 크로스오버 분야에 관심을 돌리고 싶다.

휴머니티는 중립적인 용어가 아니라 특정한 권력, 가치와 규범, 특권과 자격, 권리와 가시성에 대한 접근을 가리킨다(Mbembe 2017a)는 점에서 시작해보자. 이러한 통찰은 휴머니즘적 보편주의에 대한 비판의 원천들 중 하나이다. 그런 비판은 18세기부터 죽 제기되었는데, 몇 가지만 들자면, 여성을 대표한 올랭프 드 구주(1791), 식민지 사람들(Césaire 1981)을 대표한 투생 루베르튀르(2011〔1794〕)를 꼽을 수 있다.

아무리 많은 보편주의가 있어도 인간이라는 관념을 늘 구성해온 균열, 내적 모순, 외적 배제를 감출 수가 없다. 계급, 인종, 젠더, 성적 지향, 나이, 장애 없는 몸 같은 근본적으로 사회적인 범주들은 인간의 '정상성'을 표시하는 것으로 기능해왔다. 이런 범주들은 여전히 우리가 '휴머니티'라고 부를 어떤 것의 관념을 틀 짓고 그에 접근할 권리를 따지는 핵심 요인들이다. 그런 관점에서 인간으로서 자격을 얻은 자는, 개인의 신체적, 정신적 완전성과 집단의 지적, 도덕적 가치에 대한 높은 휴머니즘적 기준을 솜씨 좋게 결합한 존재이다. 이렇게 포괄적으로 쓸어 담는 행위가 휴머니즘을 문명의 기준으로 바꾸고, 유럽을 세계 진보의 중심에 놓는다. 그렇게 하여 유럽중심주의는 단지 우발적인 태도가 아니라 구조적인 것이 되었다.

1장에서 이미 나는 철학적 안티-휴머니즘의 이슈를 유럽 철학자들이 자신들의 문화에 대한 비판으로 발전시킨 입장이라고 간단히 다루었다. 나는 휴머니즘에 대한 비판이 휴머니즘 자체와 외연이 같으며(Said 2004), 더 구체적으로 말하자면 '위기'라는 생각을 유럽 철학자들의 표준적인 작업 방식modus operandi(Spivak 1988)으로 받아들여야 한다는 정도까지만 언급했다. 그것은 단절이 아니라, 오히려 유럽적인 '이성의 인간'(Lloyd 1984)의 지배가, 그리고 변화하는 환경에 대한 적응과 겉보기에만 과격한 자기성찰을 통해 '그' 자신을 재발명하는 그의 능력이 계속됨을 의미한다. 길로이는 휴머니즘이 아직 자신의 약속을 달성하지는 못했으나 휴머니즘의 해방적인 면들이 갖는 이점은 모든 인간들이 충분히 포괄적으로 공유해야 한다고 주장한다. 그는 회복을 지향하는 지구행성적 흑인 휴머니즘(Gilroy 2016)을 제안한다. 같은 식으로 실비아 윈터(2015)는 유럽 휴머니즘의 혼합된 유산에 대한 철학적 분석을 발전시키는데, 그녀는 이를 야누스적인 두 얼굴의 역설이라 부른다. 그녀는 서구 철학에서 대문자 인간Man의 인종화된 존재론을 휴머니티를 대표하지 않는 것이라 비판한다. 그녀는 그 대신 흑인성의 개념과 관련하여 휴머니즘의 수정을 지지한다.

이런 사상가들은 휴머니즘 안에 비판적으로 남아 있다. 그들은 세계 인구의 많은 부분이 아직 인간의 지위를 얻지 못했다고 주장하므로, 포스트휴먼 주체성이라는 생각에 저항한다. 그들은 포스트휴먼이 휴머니즘적 해방의 과정을 단축시킬까 두려워한다. 나는 이러한 우려에 십분 공감한다(사실 나도 1991년에 『불화의 패턴Patterns of Dissonance』에서 여성들의 지위와 관련해 비슷한 주장을 전개한 적이 있다). 그러나 포스트휴먼 융합의 맥락에서, 세계 인구 중 박탈당하고 억압받는 이들이 기후변화와 여섯 번째 대멸종의 타격은 가장 심하게 받으면서도 4차 산업혁명의 이득에서는 제외되고 있다는 사실이 고통스러울 만큼 분명해지고 있다. 이런 이중의 불이익 때문에, 흑인, 포스트식민주의, 반－인종주의 이론들뿐 아니라 토착 철학들도 포스트휴먼 지식과 만날 수 있게 하는 것이 시급하다.

관계의 시학에 대한 해석으로 초석을 놓은 에두아르 글리상(1997)의 뛰어난 작업에서 시작하여, 학술 연구에 다리를 놓는 예들은 많이 있다. 들뢰즈적 포스트-식민주의 이론과 연구는 또 하나의 의미 있는 발전이다(Bignall and Patton 2010; Burns and Kaiser 2012). 휴머니즘에 대한 포스트식민적 인종 이론의 입장은 젠더와 인종에 관한 앤 스톨러의 연구(1995), 로버트 영의 세심한 푸코와 들뢰즈 독해(1990, 1995), 호미 바바의 탈구조주의적 포스트-식민주의 연구(1994)로 일찍이 수정되었다. 끝으로 상호교차적 포스트식민 연구(Ponzanesi and Leurs 2014; Wekker 2016)와 포스트식민적 환경-비평(Huggan and Tiffin 2009)의 새로운 흐름이 있다.

강조할 점은, 지식의 상이한 질서들과 주체 형성의 상이한 전통들을 서로 대화하게 하는 것이 거짓으로 동등한 관계를 만들어낸다는 의미는 아니라는 것이다. 그보다는 예를 들면 '도래할 민중missing people'을 이해하는 다른 방법들과 관련하여, 그 사이에서 있을 수 있는 공명들을 확대하는 것이 목표이다. 경험적으로, 도래할 민중은 그들이 제거되고, 자격을 박탈당하고, 윈터의 표현을 빌리면 "선택에서 배제되었기" 때문에 잃어버리게 된 것이다. 문제는 소수 과학과 도래할 민중의 건설에 대해 내가

4장에서 시작한 논증을 이어가기 위해, 비판이론의 자본을 어떻게 비판적 포스트인문학에 쏟을 것인가이다.

우리는 도래할 민중을 세 단계로 건설할 수 있다. 첫 단계는, 우리가 처해 있는 조건, 내가 포스트휴먼 융합이라고 명명한 그 조건의 지도그리기에 동의하는 것이다. 두 번째는, 이 조건들에 관한, 특히 이것들이 연루된 권력 관계에 관한 지식의 적합한 체계를 발전시키는 것이다. 세 번째는, 현실 세계에서 다양한 규모로 행위의 플랫폼을 정의하는 것이다. 이것이 바로 나의 긍정적 윤리학의 모델이다. 이러한 실천은 잠재적 실체로서의 새로운 공동체를 구성할 수 있다. 도래할 민중은 '우리는-여기에-함께-있지만-하나가-아니고-똑같지도-않다'와 같은 민중을 형성한다. 나에게 '우리는-여기에-함께-있지만-하나가-아니고-똑같지도-않다'는 공식은 횡단적 주체성을 의미한다.

비판적 포스트인문학에 의거해서 도래할 민중에 주목하면 두 가지를 달성하게 된다. 먼저, 우리는 바로 지금 대화에 끼어 있지 않은 비판적 담론들, 특히 일련의 기술 연구들과 다양한 형태의 포스트휴머니즘, 그리고 포스트식민주의적이고 반反인종주의적인 토착 이론들에서, 포스트휴먼 플랫폼을 다시 분리하고 있다. 둘째로, 페미니즘, 퀴어, 이민자, 빈자, 탈식민, 디아스포라, 장애의 인문학과 질병 인문학을 차별하는 패턴의 영속화에 맞서기 위해 앞 장에서 논의한 다수 지식과 소수 지식 간의 분리를 재가동하고 있다. 그렇지만 비-국가적으로 분류된 인문학, 그리고 로티가 비판적으로 언급했듯이(1998), 가난한 사람들, 또는 이동주택 거주자trailer park의 인문학은 이 분야에서 빠져 있다. 이는 이 도래할 민중의 탈-영토화와 재-영토화의 속도와 강도에 불일치가 있음을 보여준다.

우선 '잃어버린(도래할)missing'이 무엇을 의미하는가? 토착 지식 시스템을 보든, 페미니스트나 퀴어, 장애인, 인간-아닌 것 혹은 기술적으로 매개된 존재들을 보든, 이들은 자신들에 대한 지식을 결코 어떤 공식적인 지도그리기나 계보학으로 만들지 못하는 실생활의 주체들이다. 이들이 가시성을 띠고 나타나기 위한 싸움은 횡단적 동맹을 통해 소수성-주도 지식을 현실화하고자 하는 급진적인 내재성의 정치학을 추동한다. 경험적으로 도래할 민중―소수 과학에서조차도―은 이러한 동맹을 통해 지식의 정치적 주체로 구성된다.

포스트휴먼 접합의 융합적 측면을 강조하면, 특히 공명의 효과들이 결과적으로 공유할 수 있는 담론적 공간들을 구성하기 때문에 유용하다. 이 공간에서 유럽중심적 제국주의와 식민주의적 폭력에 대한 비판이 포스트휴먼 융합으로부터 창발하는 새로운 대본으로 작성될 수 있다. 융합은 식민주의적 전유나 모든 상황적 차이들을 삭제하는 것과는 다르다. 긍정적 윤리학의 프레임에서 해야 할 일은 우리가 생성 중에 있는 인간이 어떤 종류의 인간인지에 대해 생각할 대안적 방법을 열어주는 것이다. '우리'는 하나가 아니고 똑같지도 않지만, 그럼에도 불구하고 바로 여기 포스트휴먼 융합 안에 함께 있다.

비판적 포스트인문학은 다양한 동맹, 토픽, 잃어버린 연결고리들을 통해 상호교배하면서 항상 과정 속에 있다. 이는 뭐라도 다 상관없다는 뜻이 아니라, 리좀적인 다방향성이 기준이라는 뜻이다. 이 분야의 리좀적 에너지는 벌써 답을 제공하고 있다. 소수적 주체들의 힘은 차별적 패턴들을 무너뜨리는 횡단적 관계들과 생성의 대안적 방식을 수행하는 그들의 능력에 있다. 새로운 경계 가로지르기가 이 도래할 민중들의 잠재적 지식과 비전을 현실화하려는 목표를 갖고 준비되고 있다.

롭 닉슨의 느린 폭력에 관한 중요한 저작 이후로(2011), 포스트식민주의 이론, 환경 인문학, 토착 인식론들 사이의 잃어버린 연결고리들이 드러나고 분석된 결과, 점점 더 그들 사이의 융합이 성장하고 있다. 남반구의 가난한 자들에게서 일어난 환경 운동의 위상이 초국가적 환경 정의 운동과 전쟁 피해의 평가 쪽으로 옮겨 갔다고 주장하면서, 닉슨은 이러한 운동들과 이제 벌써 '고전'이 된 환경 인문학 간의 새로운 크로스오버 대화를 발전시킬 것을 제안한다. 이러한 움직임은 포스트인문학의 정치경제학 수준에서 탐구의 복잡한 포스트-인류중심적 축들을 가로질러 넘어가는 새로운 연구 분야들을 낳게 된다. 포스트식민주의 환경 인문학이 전면에 나서게 되고, 아메리카 원주민 연구 등의 토착 연구 분야들이 교차하면서 초국가적 환경문학도 출현한다.

비슷한 발전들이 디지털 인문학 안에서 잃어버린 연결고리들을 채우고 있다. 예를 들어 리사 나카무라(2002) 같은 선구자들의 연구에 기대어, 폰차네시와 뢰르즈(2014)는 포스트식민주의 디지털 인문학이 이제 완전한 연구 분야로 제 모습을 갖추었으며, 디지털 미디어들이 초국가적 공간과 맥락을 다시 생각할 수 있는 가장 포괄적인 플랫폼을 제공한다고 주장한다.[1] 이러한 새로운 배치들은 재영토화된 디지털 인문학 플랫폼 전반에서 '고전적'인 포스트식민주의 연구의 목표들을 소수 과학의 복잡성 속으로 밀고 나간다. 또한 뉴미디어 분야는 경제성장과 테러와의 전쟁에 필수불가결한 것이 되었는데, 이렇게 되도록 만든 기업과 제도의 이익이 이 분야와 외연이 같다는 점을 고려하면, 이 분야를 탈식민화하는 프로젝트는 시의적절하다.

디지털 기술의 채택이 앎의 토착적 방식이 파괴되어가는 것을 악화시킬 수 있다는 생각은 미뇰로의 탈식민 운동에서도 중요하게 등장한다. 이는 유럽 식민주의와 서구 근대성의 가공할 유산으로부터 디지털 미디어의 '연결-끊기de-linking'를 요청한다(Mignolo 2011: 122-3). 이는 환경주의자들과 법 전문가들, 토착적이고 비-서구적인 인식론들, 제1국가 사람들, 뉴미디어 운동가들, IT 엔지니어들, 반-세계화 세력들 간의 새로운 동맹을 가져오며, 새로운 정치적 배치의 중요한 예를 구성한다.[2] 그들은 탈식민주의 디지털 인문학, 예를 들면 미뇰로의 연구에서 영감을 받았음이 분명한 하스탁 연구자 포럼Hastac Scholars Forum과 같은 것을 만들어냈다.[3]

사회적 소수의 일부가 된다고 해서 반드시 사회적 변화의 행위주체가 된다는 뜻은 아니다. 그러나 권력의 격자를 구성하는 중심들 중 그 어디보다 거기서 시작하는 것이 더 좋다. 위에 제시한 사례들은 혼종적 요소들의 횡단적 동맹을 보여준다. 그것들이 같은 문화, 같은 유기체, 심지어 같은 종조차도 아니기 때문이다. 이런 관점에서 그 배치는 현실화되어야 할 잠재성이다.

이 배치들은 정교한 이론들을 지구에 대한 관심과 결합한다. 또한 이것들은 지구와 가장 가까이 살고 있는 사람들 — 토착민들 — 그래서 윤리적, 정치적 문제를 제기하는 사람들에 대한 지속적인 관심을 표현한다. 서구 제국주의와 인종주의에 대한 비판을 통해 이 포스트휴먼 비판적 사상가들은 박탈당한 자들과 힘을 빼앗긴 자들에게, 덧붙이자면 상당수는 인간도 아니고 꼭 인류형상일 필요도 없는 그런 존재들에게 더 가까이 위치할 수 있는 비판적 거리 — 탈-동일화라는 별도 층위 — 를 추가로 획득한다.

내가 보기에, 관계적 윤리학은 주체성의 함께 공감하는 측면을 강조하지만 또한 더 정치적인 측면도 강조한다. 코넬 웨스트가 최근 강조한 바는 다음과 같다(2018).

21세기에 인종 문제는 자원, 권력, 영혼, 감수성을 놓고 벌이는 도덕적이고 영적인 전쟁의 일부이다. 지구 문제, 계급 문제, 젠더 문제, 섹슈얼리티 문제, 특히 제국의 문제 없이는 인종 문제를 분석할 수 없다. 우리는 이 모든 전선에서 연대해야 한다.

신유물론적 프레임 안에서, 정치적인 것 ─ 다시 말해서 잠재적인 것의 현실화에 헌신하는 횡단적 주체들을 구성하는 공동의 과정 ─ 은 긍정의 윤리학이 주도한다. 이는 대립하는, 저항하는 자아("저는 하지 않는 편이 좋겠습니다"*)를 집단적인 배치('우리')로 재구성함으로써 부정성을 전복한다. 오늘날 이 횡단적 동맹에는 인간-아닌 행위주체, 기술적으로 매개된 요소들, 지구-타자들(대지, 물, 식물, 동물), 인간-아닌 비유기적 행위주체(플라스틱 양동이, 전선, 소프트웨어, 알고리듬 등)도 관련된다. 포스트휴먼 윤리적 실천은 새로운 동맹, 새로운 민중의 형성과 관련된다.

우리가 그만두고 있는 것의 기록이 현재의 시간이라면, 우리는 지금 '대문자 인간/안트로포스'와 그의 인문학의 쇠락을 목격하고 있다. 동시

---

* 허먼 멜빌의 소설 「필경사 바틀비Bartleby, the Scrivener」에서 주인공 바틀비가 던진 대사("I would prefer not to")이다. 회사를 그만두지 않고 출근은 하되 정작 일은 하지 않는 수동적 저항의 태도를 보여준다.

에 그 현재는 또한 우리를 주체-되기의 과정 속에 있게 한 씨앗이기도 하다. 결과적으로, '도래할 민중'이란 창발적 혹은 잠재적인 범주이다. 이 창발 현상은 복잡한 특이성, 즉 신체화되고 뿌리박혀 있으며 관계적이고 정서적인 힘들을 표현하는 새로운 '우리'를 작동시킬 집단적 노력을 가리킨다. 이런 실천은 생성의, 소수 과학의, 강도적 변이의 패턴들을 낳는다. 내재성의 정치학에서 활성화 요인은 시간적이고 공간적인 두 조건들에서, 즉 과거로부터 미래로 그리고 잠재적인 것으로부터 현실적인 것으로, 힘들이 옮겨 가는 면plane에 있다. 그것이 바로 잠재성의 현실화이며, 이는 자본주의적 가속과는 다른 속도로 움직인다. 우리는 5장에서 국제법조차 자본주의적 가속을 수용해야 하며, 우리 나머지는 더욱 그래야 한다는 것을 보았다.

이 현실화의 목표는 신체화되고 뇌로 구현되어 있는 신체들이 행동하고 생각하고 새로 만들어낼 수 있는 것에 적합한 표현을 제공하는 것이다. 무엇에 적합하다는 것인가? 도래할 민중들이 할 수 있는 것에 적합하다는 것이다. 이는 결국 강도를 지탱하고, 부정성을 처리하고, 긍정을 생산하는 측면에서 신체들이 할 수 있는 것, 즉 그 힘들에 대한 평가로 귀결된다. 대안적 지식에 적합한 이해와 표현을 생산하는 일은 고통스러운 비실존의 경험을 생성적인 관계적 만남과 지식 생산으로 전환하는 윤리적 작업과도 연관된다. 이것은 우리의 속박을 이해함으로써 얻게 되는 해방이다. 그것은 부정의 변환을 통해 고통으로부터 지식과 행동주의를 추출하는 방법이다. 집단적으로 긍정적 윤리학을 구성하는 과정은 도래할 민중을 위한 생성 면들을 구성하는 것과 관련이 있다. 이 도래할 민중들 중 일부는 '이성의 인간'으로 이해된 '인간'의 온전한 일부가 결코 아니었고, 그 '이성의 인간'의 위기가 오늘날 인문학을 사로잡고 있다. 다른 일부는 지배적인 주체 형성 및 다수-주도의 지식과 더 이상 동일시하지 않는 탈주 집단들이다. 주체성을 구성하는 이 복잡한 포스트휴먼 앙상블은 협상의 여지가 있다. 즉 '인간'은 생성의 벡터일 뿐이기 때문이다. '우리'는 새로운 민중과 새로운 지구를 구성해야 한다.

나는 앞 장들에서 취약한 세계주의라고 위협받는 범주인 범-인류에 대해 비판했다. 급진적 내재성의 정치학—도래할 민중의 창발을 현실화하기 위한—은, 이 범-인류의 반동적 재구성이 갖는 약점을 노출시킨다. 나는 위험 사회(Beck 1999)의 세계에서 멸종의 공포와 같은 부정적 정념들에 사로잡힌 '새로운' 범-인류라는 추상적인 개념으로 달아나는 것이 아니라, 내재적인 상호접속과 생성적 차이들에 근거한 유물론적 긍정의 윤리학을 요청한다. 이것은 능동적인 소수 주체들, 즉 더는 잃어버리지 않는 수많은 '민중'의 다양한 배치들을 횡단적으로 구성한다.

조에-주도의 긍정 윤리학

이 시점에서 시간의 비-선형성에 대한 통찰이 중요하다. 특히 현재의 다층적 구조는 우리가 그만두고 있는 것의 기록이자 동시에 우리가 생성하고 있는 것의 씨앗이라는 점에 주목해야 한다. 윤리적 수준에서 이는 정치적이고 윤리적인 행위성을 위한 조건들이 지형의 현 상태에 의존하지 않음을 의미한다. 그 조건들은 현재에 대립적이지 않으므로, 부정적으로 묶여 있지 않다. 대신, 그것들은 긍정적 실천으로서 시간을 가로질러 기획되고, 가능한 미래들을 목표로 역량을 강화하는 관계들을 창조하도록 조정된다. 현재 조건들의 받아들일 수 없는 측면들에 "아니오"라고 말하는 것은 두 가지 의미, 즉 '나는 이것을 원하지 않는다'와 '나는 다른 식으로 욕망한다' 모두를 함축한다. 윤리적 관계들은 우리의 욕망과 상상을 비롯하여 현재에 아직 미개발 상태로 있었던 자원을 동원함으로써 가능한 세계들을 창조해낸다. 그것들은 타자들과의 상호접속의 그물 혹은 리좀 안에서 잠재적인 것을 활성화한다. 우리는 우리 자신에 대해 다르게 사유하도록 배워야 한다. 이것은 포스트휴먼 주체와 매우 관련성이 높은데, 그 주체는 다른 인간이라는 인간 안에서의 타자에 윤리적 고려를 국한하기보다는 인간-아닌 것, 포스트휴먼, 그리고 비-인간적인 힘들과의 상호관계로 그 윤리적 고려를 개방해야 한다.

긍정의 윤리학은 역량강화를 목표로 하는 근본적인 관계성에 기초한다. 이는 생산적이고 서로 힘을 주는 방식으로 다양한 타자들과 관계 맺는 능력 증대시키기, 그리고 이런 윤리적 성향을 현실화할 공동체 창조하기를 의미한다. 긍정 윤리학의 프레임 안에서 악, 즉 윤리적 악의 관념은 부정적 정서와 맞먹는다. 그 정서들이 부정적인 것은 심리적 분위기도, 규범적인 가치 판단도 아니다. 이 핵심 포인트를 이해하기 위해 우리는 부정과 긍정에 대한 이 논의를 탈-심리화하고, 대신 더 개념적이지만 또한 더 실용적인 용어들로 접근할 필요가 있다. 선과 악의 규범적인 구분은 긍정과 부정, 또는 긍정적 정서와 부정적 정서의 구분으로 대체된다.

부정성은 오히려 타격, 충격, 폭력 행위, 배신, 트라우마, 또는 단지 극심한 권태 등의 결과로 오는 저지와 봉쇄의 효과와 관련이 있다. 그것은 긴장증catatonia의 경직성이다. 긍정 윤리학은 부정성을 거부하는 것이 아니라, 변증법적 대립항들 바깥에서 그것을 재가공하는 것이다. 부정적인 정념들이 우리의 관계적 역능을 감소시키고 타자들에 대한 우리의 생명적 상호의존을 부인하기 때문에 이런 재작업이 필수적이다. 부정적인 정념들은 그 자신과-다른 것-되기를 통해서 지속하고 존속하려는 욕망인 생명의 힘을, 우리의 관계적인 윤리적 본질의 긍정적 힘(포텐시아)을 부인한다. 나르시시즘과 편집증의 블랙홀, 타자들을 굴복시키는 전제적 행위의 기쁨, 음침한 증오―이 모든 부정성은 희생자들을 아프게 할 뿐아니라 외부로 윤리적 개방을 할 수 있는 가해자의 능력도 망가뜨린다.

근본적으로 부정적인 정념들은 인간과 인간-아닌 타자 모두를 포함하여 타자들과 관계 맺는 자아의 능력을 손상시키고, 타자들 안에서 타자들을 통해 성장할 자아의 능력도 손상시킨다. 부정적 정서는 주체의 단일하지 않은 비전과 긍정의 윤리학 양자 모두에 핵심적인, 타자에 대한 생명적 의존성, 높은 수준의 상호의존성을 표현하는 우리의 능력을 감소시킨다. 이는 신유물론적 포스트휴먼 사상의 포스트-정체성주의적 계기를 다시 끌어낸다. 우리는 복잡성을 잊지 않으면서, 주체에 대한 개인주의적 관념에 그 과정을 연결하지 않도록 해야 한다.

긍정의 윤리학에서 낙관적인 것은 부정적 정서들이 변환될 수 있다는 믿음이다. 이는 고통스러운 것까지 포함하여 모든 정서에 대한 역동적 관점을 함축한다. 모든 현재 사건은 그 안에 그것을 극복하고 만회할 퍼텐셜을 담고 있다. 사건의 부정적 분위기는 전환될 수 있다. 사건의 잠재적 퍼텐셜이 현실화되는 순간은 고통의 유독한 효과들을 중화하는 순간이기도 하다. 윤리적 주체는 사건을 탈-인격화하고 그 부정적 분위기를 변환시키기 위해 자유를 가질 능력이 있는 주체이다. 긍정의 윤리학은, 욕망의 역동적 실체들로서 우리의 내적 본성에 속하는 비-자유, 예속 사태, 배신의 독성으로부터 독을 빼는 치료 작업이다. 따라서 윤리적 선은 긍정적인 역량강화를 목표로 삼는 근본적인 관계성과 맞먹는다. 윤리적 이상은 다양한 타자들과의 관계 모드로 진입할 수 있는 능력을 증가시키고 이 윤리적 성향을 현실화하는 공동체를 창조하는 데 있다.

같은 말을 되풀이하는 것 같지만 이를 무릅쓰고 말하자면, 긍정의 윤리학은 부정성을 부인하는 것이 아니라 변증법적 대립 바깥에서 부정성을 재가공하는 것이다. 결과적으로, 긍정의 윤리학은 고통을 피하려 하기보다는 고통을 재가공하는 다른 방식이다. 인정의 변증법과 원한의 정치 너머로 고통을 활성화하여 상처와 상실, 박탈의 결과로 오는 체념과 수동성을 초월하는 것이다. 여기에서 긍정성은 안이한 낙관주의나 인간적 고통을 무신경하게 무시한다는 의미가 아니다. 긍정적 관계들과 긍정에서 오는 윤리적 가치를 추구하고 현실화할 것을 강조한다고 하여 갈등을 회피하거나 부인한다는 의미가 전혀 아니다.

동정심이 없는 것이 아니라 오히려 너무 많다! 긍정의 윤리학은 부정적인 것에 관계 맺고 의존하는 우리의 조건들을 적합하게 이해하고자 한다. 니체가 날카롭게 지적했듯이, 비판적 사상은 부정성을 먹고 산다. 그러나 윤리적 관계는 부정적인 것들을 무언가 다른 것으로 적극적으로 변환하는 데 있다. 윤리학은 도덕적 규약, 규범, 가치들의 적용에 그치는 것이 아니라 오히려 긍정적인 생성을 위한 조건들에 기여하는 힘이다.

먼저 주체 형성의 과정을 부정성에서 분리하고, 그다음 그것을 긍정적인 타자성에 연결한다. 이는 상호성이 인정의 변증법 바깥에서 상호

특성화의 의미로 다시 정의되는 것임을 의미한다. 이 차이적 변조는 공통의 관심사 안에서, 그리고 긍정적 가치와 관계들의 공동-구축이자 대항-구축인, 공유하는 실천 속에서 발생한다. '우리는-여기에-함께-있다'는 탁월한 윤리적 공식이며, 노출 과다와 소실, 번성과 멸종의 포스트휴먼 정치경제에서는 더욱더 그렇다.

긍정과 취약성

우리는 지금까지 긍정의 윤리학이 고통과 취약성을 받아들이고 처리하면서, 그리고 그것들을 변환하는 다른 횡단적 주체-실체들과 작업하면서 출현한다는 것을 보았다. 기쁘거나 긍정적인 관계들은 우리를 에워싸는 부정적 경험과 정서를 함께 재가공함으로써 우리의 조건에 대한 적합한 이해에 도달하는 실천을 통해서 얻어진다. 긍정의 윤리학은 연속성의 시간적 의미에서나 지구력endurance*의 공간적 의미에서나, 지속에 대한 헌신을 함축한다. 이는 거꾸로 자기파괴의 거부를 의미한다. 윤리적으로 역량강화의 관계 방식은 우리의 포텐시아를 증대시키며, 모든 살아 있는 실체들에게는 공통 본성, 또는 공통 바탕이 되는 세계를 받아들이고 감당할 수 있는 능력을 만들어낸다.

---

* 지구력으로 번역한 endurance는 스피노자의 코나투스적 노력을 의미한다. 코나투스는 자기 존재를 계속 유지하고 보존하려는 노력인데, 물체의 경우엔 운동이나 상태를 계속 유지하려는 '관성'에 해당하는 것이다. 이 노력은 시간적으로는 자기 존재를 연속적으로 유지하는 데 드는 것이고, 공간적으로는 공간을 차지하고 있는 신체가 고통과 싸우며 강도를 견디고 버티는 데 드는 노력을 의미한다.

긍정의 윤리학과 욕망의 적극성은 고통, 폭력, 괴로움을 삭제하는 것이 아니라 이것들을 다룰 다른 방법을 제안한다. 긍정 윤리학의 관점에서, 부정성—다른 존재에게 입히는 피해—은 자신이 스스로에게 입힌 피해로 즉각 반영된다. 예를 들어, 부정성은 관계적 힘, 자의식, 내적 자유의 상실이라는 결과를 가져온다. 이런 관점에서 고통과 취약성은 사실 모든 살아 있는 실체들의 정서적이고 관계적인 심층적 본질을 표현한다. 이 생기적 유대는 또한 그들의 생성적 힘들의 중추이기도 하다. 긍정의 윤리학은 그런 재생의 동력이다. 그것은 초월적 의식의 보호 아래에서 도덕적 정언명령으로 추동되는 것이 아니라, 모든 살아 있는 시스템들을 구성하는 다양한 생태계들의 내재적인 상호접속을 깨달으면서 공동-생산된다.

이러한 접근법에서, 인간 및 인간-아닌 타자들과 상호관계를 맺고, 변용하고 변용되는 모든 실체들의 구성적인 정서적 능력에 기반하여, 타자에 대한 윤리적인 돌봄과 견제의 다른 실천이 출현한다. 알라이모(2016)는 이를 노출의 형태로, 그러나 또한 개방의 형태이자 따라서 이용가능성의 형태로 정의한다. 다시 말해서 그것은 우리의 포텐시아의 강도, 또는 신체화되고 뿌리박혀 있는 생기적 공통 본성의 표현이다. 이 형태들은 조에/지오/테크노- 관계들의 공통 흐름 안에서 상호의존적인 횡단적 연결들을 형성한다. 노출의 힘으로서 취약성vulnerability은 포스트휴먼 시대의 옹호하기 어렵고 고통스러우며 수용할 수 없는 측면들과 재난들을—부인하기보다는—수용하는 윤리적, 정치적 수단으로 정의된다. 알라이모(2016)는 페미니즘 신유물론의 분석 프레임 안에서 작업하면서, 트랜스-신체적 얽힘의 도전뿐 아니라 독특한 즐거움을 강조한다.

취약성을 기본적인 조건으로 강조하기보다는, 그것을 생성적 힘으로 바꾸는 신체화되고 뿌리박혀 있는 주체들의 능력을 강조할 필요가 있다. 이는 상처와 고통을 포함하여 부정적인 심급을 변환하는 조건과 실천을 공동-생산할 능력과 헌신을 통해 성취된다. 위에서 보았듯이, 여기에는 집단적 배치를 통한 도래할 민중의 구성이 필요하다.

포스트휴먼 주체들이 힘 또는 흐름, 강도와 관계의 근본적으로 내재적이며 신체화되고 뿌리박혀 있는 배치라는 점을 생각하고, 그 주체들이 다양한 인간과 인간-아닌 실체들을 포함한다는 점을 고려하면, 당면 목표는 아마도 인지적 자본주의의 광적인 속도로부터 감속의 형태를 띠는 준-안정성의 어떤 형태일 것이다. 반동적이고 부정적인 경험과 정서들을 함께 재가공하는 실천을 통해 도달한 기쁨의 긍정적 관계들은 바람직한 윤리적 양상이다.

포스트휴먼 주체성은 횡단적이고 능동적이지만, 생산적인 관계를 보장하고 허무주의적인 자기파괴를 예방하기 위해 타자들과의 만남의 문턱으로서 한계의 중요성을 인정한다. 한계가 없다는 것은 오늘날 트랜스휴머니즘의 실리콘밸리 구루guru들이나 지지하는, 이성을 잃은 과대망상증의 일종이다. 그들은 자기들이 '마음'이라 부르는 실체를 컴퓨터와 계산 시스템에 업로드하는 환상을 좇는다. 그들을 보면 사이버 문화의 이원론적 신-데카르트주의 거대 담론의 계승자들 같다. 그들은 지능을 탈신체화된 계산 능력으로 축소하고 "신체적인 자아를 매트릭스 속으로 용해"시키기까지 한다(Braidotti 2002). 그러지 않고 이 지점에서 생기적인 신유물론적 도식을 따른다면, 물질적으로 뿌리박혀 있는 주체라는 시각에는 순수한 물질적 본성에 의해 부과되는 한계들이 반드시 수반된다. 신체화된 존재라는 것은 단 하나의 시공간 프레임, 즉 근본적인 내재성 속에 거주하는 하나의 생명이라는 것을 함축한다.

주체는 외부의 관계적 힘들이 상호교차하는 지점들에 자리한다. 긍정적인 배치들을 구성하려면 변화나 변환에 민감하게 반응하고 이를 이용할 능력이 필요한데, 이러한 민감성과 능력은 그 변화를 무너지지 않으면서 감당하는 주체의 능력에 직접적으로 비례한다. 지속가능성의 문턱을 나타낸다는 점에서, 한계의 의미는 기쁘거나 긍정적인 힘들 또는 긍정 윤리학을 현실화한다는 점에서 생성의 작용에 결정적인 것이다. 지속가능한 생성의 흐름들에 협상이 징검돌로서 있어야 한다. 신체적 자아와 환경의 상호작용은 신체의 포텐시아를 증가시킬 수도 있고 감소시킬 수도 있다. 사유는 지성적 이해를 향상시키고, 신체적, 정신적 측면에서 행위 능력과 활동성을 증가시키는 힘들을 식별하는 데 도움이 되는 일종의 관계 센서이다. 정서의 본성에 대한 적합한 이해에 도달함으로써 얻게 되는 높은 형태의 자기-인식은 역량강화의 긍정 윤리학에서 핵심적인 것이다. 그것은 자아와 다수의 다른 힘들 간의 상호접속에 대한 더 적합한 이해를 포함한다. 과한 부담을 지지 않으면서 관계적 힘들을 증가시키고 복잡성을 다루기 위해서는 노동이 필요하다. 그래서 관계적 힘들이 어느 정도 증가하는지 탐색해보아야만 그 힘들의 참되고 정서적이며 역동적인 본성에 대한 깨달음으로 마음의 자유를 보장할 수 있다.

신체와 마음의 통일성을 생각하면서, 긍정 윤리학은 정서(아펙투스 affectus)의 역량(포텐시아)을 강조하는데, 이것은 '역동적인 절합articulation'이지 단순한 수동적 반영이 아니다(Lloyd 1996: 31). 변용하기와 변용되기는 "행위 역량의 증가나 감소"를 뜻한다(Lloyd 1996: 72). 이 '행위 역량'—실제로 위치바꿈의 흐름 속에 있는 것인데 — 은 우리의 정념들에 대한 적합한 이해와 그 결과 얻게 된 우리의 구속에 대한 적합한 이해를 통해서야 성취되는 자유로 표현되는 것이다. 자유를 얻으려면, 마음이 항상 이미 신체화되어 있다는 사실을 통해서 정서나 정념을 이해해야 한다.

부정성을 전복시키는 실천으로 구축되는 윤리학은 우리를 비-자유하게 만드는 조건들에 대한 지성적 이해, 즉 우리의 한계, 우리의 억압에 대한 깨달음을 통해서야 성취되는 자유를 목표로 한다. 윤리학은 이 포텐시아, 기쁨으로서의 본질 혹은 생성의 욕망에 충실함을 의미한다. 포스트휴먼 주체는 긍정을 향해 일해야만 하는데, 이는 회복탄력성이라는 보다 기업적인 아이디어의 변형 버전인 '지구력endurance'의 관념을 통해 이루어진다. 워커와 쿠퍼가 주장했듯이(2018), 회복탄력성 이론은 더는 비판이 아니라 포스트휴먼 융합을 관리하는 주류 방법론으로 완전히 진화했다. 이 이론은 성장, 구조조정, 자본 축적의 지속적인 적응 사이클을 목표로 하는 '파나키panarchy'라 불리는 포스트휴먼 자본주의의 새로운 국면 안으로 사회, 경제, 생물권을 통합하고자 한다. 이와 반대로 지구력은 대안적 주체 형성 과정에 대하여 더 비판적인 비-영리의 느낌을 준다. 그것은 시간적 지속을 수반하므로, 주체 관념을 살아남아 오래 존속하는 실체로 제안한다. 또한 그것은 공간적 요소들을 가리키고, 변화와 변형을 견디고 지탱하며, 이것들을 환경적, 사회적, 정서적인 면에서 긍정적으로 새로 만들어내는 능력을 가리킨다. 지구력은 정서적 감수성과 기쁨에 관련되지만, 또한 고난과 육체적 고통을 참는 것을 의미한다.

내가 여기에서 옹호하는 긍정적이고 물질적인 전회는 언어와 문학에서 상상과 재현의 중요성과 부정성을 부인하는 것이 전혀 아니며, 오히려 그것들을 포스트휴먼 비판이론의 구축에서 중요하게 다룬다. 나의 긍정 윤리학은 권위주의적인 보편적 도덕주의와 거리를 둘 뿐만 아니라, 양화된 자아들의 생산을 강조하고 "깨끗하고 기능적인 신체와 건강에 대한 문화적 강박"⁴을 가진 신자유주의 정치의 자유방임laissez-faire 이데올로기에도 거리를 둔다.

그래서 주체성의 문제가 그토록 중요하며, 내가 이 핵심적인 정치적 요인들을 성급하게 치워버리는 데 찬성하지 않는 것이다. 횡단적 주체는 권력의 일체화된 선들이 아니라 저항의 횡단적 선들을 풀어놓기 위해서 역사적으로 퇴적된 권력의 결정들로부터 자신을 떼어내는 능력이 있는데, 이를 활성화하는 실천의 긍정적 방식으로 주체성을 재구성해야 한다.

마르크스주의는 이데올로기적 파열에 찬성하겠지만, 들뢰즈와 과타리는 이런 파열을 현실화하려면 낯설게하기의 과격한 태도로 억견doxa과 공통감common-sense 체제와 단절하며 능동적으로 다르게 욕망하는 주체들이 필요하다는 점을 강조한다. 잠재적인 것의 기능은 실질적인 문젯거리들을 현실화하는 것인데, 이는 기존의 규범과 가치를 무비판적으로 적용하는 것을 방해하고 대안적인 윤리적 흐름들을 도입하여 그것들을 탈영토화하려는 노력을 의미한다. 잠재적인 것은 새로운 것의 실험실이다. 이런 윤리학을 완성하기 위하여 우리는 모여야만 하고, 우리 구속의 조건들이 어떻게 발생하는지를 이해함으로써 함께 질적 도약을 만들어내야 한다. 이러한 도약은 현재에 참여하면서 또한 생산적으로 현재와 단절한다. 그래서 잠재적인 또는 긍정적인 힘은 정치적 변화의 동력이기도 하다. 우리에게 일어나는 일이 가치 있다는 것 ― 운명애amor fati ― 은 숙명이 아니라, (현실적인 것이면서 동시에 잠재적인 것인) 현재에 실천적으로 참여하는 것이다. 이는 희망 혹은 지속가능한 미래들의 사회적 지평들을 생산하고 윤리적으로 행위하려는 우리의 능력을 강화하고 변환하는 조건들을 집단적으로 구축하기 위한 것이다.

7장

소진되지
않는 것들

POSTHUMAN
KNOWLEDGE

이 책의 저변에 깔린 기류는 정서적이었다. 책 전체에 걸쳐 나는 포스트휴먼 융합을 나타내는 복잡하면서 내적으로 모순적인 감정의 교차를 다루었다. 이 행성의 거주자들인 인간과 인간-아닌 것 모두에게, 4차 산업혁명의 흥분과 환희는 여섯 번째 대멸종이 가져올 엄청난 대가와 피해로 인한 불안과 공포로 홱 넘어간다. 이 조울증적인 정서 경제의 부정적 축이 확산되고 반복되는 현상은 대단히 우려스럽다. 소진과 피로가 우리 시대 심리적 풍경의 두드러진 특징이 되었다. 소진은 현재의 복잡성과 우리의 상호작용을 특징짓는 쉴 틈 없는 싸움의 목격자이다.

이런 이슈들을 다루기는 쉽지 않다. 말은 무수히 흔들리고 실패한다. 딱딱하게 굳은 최소한의 구성 요소들로 축소된 언어, 표현할 수 있는 한계에 다다라 아직 완전히 침묵에 빠지지는 않았어도 거의 침묵에 가까워진 언어로 소진에 대해 말할 수는 있을 것이다. 소진은 차라리 의미 있는 행동을 말하는 거대 담론으로부터 완벽하게 분리된 중립적 스타일을 원할지도 모른다. 소진은 포테스타스로서의 힘과 관계를 끊은 언어를 요구한다. 이러한 언어는 약하지 않다. 약하다기보다는, 말하는 것을 의미하고 의미하는 것을 말하는 주인 기표의 주권적 힘으로부터 연결이 끊어진 것이다. 소진은 의미에서 자유로우며, 판결과 권위주의적인 명령의 대척점에 있다.

1장에서 소진은 그 나름대로 자동사적인 상태라고 말했다. 피로는 무언가로 인한 것이지만, 소진은 아무것도 아닌 것과 모든 것에 의해 일어난다. 피로는 휴식과 회복의 가능성을 열어두지만, 소진은 그저 그것으로 끝이다. 나는 이 마지막 장에서 긍정의 윤리학을 활성화하고, 소진이 단지 부정적인 것만은 아니라고 주장하겠다. 예를 들면 취약성을 비롯하여 모든 정서적 상태들과 마찬가지로, 소진은 타자와의 관계에서 변용하고 변용되는 우리의 능력을 본질적으로 표현한다. 그래서 소진은 세계에 대한 우리의 관계적 개방성을 긍정하며, 그렇기에 아주 생산적일 수 있다.

자신의 취약성을 집단적, 사회적 변환 과정의 출발점으로 받아들이는 것은 되기 과정의 끝없는 본성을 되풀이하는 일종의 인식론적 겸양을 표현한다. 이러한 겸양은 부정적 조건과 상태를 긍정적 대안으로 변환하는 공동체 기반의 실험을 옹호한다. 그것은 부정성과 고통에서 나오는 행동과 지식을 북돋우는 실천이다. 이 진취적인 행동주의는 다른 가능성들을 강화하고 현실화하는 살아 있는 존재들의 공유된 능력을 나타낸다. 이 변환적 에너지가 바로 긍정 윤리학의 핵심이다.

소진될 수 없는 것은 모든 살아 있는 유기체들이 인간과 인간-아닌 것과의 아직 탐색되지 않은 상호접속들을 다양하게 현실화하기 위해 공유하는 퍼텐셜이다. 이것이 바로 삶의 내재성이며, 내재적인 이 삶은 오로지 공동-구축될 수밖에 없고 공동 세계 안에서 상호 절합될 수밖에 없다. 소진될 수 없는 것은 대문자 생명Life의 초월적이고 추상적인 관념이 아니라, 너무나 많은 타자들과 더불어 누군가의 삶을 공동-구축하는, 더 인내심을 요하는 임무이다. 고대 스토아학파의 공식을 따르면, 고통과 괴로움을 늘 가까이 벗하면서 단 한 번의 삶을 살아갈 수 있을 뿐이다. 이는 윤리학이 고통의 재가공으로부터 지혜와 지식을 끌어내는 실천임을 의미한다. 극단까지 밀고 가자면, 우리는 취약성의 극단적 발현인 필멸성을 직면하게 된다. 죽음은 그 무엇보다도 고통스러운 사건이다. 그러나 또한 우리 삶의 시간 속에 우리가 새겨 넣은 것을 표시하는 사건이기도 하다. 이와 같이 인식의 수준에서 죽음은 이미 일어난 사건이다. 왜냐하면 태어났다는 것 자체가 죽어야 한다는 뜻이기 때문이다. 죽음은 기이하도록 비인격적인 사건이다. 죽음은 우리가 뜻대로 할 수 있는 한정된 시간의 바깥 경계를 표시한다. 이 한계를 인식한다는 것은 파국이 아니라 기운을 북돋아주는 생각일 수 있다.

긍정 윤리학의 공동-구축은 현재 안에 있는 잠재적 가능성들을 현실화한다. 그것은 '더는 아님'과 '아직 아님'이 서로 뒤바뀌는 비-장소로 개방되어 그것들 각각의 '외부'로 펼치고 접어 넣으면서, 우리가 공유하는 되기의 감각이 시간 속에서 질적으로 변환됨을 표시한다. 이 연속적인 흐름에서 현재는 기억이자 동시에 약속이 된다. 잠재적인 것을 현실화하는 것은 실천이지 기적이 아니다. 잠재적인 것의 현실화는 그것이 생산하는 변환과 접속으로부터 따로 떼어내어서는 이해될 수 없는 하나의 행동이다. '되기'는 이 도약 자체를 설정하는 방식이다. 그것은 우리를 비판적 부정성의 공허에서 벗어나게 하고, 또한 긍정성으로 이끌리는 타자들과의 생성적 만남으로 나아가게 할 가치들의 현실적 변형을 가리킨다. 우정을 비인격적 죽음과 연관짓는 것은 삶의 생성적 힘에 대한 긍정이다.

스토아주의는 고통스러운 경험, 특히 상실감, 박탈, 미래에 대한 공포를 통해 일하는 법을 우리에게 가르쳐주기 때문에 포스트휴먼 융합과 관련이 깊다. 게다가 스토아주의는 관계적이고 상호적이다. 단지 하나의 삶을 만들어가는 것, 그리고 고통을 윤리적 실천으로 재가공함으로써 그 삶을 긍정으로 이어가는 것은, 주권적인 개인 주체를 상정하는 것이 아니라 오히려 주체성의 횡단적 구조를 전면에 내세우는 것이다. 그것은 개인주의, 유럽중심적 휴머니즘, 인류중심주의를 넘어서, 대안적인 주체 입장들의 집단적인 자기-스타일링self-styling을 위한 규칙들을 정한다. 긍정 윤리학은 고통과 필멸성의 인정을 통해서 자신이 될 수 있는 것의 가능한 버전들 중 가장 긍정적인 것이 될 수 있도록 자신의 힘과 능력을 최대한 이용할 수 있게 만드는 훈련을 고무한다.

회의주의자들은 이를 신자유주의적 자기관리 기술에 수반되는 것으로 보겠지만, 정확히 그 반대이다. 그것은 대안적 가치에 초점을 맞춤으로써 자본에 의한 재영토화의 다양한 속도를 감속하고 거기에서 탈출하는 방법이다. 가장 중요한 것은 선진 자본주의의 이러한 속도와 가속에 개입하여 다른 힘을 도입함으로써 그들의 무자비한 팽창을 방해하는 것이다. 잠재적인 것의 현실화는 구체적인 정치적 실천이며, 집단적으로 실행될 때 진보적이고 해방적이다. 자기 소진의 과정으로 속도에서 탈출하는 것은 자신의 조직화된 정체성과 자아의 의미를 거부하는 방법이며, 자본의 방적기에 의한 가속의 유혹에 저항하는 좋은 길이다.

저항의 원천은 조에의 회복탄력성이다. 긍정 윤리학의 요점은 (아감벤이 주장했듯이) 조에를 평가절하되고 탈인간화된 생명으로 환원할 수는 없지만, 다양한 인간-아닌 생명들을 포괄하도록 개방할 필요가 있다는 것이다. 생기적 신유물론의 프레임에서 조에는 포텐시아로서의 '생명의 힘'으로 받아들여진다.

포스트휴먼 저항은 권력의 부정적 힘에 의해 완전히 소진되지 않은 생명의 형태들과 대안적 주체 형성의 구성 및 집단적 구축을 위해 동원되어야 한다. 정치에는 저항만이 아니라 잠재적 가능성들의 생성적 힘을 활성화하려는 노력도 필요하다. 정말로, 벌거벗은 생명으로서의 조에는 평가절하된 생명, 처분할 수 있는 희생양의 지위를 할당받은 생명이다. 오늘날 많은 생명들이 생명권력의 죽음-정치의 대상이 되어 인종청소나 학살을 당할 운명에 처해 있고, 그들의 살인자는 아무런 책임도 지지 않는다. 이런 생명들 중 상당수는 인간이 아니다. 하지만 나는 조에가 이런 부정적 조건들을 초과한다고 주장하고 싶다. 왜냐하면 조에는 주권권력의 바깥에, 그리고 그 이전에 먼저 존재하는 것으로서 예속에 저항하기 때문이다. 이것이 세속적이고 유물론적인 생성 철학으로서 긍정적 사유의 위대함이다. 잠재적으로 삶들을—모든 삶들, 인간-아닌 것까지도—저항의 장소들로 변형할 수 있는 것이 바로 소진될 수 없는 생성적 힘이다.

생성의 무한한 내재적 힘인 생명은 모든 형태가 다 그렇지는 않다 하더라도 소진될 수 없는 것이다. 인류중심적 관점과 휴머니즘적 기대들을 초과하는 힘으로서, 조에는 선진 자본주의의 재영토화에 저항할 자원들을 제공한다. 이 자원들은 저항을 제공하는 것 훨씬 이상의 일을 한다. 바로 역량강화의 대안적 형태를 위한 씨앗이 되는 것이다. 달리 말해 이는 다른 것으로 생성하기이다. 생명은 우리 인간이 생명에서 만들어 낸 것 아래, 바로 그 밑, 그 너머에 있는 생성적 힘이다. 생명에 대한 이런 혼종적 정의의 핵심에 있는 조에/지오/테크노 관점들은 저항의 장소들이다. 그것들은 자본으로 여겨지는 대문자 생명에 대한 생명-정치적 관리의 덫과 죽음정치의 황폐화에 다양한 대안을 제공한다.

단지 하나의 삶을 구성하고 역량강화하는 긍정적 프로젝트를 계속하고자 하는 욕망은 그래서 권력의 위계적 관계와 거시정치적 구조에 대한 철저한 저항의 실천이다. 그 욕망은 사유와 행동을 위한 창조적인 보충의 힘으로 작용한다. 이것은 잠재성의 힘이다. 이것은 결핍과 법칙이라는 부정적인 원리가 아니라, 관계적 긍정과 충만에 입각한 욕망을 개방한다. 욕망은 항상 사회적이다. 따라서 욕망은 또한 우리의 사회적 상상과 정치적 열망을 구조화하는 정서에, 즉 정치적 정념들의 생산에 일정한 역할을 한다. 나는 1장에서 유럽 대륙에 사는 사람들이 지금 이론의 피로, 탈-노동의 피로, 민주주의의 피로에 시달리고 있다고 주장했다. 유럽의 프로젝트도, 미완의 프로젝트인 민주주의도 더는 집단적 상상을 자극하지 못한다. 오히려 비자유주의illiberalism가 인기를 얻었다. 포스트-국가주의적이고 소수적인 의미에서 유럽인-되기의 긍정적 재구성을 시작해야 민주주의에 대한 집단적 욕망에 다시 불을 지필 수 있다.

집단적 상상하기와 공유된 욕망은 또한 부정적인 정치적 정념들의 사회적 구축에도 중요한 역할을 한다. 현대 유럽의 맥락에서 20세기의 유산과 재난들과 더불어 출현하고 있는 미시 파시즘의 새로운 형태들에 이름을 붙이고 저항하는 것이 중요하다. 미시 파시즘은 그 자신의 억압과 비-자유를 욕망하는 욕망의 역설을 야기한다. 이것은 불행히도 현대의 비자유주의적이고 포퓰리즘적인 운동들의 레시피이다. 독재자에 대한 애정이라 할 수 있는 파시즘은 당신의 모든 문제들을 해결해주겠노라고 약속한다. 기차가 제시간에 맞춰 운행되게 만들고, 대영제국을 부활시키고, 밤늦게 허구의 적들에게 트위터로 욕설을 날려 세계의 문제를 해결하고, 그리고 ― 불가피하게 ― 모든 외국인들, 선을 넘은 모든 타자들, 동맹을 맺지 않은 모든 주체들을 다 내쫓겠다고 약속한다.

현재의 상태를 숙고해보면, 스스로의 멸종을 바라고 파괴의 숭배 속으로 들어가는 욕망의 환각적이고 유아적이면서도 살인적인 성질에 충격을 받게 된다. 이것은 욕망의 긍정적 힘을 전체적으로 봉쇄한다. 그 봉쇄는 생성의 한 양태가 될 수 있었을 것을 끝없이 내파시킨다. 반-파시즘 주체들은 정확히 그런 부정성을 경계해야 한다. 중요한 것은, 파시스트를 '타자'에서만이 아니라 당신 자신 안에서도 추적해야 한다는 것이다. '당신 안의 파시스트'야말로 관계적 접속들을 없애버리고 의심과 증오를 불어넣는 바로 이 전제주의적 실체이다. 그것은 우리의 조건들을 올바로 이해하고자 하는 대신에 희생양 만들기로 이끈다. 누구나 지배적인 정체성 형성과 권력 구조에 대한 애착을 인정함으로써 그 내면의 파시스트를 원래대로 되돌릴 수 있다. 이 인정은 부정적 습관을 긍정적 관계로 바꾸는 실천적 임무의 전제조건이다. 이런 실천은 타자에게 개방하기, 그리고 부정성을 변환하는 임무를 지탱하는 대안적 욕망과 대안적 사회 구조를 공동-구축하기를 요청한다. 욕망을 긍정적 구조로 되돌려야만 비-파시즘적 삶을 사는 법, 다시 말해서 이 책 전체에 걸쳐 서술한 관계적 긍정의 윤리학에 의해 인도되는 삶을 사는 법을 배울 수 있다.

그러나 얼마나 엄청난 임무인가! 피로, 공포, 권태가 겹쳐지고 축적되어 완전한 무력함의 느낌을 만들어낸다. 이렇게 가능한 행동들의 지평을 닫는 것이 우리 시대의 부정성의 증상이다. 부정성은 그 자체로 가능성의 느낌을 사회적이고 심리적으로 희미하게 만드는 방식으로 나타나는데, 이는 우리의 관계적 능력을 분산시키고 전체적으로 파편화시킨다. 행동하기 위한 욕망의 이런 약화는 종종 외부 권력에 우리의 삶을 사는 법을 조직화하는 임무를 떠맡아달라고 호소하게 만든다. 이런 부정성은 결국 우리가 거주하고 있는 세계를 **받아들이고 책임질** 우리의 능력을, 단순히 그럴 능력이 너무 많이 손상되었다는 이유로 위축시키게 된다. 우리는 어느 정도까지 우리가 감당할 수 있는지를 가늠해보고 너무 많아지지 않게 해야 한다. 너무-많음은 소진의 원천들 중 하나이며, 우리의 현재 곤경 중 대부분이 이로 인한 것이다.

그러나 소진될 수 없는 것은 온갖 어려움에도 불구하고 계속해서 살아가고자 하는 우리의 욕망이다. 이것은 모든 살아 있는 실체들의 가장 내면의 본질 혹은 포텐시아이다. 내 이름에 답하지 않는 내 안의 생명이다. 생명의 이 생기적 의미는 당연하게 여겨지거나 종교적인 용어로 신성화될 수 있는 것이 아니다. 그것은 물질주의적이고 세속적인 것으로 남아 있다. '그저 하나의 삶'은 공동 세계에 속해 있다는 것의 깊은 의미, 우리가 공통으로 갖고 있는 한 단어를 표현한다. 삶을 계속해나가고자 하는 욕망은 모든 살아 있는 실체들을 상호연결하는 연약하지만 억누를 수 없는 유대감이다. 이것은 대부분 지각되지도 않고 감지할 수도 없지만 없어서는 안 되는 에너지의 으르렁거림을 생산한다.

소진될 수 없는 것은 잠재적인 것에 연결되어 있는데, 잠재적인 것의 존재론적 방향은 현실화되는 생성을 향하고 있다. 잠재적인 것은 긍정의 존재론적 힘을 부채질한다. 이런 역동적이고 생기적이며 물질적인 세계관에서, 현실화의 프로세스는 어느 한 실체를 생성할 수 있는 가능한 모든 조합들을 다 소진시키지는 않는다. 이에 대한 개념적 설명이 있지만, 문제의 본질은 윤리적인 것이다. 개념적으로 계속 버티고자 하는 이 소진될 수 없는 욕망의 원천은 아직 손대지 않은 대안들과 잠재적 가능성들의 현실화가 결코 소진될 수 없고 모든 영역을 포괄한다는 사실로부터 나온다. 긍정이 부정적 조건들에 정서적 영향을 주고 그것들을 변환시키는 하나의 실천이기에, 그리고 잠재적 현실화의 영역이 무한하기에, 모든 가능성들을 소진시키기란 논리적으로나 물질적으로나 불가능하다.

더 나아가서, 이 책에서 여러 경우에 대해 진술했듯이, 현실화의 프로세스는 권력 관계들의 변증법적 전도로 환원될 수 없다. 그러한 전도는 단지 대립하는 다른 항을 활성화함으로써 대립의 한 항을 소모해버릴 따름이다. 신유물론적 관점에서 보자면, 잠재적인 것의 대항-현실화는 가능한 것 중 일부는 가능하게 하고 다른 대안들은 홀로 남겨두거나 활성화하지 않는 편을 택한다. 포테스타스와 포텐시아 모두의 의미에서, 모든 것은 신체들이 할 수 있는 것에 달려 있다. 다르게 되고자 하는 신체들의 능력에서 제외된 것은, 죽은 물질이나 비-생명의 형태로서든, 미래의 혁명적이거나 무정부주의적인 에너지가 잠복한 저장고로서든, 부정적인 것으로 변증법적으로 역전되지 않는다. 제외된 것은 단지 홀로 남겨질 뿐이고 현재의 방정식으로부터 도출되는 것이다. 그 방정식은 긍정적인 대안들을 현실화하고자 하는 민중을 구성하는 실천이다.

생기적 신유물론의 관점에서, 이 대안-현실화와 더불어 생성의 가능한 양태들을 틀 짓게 되는데, 이는 결코 잠재성의 총합을 소진시키지 않는다. 잠재적인 것은 무한하다. 왜냐하면 생명이 무한하기 때문이다. 잠재적인 것은 현실화되는 한에서만 의미 있는 것인데 이 현실화는 고집 센 개인주의가 아닌 공동체의 행동에 달려 있다. 긍정의 이 존재론적 힘은 대안적 주체 형성들의 집단적 실천으로 구체화된다. 이런 관점에서 그것은 능동적이지도, 수동적이지도 않고 어떤 다른 중간지대에 위치한다. 그것은 주체의 지각불가능한 것-되기의 일종이다.

윤리적인 함축은 계속 나아가라는 것이다. 긍정 윤리학은 움직임$_{motion}$을 마음의 움직임$_{e-motion}$으로, 행동적인 것$_{active}$을 행동주의$_{activism}$로 되돌린다. 풍부하지만 아직 이루어지지 않은 가능성들 때문에 아직도 해야할 것이 많이 남아 있다. 심층적 변형들과 끝없는 가속의 시대에, 그 변형들과 가속으로 인해 흥분과 희망이 절망과 환멸로 교대하며 왔다 갔다 하는 시대적 분위기 속에서, 이 정도로는 부족해 보일 수도 있다. 그러나 잠재적인 것이 소진될 수 없음을 인정하는 것이야말로 능동적인 생성의 벡터로 바뀔 수 있는 영감의 원천이다. 그렇다, 할 일이 너무나 많다. 생각만 해도 소진될 지경이다. 그러나 우리는 아무리 보잘것없더라도 어딘가에서 시작해야 한다.

앞 장들에서 우리가 본 것은, 우리 위치들의 대부분 부정적인 조건들을 제대로 이해하기 위해서는 우리의 행위 역량을 증대시키는 일에 신체로 구현된 뇌와 뇌로 구현된 신체라는, 나란히 상응하는 자원들을 포함해야 한다는 것이다. 다시 말해서 세계와 더 많이 관계를 맺어야 세계를 더 잘 이해할 수 있다. 자아의 비움과 의도적 활동의 소진이 존재론적 욕망을 활성화한다. 그러므로 소진은 주권적 주체 입장의 권리 양도를 나타낸다. 그것은 서구 문화에서 윤리적, 정치적 주체성의 지배적 모델이 보여주었던, 권력에 대한 전제적인 애착을 내려놓는 실천이다.

그러나 소진은 치료가 필요한 병적 현상이 아니며, 심지어 늘 주시하고 있는 정신의약품 산업에 의해 진정되지도 않는다. 소진은 다양한 기회들을 항상 포텐시아로, 잠복 상태에서 부유할 수 있게 내버려두는 자동사적 상태이다. 이런 낮은 레벨의 강도의 흐름을 지탱하는 것조차 다르게 되고자 하는 욕망이고 삶과 죽음의 다른 방식에 대한 욕망이다.

이런 힘을 인정해야만 무언가를 할 더 실천적인 임무를 시작할 수 있다. 잠재적인 것은 현실화되어야 한다. 그리고 그것을 현실화하기 위해서 우리는 서로가 필요하다. 그러니 많은 존재들과 더불어, 그들 모두가 인간은 아니지만, 이 망가진 행성에서, 우리의 것이 될 그저 하나의 삶일 뿐인 것의 내재성에 정착하기로 하자. 소진될 수 없는 것은 우리 자신 안에서만이 아니라 우리들 사이에서도 달라지기 위한 우리의 능력, 심지어 우리의 역량이다. 우리는 이 서글픈 상황에서 우리 자신을 끌어낼 수 있고, 우리 소진의 다양한 층들을 통과하여 일할 수 있으며, 생성의 상이한 플랫폼들을 공동-구축할 수 있다. 이 변환적 실천은 포스트휴먼 시대의 횡단적 주체들에 의해, 다 함께, 집단적으로 창조될 수 있을 뿐이다. 낯선 영토에서 중대한 변화를 직면하게 될 때, 우리가 아는 것이 정확히 무엇인지에 관해 공유된 소진은 더 깊은 지혜를 실제로 펼쳐놓는다. 인간이 어떤 주장을 하고 무슨 기대를 품건 아랑곳하지 않고 생명은 살아간다. 하나가-아니고-똑같지도-않지만-이-융합에-함께-있는-'우리', 이 '우리'는 집단적으로 행동하면서, 횡단적 앙상블로서 여기에 개입할 수 있을 따름이다.

주석

서론 _____

1 노벨상 수상자 파울 크뤼천이 2002년에 만든 용어인 '인류세'는 현재의 지질학적 시대를 기술적 개입과 소비주의를 통하여 지구에 대한 엄청난 규모의 부정적인 인간 개입에 의해 지배되는 시대로 설명한다(Crutzen and Stoermer 2000). 2016년 8월 국제지질학회에서 이에 대한 논의가 있었으나, 2018년 7월 국제층서위원회는 '메갈라야' 시대에 찬성하면서 이를 거부하였다.

2 몇 가지만 예로 들자면, 마사 누스바움의 고전적 휴머니즘(1999)에서부터 탈식민주의(Gilroy 2016), 퀴어(Butler 2004), 비판적 휴머니즘(Critchley 2014) 등이 있다.

1장 _____

1 저자와의 개인적 연락을 위한 구실.

2 이런 경향의 최신 징후는 포퓰리즘 정치인들이 최근 탈진실 주장들을 펼치는 가운데 포스트모더니즘에 책임을 묻는 정치적 우익의 논의이다. 이런 캠페인에서 선보이는 왕따시키기, 욕하기, 망신주기와 같은 수많은 전략들은 헤리지티 재단 등과 같은 보수파 미국 싱크탱크에서 빌려 온 것이다.

3 '위태로운precarious'과 '프롤레타리아트'의 합성어. 선진 자본주의에서 낮은 수준의 문화, 경제, 사회 자본을 지닌 최하층 사회계급을 가리킨다(*Wikipedia*, 2018년 6월 15일 참조).

4 비셰그라드 국가들은 체코 공화국, 헝가리, 폴란드, 슬로바키아이다. 지역의 문화적, 경제적 연대를 강화하는 것을 목표로 한다는 그들의 동맹은 러

시아와 강한 유대관계를 갖는 신-민족주의적이고 권위주의적인 집단을 형성했다. 그들은 EU 난민들과 수용소 규제에 반대한다.

5 멸종에 대한 문헌도 확산하는 중이다. 예를 들면 인간이기를 중단하기 (Bruns 2010), 지구상 생명의 멸종(Lovelock 2009), 인간 자체의 멸종 (Colebrook 2014a, 2014b)에 관한 연구들을 보라.

2장 _____

1 이 용어는 물리적 도구, 탈것, 가전 등 전자적 네트워크 연결 기능이 내장된 아이템들로 이루어진 네트워크를 가리킨다. 이 네트워크는 기존 인터넷 인프라스트럭처 안에서 이 물체들이 데이터를 연결하고 교환할 수 있게 해준다. 전문가들은 사물인터넷이 2020년경에는 300억 개의 사물로 구성되고, 글로벌 시장 가치는 2020년 기준 7.1조 달러에 이를 것으로 추산한다(*Wikipedia*, 2018년 1월 23일 참조).

2 미래주의 운동은 이런 양방향 끌어당김의 전형이다.

3 이런 관점에서 들뢰즈의 분석은, 개인적 책임의 포기라는 파시즘에 대한 에리히 프롬의 정의(2001〔1941〕), 그리고 선택의 자유에서 우리를 해방시켜줄 독재자에 대한 대중적인 관능적 욕망이라는 빌헬름 라이히의 개념(1970)과 양립가능하다.

4 스피노자 본인은 창조되고 탄생한 대상과 제작된 대상 간에 아무런 차이도 두지 않았는데, 이는 그들의 '역량$_{power}$', 즉 그들이 변용하고 변용되는 힘들$_{forces}$이라는 점을 중요하게 고려했기 때문이다. 제너비브 로이드에게 감사한다.

5 1972년 출간된 『안티-오이디푸스*L'Anti-Œdipe*』에서 들뢰즈와 과타리는 경제의 금융화와 채무에 기반한 시스템의 출현까지도 예견한다.

3장 _____

1 2017년 6월 23일, 볼로냐 대학 글로벌 인문학과 비판이론 학회의 '대학의 비판적 임무' 학술대회에서 세라 너텔이 발표한 미발표 논문 「동시대: 새로운 낡은 것의 충격」.

4장 _____

1 프랑스 철학자들이 기관으로서 대학에 대해 강한 인식을 가지고 새로운 교육과 연구 구조 플랫폼에 관한 글을 썼다는 데 주목해야 한다. 들뢰즈는 뱅센 파리 8대학, 데리다는 국제철학대학에 있었다. 1967년 과타리가 인문학과 사회과학의 집단적인 학제적 연구를 발전시킬 목적으로 시작한 CERFI(Centre d'études, de recherches et de formation institutionnelles)에 관한 글을 보라. 학술지《연구*Recherches*》에 발표되었다.

2 중요한 사이트 두 개를 참조하라. http://environmentalHumanities.org/; http://www.resiliencejournal.org/

3 이것은《디지털 인문학 코먼스*Digital Humanities Commons*》를 발행하는 센터넷 네트워크*CenterNet Network*이다. http://www.dhcenternet.org/

4 https://www.cser.ac.uk/

5 https://www.hkw.de/en/programm/themen/das_anthropozaen_am_hkw/das_anthropozaen_am_hkw_start.php

6 https://brocku.ca/pri/

7 http://www.theposthuman.org/ny-posthuman-research-group.htm

8 https://www.berggruen.org/work/the-transformations-of-the-human/

9 편집자 슈테판 로렌츠 조르그너와 신상규. http://www.psupress.org/Journals/jnls_JPHS.html

10 편집자 송기정. http://www.trans-Humanities.org/

11 http://criticalposthumanism.net/

5장 _____

1 알베르트 아인슈타인 인용. http://www.brainyquote.com/quotes/quotes/a/alberteins385842.html(2018년 9월 1일 접속).

2 2009년 2월 7일 빅토리아주에서 발생한 검은 토요일 산불은 이 글을 적고 있는 지금까지 오스트레일리아 사상 최악의 자연재해였다.

3 https://www.forensic-architecture.org/lexicon/murky-evidence/

4 들뢰즈(1988, 1990), 과타리(1995, 2000), 세르(2008), 그 밖의 신-스피노자주의 사상가들(Matheron 1969; Deleuze and Guattari 1987, 1994; Wilson 1990; Negri 1991; Balibar 1994; Macherey 2011)의 현대 일원론 철학과, 특히 물질주의와 과학적 사실주의 양자의 과학적 이해에 대한

그들의 영향(DeLanda 2002)과 인문학에 대한 영향(Citton and Lordon 2008)은 혁신적인 비판적 관점을 제공했다.

5 낯설게하기는 원래 20세기 예술가와 작가들, 특히 베르톨트 브레히트가 미학적 접근법으로 제안하였으나 초현실주의자들도 제안했다. 이 비판적 계보학은 특히 푸코에서 강력하게 은밀한 영향을 행사한다.

6 폴리티 출판사에서 출간된 브라이도티의 『포스트휴먼 페미니즘*Posthuman Feminism*』(2021)을 참조하라.

6장 _____

1 http://dhpoco.org/의 탈식민주의적 디지털 인문학 블로그와 웹사이트도 참조하라.

2 예를 들어 캐나다 브리티시컬럼비아주의 땅/미디어/토착민 프로젝트를 참조하라(Bleck, Dodds and Williams 2013).

3 미차 카르데나스, 노하 F. 베이둔, 알라이냐 카발로스키의 합동 작업. 웹사이트 http://www.hastac.org/forums/colonial-legacies-postcolonial-realities-and-decolonial-futures-digital-media를 참조하라. 매슈 풀러에게 감사한다.

4 2018년 1월 바이마르 IKKM 세미나에 함께한 크리스토프 F.E. 홀츠하이에게 감사한다.

참고문헌

Agamben, Giorgio. 1998. *Homo Sacer: Sovereign Power and Bare Life*. Stanford, CA: Stanford University Press.

Alaimo, Stacy. 2010. *Bodily Natures: Science, Environment, and the Material Self*. Bloomington, IN: Indiana University Press.

Alaimo, Stacy. 2014. Thinking as the stuff of the world. *O-Zone: A Journal of Object-Oriented Studies*, 1.

Alaimo, Stacy. 2016. *Exposed: Environmental Politics and Pleasures in Posthuman Times*. Minneapolis, MN: University of Minnesota Press.

Alaimo, Stacy and Susan Hekman (eds.). 2008. *Material Feminisms*. Bloomington, IN: Indiana University Press.

Anderson, Laurie. 1997. Control rooms and other stories: Confession of a content provider. *Parkett*, 49, 126–45.

Ansell Pearson, Keith. 1997. *Viroid Life: Perspectives on Nietzsche and the Transhuman Condition*. London and New York: Routledge.

Ansell Pearson, Keith. 1999. *Germinal Life: The Difference and Repetition of Deleuze*. London and New York: Routledge.

Anzaldúa, Gloria. 1987. *Borderlands/La Frontera: The New Mestiza*. San Francisco, CA: Aunt Lute Books.

Arendt, Hannah. 1958. *The Human Condition*. Chicago: Chicago University Press.

Arendt, Hannah. 2006. *Eichmann in Jerusalem. A Report on the Banality of Evil*. London: Penguin Classics.

Arthur, John and Amy Shapiro. 1995. *Campus Wars: Multiculturalism and the Politics of Difference*. Boulder, CO: Westview Press.

Åsberg, Cecilia and Rosi Braidotti (eds.). 2018. *A Feminist Companion to the*

Posthumanities. New York: Springer.

Åsberg, Cecilia, Redi Koobak and Ericka Johnson (eds.). 2010. Post-humanities is a feminist issue. *Nora*, 19(4), 213-16.

Badiou, Alain. 2013. Our contemporary impotence. *Radical Philosophy*, 181, pp. 40-3.

Badiou, Alain and Slavoj Žižek. 2009. *Philosophy in the Present*. Cambridge: Polity.

Badmington, Neil. 2003. Theorizing posthumanism. *Cultural Critique*, 53(1), 10-27.

Balibar, Etienne. 1994. *Spinoza and Politics*. London: Verso Books.

Balsamo, Anne M. 1996. *Technologies of the Gendered Body: Reading Cyborg Women*. Durham, NC: Duke University Press.

Banerji, Debashish and Makarand R. Paranjape (eds.). 2016. *Critical Posthumanism and Planetary Futures*. New Delhi: Springer India.

Barad, Karen. 2007. *Meeting the Universe Halfway: Quantum Physics and the Entanglement of Matter and Meaning*. Durham, NC: Duke University Press.

Barr, Marleen S. 1987. *Alien to Femininity: Speculative Fiction and Feminist Theory*. Westport, CT: Greenwood Press.

Barr, Marleen S. 1993. *Lost in Space: Probing Feminist Science Fiction and Beyond*. Chapel Hill, NC: The University of North Carolina Press.

Bastian, Michelle, Owain Jones, Niamh Moore and Emma Roe. 2017. *Participatory Research in More-than-Human Worlds*. New York: Routledge.

Bataille, Georges. 1988. *The Accursed Share: An Essay on General Economy*. New York: Zone Books.

Bayley, Annouchka. 2018. *Posthuman Pedagogies in Practice: Arts Based Approaches for Developing Participatory Futures*. London: Palgrave Macmillan.

Beck, Ulrich. 1999. *World Risk Society*. Cambridge: Polity.

Beck, Ulrich. 2007. The Cosmopolitan condition: Why methodological nationalism fails. *Theory, Culture & Society*, 24(7/8), 286-90.

Beer, Gillian. 1983. *Darwin's Plots: Evolutionary Narrative in Darwin, George Eliot, and Nineteenth-Century Fiction*. London: Routledge & Kegan

Paul.

Benhabib, Seyla. 2009. Claiming rights across borders: International human rights and democratic sovereignty. *American Political Science Review*, 103(4), 691-704.

Bennett, Jane. 2010. *Vibrant Matter: A Political Ecology of Things*. Durham, NC: Duke University Press.

Berg, Maggie and Barbara K. Seeber (eds.). 2016. *The Slow Professor: Challenging the Culture of Speed in the Academy*. Toronto: University of Toronto Press.

Berubé, Michael and Cary Nelson. 1995. *Higher Education Under Fire: Politics, Economics and the Crisis of the Humanities*. New York: Routledge.

Bhabha, Homi. 1994. *The Location of Culture*. New York: Routledge.

Bhabha, Homi. 1996. Unsatisfied: Notes on vernacular cosmopolitanism. In: Laura Garcia-Morena and Peter C. Pfeifer (eds.) *Text and Nation*. London: Camden House.

Bignall, Simone, Steve Hemming and Daryle Rigney. 2016. Three ecosophies for the Anthropocene: Environmental governance, continental posthumanism and indigenous expressivism. *Deleuze Studies*, 10(4), 455-78.

Bignall, Simone and Paul Patton. 2010. *Deleuze and the Postcolonial*. Edinburgh: Edinburgh University Press.

Bleck, Nancy, Katherine Dodds and Chief Bill Williams. 2013. *Picturing Transformations*. Vancouver: Figure 1 Publishing.

Bono, James J., Tim Dean and Ewa P. Ziarek. 2008. *A Time for the Humanities: Futurity and the Limits of Autonomy*. New York: Fordham University Press.

Bonta, Mark and John Protevi. 2004. *Deleuze and Geophilosophy: A Guide and Glossary*. Edinburgh: Edinburgh University Press.

Bostrom, Nick. 2014. *Superintelligence: Paths, Dangers, Strategies*. Oxford: Oxford University Press.

Bozalek, Vivienne, Rosi Braidotti, Tamara Shefer and Michalinos Zembylas (eds.). 2018. *Socially Just Pedagogies: Posthumanist, Feminist and Materialist Perspectives in Higher Education*. London: Bloomsbury Academic.

Brah, Avtar. 1996. *Cartographies of Diaspora: Contesting Identities*. London: Routledge.

Braidotti, Rosi. 1991. *Patterns of Dissonance: On Women in Contemporary French Philosophy*. Cambridge: Polity.

Braidotti, Rosi. 1994. *Nomadic Subjects: Embodiment and Sexual Difference in Contemporary Feminist Theory*. New York: Columbia University Press.

Braidotti, Rosi. 2002. *Metamorphoses: Towards a Materialist Theory of Becoming*. Cambridge: Polity.

Braidotti, Rosi. 2006. *Transpositions: On Nomadic Ethics*. Cambridge: Polity.

Braidotti, Rosi. 2011a. *Nomadic Subjects: Embodiment and Sexual Difference in Contemporary Feminist Theory*. New York: Columbia University Press.

Braidotti, Rosi. 2011b. *Nomadic Theory: The Portable Rosi Braidotti*. New York: Columbia University Press.

Braidotti, Rosi. 2013. *The Posthuman*. Cambridge: Polity.

Braidotti, Rosi. 2014. The untimely. In: Bolette Blagaard and Iris van der Tuin (eds.) *The Subject of Rosi Braidotti: Politics and Concepts*. New York: Bloomsbury Academic, pp. 227-50.

Braidotti, Rosi. 2015. Posthuman feminist theory. In: Lisa Disch and Mary Hawkesworth (eds.) *Oxford Handbook of Feminist Theory*. Oxford: Oxford University Press, pp. 673-88.

Braidotti, Rosi. 2016a. The contested posthumanities. In: Rosi Braidotti and Paul Gilroy (eds.) *Conflicting Humanities*. London and New York: Bloomsbury Academic.

Braidotti, Rosi. 2016b. The critical posthumanities; Or, Is medianatures to naturecultures as Zoe is to Bios? *Cultural Politics*, 12(3), 380-90.

Braidotti, Rosi. 2017. Posthuman, all too human. *The 2017 Tanner Lectures on Human Values*. Utah: Whitney Humanities Center, Yale University and the Tanner Foundation.

Braidotti, Rosi. 2018. A theoretical framework for the critical posthumanities. *Theory, Culture & Society*, https://doi.org/10.1177/0263276418771486

Braidotti, Rosi and Paul Gilroy (eds.). 2016. *Conflicting Humanities*. London: Bloomsbury Academic.

Braidotti, Rosi and Maria Hlavajova (eds.). 2018. *Posthuman Glossary*. London:

Bloomsbury Academic.

Braidotti, Rosi and Simone Bignall (eds.). 2018. *Posthuman Ecologies*. London: Rowman & Littlefield International.

Brown, Nathan. 2016. Avoiding communism: A critique of Nick Srnicek and Alex Williams' inventing the future. *Parrhesia*, 25, 155-71.

Brown, Wendy. 2015. *Undoing the Demos: Neoliberalism's Stealth Revolution*. New York: Zone Books.

Bruns, Gerald L. 2010. *On Ceasing to Be Human*. Stanford, CA: Stanford University Press.

Bryant, Levi. 2011. *The Democracy of Objects*. Ann Arbor, MI: Open Humanities Press.

Bryld, Mette and Nina Lykke. 2000. *Cosmodolphins: Feminist Cultural Studies of Technology, Animals and the Sacred*. New York: Zed Books.

Burgess, J. Peter. 2014. *The Future of Security Research in the Social Sciences and the Humanities*. Strasbourg, France: European Science Foundation.

Burns, Lorna and Birgit Kaiser (eds.). 2012. *Postcolonial Literatures and Deleuze: Colonial Pasts, Differential Futures*. London: Palgrave Macmillan.

Butler, Judith. 2004. *Precarious Life: The Powers of Mourning and Violence*. New York: Verso Books.

Cameron, Fiona R. 2018. Posthuman museum practices. In: Rosi Braidotti and Maria Hlavajova (eds.) *Posthuman Glossary*. London: Bloomsbury Academic, pp. 349-52.

Carroll, Joseph. 2004. *Literary Darwinism: Evolution, Human Nature and Literature*. New York: Routledge.

Castells, Manuel. 2010. *The Information Age: Economy, Society and Culture. Volume 1: The Rise of the Network Society*, 2nd edn. Oxford: Wiley-Blackwell.

Césaire, Aimé. 1981. *Toussaint Louverture*. Paris: Présence Africaine.

Chakrabarty, Dipesh. 2009. The climate of history: Four theses. *Critical Enquiry*, 35, 197-222.

Chomsky, Noam. 2014. The death of American universities. *Jacobin Magazine*. Available at: ⟨https://www.jacobinmag.com/2014/03/the-death-of-american-universities/⟩.

Citton, Yves and Frédéric Lordon. 2008. *Spinoza et les sciences sociales*. Paris:

Editions Amsterdam.

Clark, Nigel. 2008. Aboriginal cosmopolitanism. *International Journal of Urban and Regional Research*, 32(3), 737-44.

Clark, Nigel and Yasmin Gunaratnam. 2017. Earthing the *Anthropos*? From 'socializing the Anthropocene' to geologizing the social. *European Journal of Social Theory*, 20(1), 146-63.

Clark, Nigel and Kathryn Yusoff. 2017. Geosocial formations and the Anthropocene. *Theory, Culture & Society*, 34(2-3), 3-23.

Clarke, Adele. 2018. Introducing making kin, not population. In: Adele E. Clarke and Donna Haraway (eds.) *Making Kin, Not Population*. Chicago, IL: Prickly Paradigm Press.

Clarke, Bruce. 2008. *Posthuman Metamorphosis: Narrative and Systems*. New York: Fordham University Press.

Clarke, Bruce. 2017. Rethinking Gaia: Stengers, Latour, Margulis. *Theory, Culture & Society*, 34(4), 3-26.

Clarke, Bruce and Manuela Rossini (eds.). 2016. *The Cambridge Companion to Literature and The Posthuman*. Cambridge: Cambridge University Press.

Clover, Joshua and Julianna Spahr. 2014. *#Misanthropocene: 24 Theses*. Oakland, CA: Commune Editions.

Coetzee, J.M. 2013. Take a stand on academic freedom. *University World News*, 29 November. Available at: ⟨http://www.universityworldnews.com/article.php?story=20131126223127382⟩.

Cohen, Tom, Claire Colebrook and J. Hillis Miller. 2012. *Theory and the Disappearing Future: On de Man, on Benjamin*. New York: Routledge.

Cohen, Tom, Claire Colebrook and J. Hillis Miller. 2016. *Twilight of the Anthropocene Idols*. London: Open Humanities Press.

Cole, David R. and Joff P.N. Bradley (eds.). 2018. *Principles of Transversality in Globalization and Education*. New York: Springer.

Cole, Jonathan, Elinor Barber and Stephen Graubard (eds.). 1993. *The Research University in a Time of Discontent*. Baltimore, MD: Johns Hopkins University Press.

Colebrook, Claire. 2014a. *Death of the Posthuman*. Ann Arbor, MI: Open Humanities Press/University of Michigan Press.

Colebrook, Claire. 2014b. *Sex After Life: Essays on Extinction, Vol. 2*. Ann Arbor, MI: Open Humanities Press.

Coleman, Rebecca and Jessica Ringrose. 2013. *Deleuze and Research Methods*. Edinburgh: Edinburgh University Press.

Collini, Stefan. 2012. *What Are Universities For?* London: Penguin Books.

Coole, Diana and Samantha Frost (eds.). 2010. *New Materialisms: Ontology, Agency and Politics*. Durham, NC: Duke University Press.

Cooper, Melinda. 2008. *Life as Surplus: Biotechnology and Capitalism in the Neoliberal Era*. Seattle, WA: University of Washington Press.

Cooper, Melinda and Catherine Waldby. 2014. *Clinical Labor: Tissue Donors and Research Subjects in the Global Bioeconomy*. Durham, NC: Duke University Press.

Creed, Barbara. 1993. *The Monstrous-Feminine: Film, Feminism, Psychoanalysis*. New York: Routledge.

Creed, Barbara. 2009. *Darwin's Screens: Evolutionary Aesthetics, Time and Sexual Display in the Cinema*. Melbourne: Melbourne University Press.

Crist, Eileen. 2013. On the poverty of our nomenclature. *Environmental Humanities*, 3, 29-47.

Critchley, Simon. 2014. *The Faith of the Faithless*. London: Verso Books.

Crutzen, P. J. and E. F. Stoermer. 2000. The Anthropocene. *Global Change Newsletter*, 41, 17-18.

Davis, Heather and Etienne Turpin (eds.). 2015. *Art in the Anthropocene: Encounters Among Aesthetics, Politics, Environments and Epistemologies*. London: Open Humanities Press.

de Fontenay, Elizabeth. 1998. *Le silence des bêtes*. Paris: Fayard.

de Graef, Ortwin. 2016. 'Muscular Humanities' presentation at the European . Consortium of Humanities Institutes and Centres (ECHIC), Annual Conference Macerata, 21-22 April.

De Sutter, Laurent. 2018. *Narcocapitalism*. Cambridge: Polity.

d'Eaubonne, Françoise. 1974. *Le féminisme ou la mort*. Paris: Pierre Horay.

DeLanda, Manuel. 2002. *Intensive Science and Virtual Philosophy*. New York: Continuum.

DeLanda, Manuel. 2016. *Assemblage Theory*. Edinburgh: Edinburgh University Press.

Deleuze, Gilles. 1983. *Nietzsche and Philosophy*. New York: Columbia University Press.

Deleuze, Gilles. 1984. *Kant's Critical Philosophy*. London: Athlone Press.

Deleuze, Gilles. 1988. *Spinoza: Practical Philosophy*. San Francisco, CA: City Lights Books.

Deleuze, Gilles. 1990. *Expressionism in Philosophy: Spinoza*. New York: Zone Books.

Deleuze, Gilles. 1993. *The Fold: Leibniz and the Baroque*. Minneapolis, MN: University of Minnesota Press.

Deleuze, Gilles. 1994. *Difference and Repetition*. London: Athlone Press.

Deleuze, Gilles. 1995a. *Negotiations*. New York: Columbia University Press.

Deleuze, Gilles. 1995b. The exhausted. *SubStance* 24(3), 3-28.

Deleuze, Gilles. 1998. *Essays Critical and Clinical*. London: Verso Books.

Deleuze, Gilles. 2003. *Pure Immanence: Essays on a Life*. New York: Zone Books.

Deleuze, Gilles. 2006. *Two Regimes of Madness: Texts and Interviews 1975-1995*. Cambridge, MA: MIT Press.

Deleuze, Gilles and Felix Guattari. 1977. *Anti-Oedipus*. New York: Viking Press.

Deleuze, Gilles and Felix Guattari. 1987. *A Thousand Plateaus: Capitalism and Schizophrenia*. Minneapolis, MN: University of Minnesota Press.

Deleuze, Gilles and Felix Guattari. 1994. *What is Philosophy?* New York: Columbia University Press.

Derrida, Jacques. 2007. No apocalypse, not now: Full speed ahead, seven missiles, seven missives. In: Peggy Kamuf and Elizabeth Rottenberg (eds.) *Psyche: Inventions of the Other*. Stanford, CA: Stanford University Press, pp. 387-409.

Derrida, Jacques. 2008. *The Animal That Therefore I Am*. New York: Fordham University Press.

Descola, Philippe. 2009. Human natures. *Social Anthropology*, 17(2), 145-57.

Descola, Philippe. 2013. *Beyond Nature and Culture*. Chicago, IL: University of Chicago Press.

Dolphijn, Rick and Iris van der Tuin (eds.). 2012. *New Materialism: Interviews and Cartographies*. Ann Arbor, MI: Open Humanities Press.

Donoghue, Frank. 2008. *The Last Professors: The Corporate University and the*

Fate of the Humanities. New York: Fordham University Press.

Donovan, Josephine and Carol J. Adams (eds.). 1996. *Beyond Animal Rights: A Feminist Caring Ethic for the Treatment of Animals*. New York: Continuum.

Donovan, Josephine and Carol J. Adams (eds.). 2007. *The Feminist Care Tradition in Animal Ethics*. New York: Columbia University Press.

Douzinas, Costas. 2017. *Syriza in Power: Reflections of a Reluctant Politician*. Cambridge: Polity.

Epstein, Mikhail. 2012. *The Transformative Humanities: A Manifesto*. New York: Bloomsbury Academic.

Fanon, Frantz. 1967. *Black Skin, White Masks*. New York: Grove Press.

Felski, Rita. 2015. *The Limits of Critique*. Chicago, IL: University of Chicago Press.

Ferrando, Francesca. 2013. From the eternal recurrence to the posthuman multiverse. *The Agonist*, 4(1-2), 1-11.

Flannery, Tim. 1994. *The Future Eaters*. New York: Grove Press.

Foucault, Michel. 1970. *The Order of Things: An Archaeology of Human Sciences*. New York: Pantheon Books.

Foucault, Michel. 1977. Preface. In: Gilles Deleuze and Felix Guattari, *Anti-Oedipus*. New York: Viking Press.

Foucault, Michel. 1995. *Discipline and Punish*. New York: Pantheon Books.

Foucault, Michel. 2008. *The Birth of Biopolitics: Lectures at the Collège de France 1978-1979*. London: Palgrave Macmillan.

Foucault, Michel and Gilles Deleuze. 1977. Intellectuals and power: A conversation between Foucault and Deleuze. In: Donald Bouchard (ed.) *Language, Counter-Memory and Practice*. Ithaca, NY: Cornell University Press, pp. 205-17.

Franklin, Sarah, Celia Lury and Jackie Stacey. 2000. *Global Nature, Global Culture*. Thousand Oaks, CA: Sage Publications.

Fromm, Erich. 2001 [1941]. *Fear of Freedom*. New York: Routledge.

Fukuyama, Francis. 1989. The end of history? *The National Interest*, 16, 3-18.

Fukuyama, Francis. 2002. *Our Posthuman Future: Consequences of the Biotechnological Revolution*. London: Profile Books.

Fuller, Matthew. 2005. *Media Ecologies: Materialist Energies in Art and*

Technoculture. Cambridge, MA: MIT Press.

Fuller, Matthew. 2008. *Software Studies: A Lexicon*. Cambridge, MA: MIT Press.

Fuller, Matthew. 2018. *How to Sleep: The Art, Biology and Culture of Unconsciousness*. London: Bloomsbury Academic.

Fuller, Matthew and Andrew Goffey. 2013. *Evil Media*. Cambridge, MA: MIT Press.

Gabrys, Jennifer. 2011. *Digital Rubbish: A Natural History of Electronics*. Ann Arbor, MI: University of Michigan Press.

Galison, Peter. 1997. *Image and Logic: A Material Culture of Microphysics*. Chicago, IL: University of Chicago Press.

Galison, Peter. 2004. Specific theory. *Critical Inquiry*, 30(2), 379–83.

Gatens, Moira and Genevieve Lloyd. 1999. *Collective Imaginings*. New York: Routledge.

Genosko, Gary. 2018. Four elements. In: Rosi Braidotti and Maria Hlavajova (eds.) *Posthuman Glossary*. London: Bloomsbury Academic, pp. 167–9.

Ghosh, Amitav. 2016. *The Great Derangement: Climate Change and the Unthinkable*. Chicago, IL: University of Chicago Press.

Giffney, Noreen and Myra J. Hird. 2008. *Queering the Non/Human*. London: Routledge.

Gill, Rosalind. 2010. Breaking the silence: The hidden injuries of the neoliberal universities. In: Rosalind Gill and Roisin Ryan Flood (eds.) *Secrecy and Silence in the Research Process: Feminist Reflections*. New York: Routledge, pp. 228–44.

Gilroy, Paul. 2000. *Against Race*. Cambridge, MA: Harvard University Press.

Gilroy, Paul, 2016. *The Black Atlantic and the Re-enchantment of Humanism*. Salt Lake City, UT: University of Utah Press.

Glissant, Edouard. 1997. *Poetics of Relation*. Ann Arbor, MI: University of Michigan Press.

Glotfelty, Cheryll and Harold Fromm (eds.). 1996. *The Ecocriticism Reader*. Athens, GA: University of Georgia Press.

Goodley, Dan, Rebecca Lawthorn, Kirsty Liddiard and Katherine Runswick. 2018. Posthuman disability and dishuman studies. In: Rosi Braidotti and Maria Hlavajova (eds.) *Posthuman Glossary*. London: Bloomsbury Academic, pp. 342–5.

Goodley, Dan, Rebecca Lawthorn and Katherine Runswick. 2014. Posthuman disability studies. *Subjectivity*, 7(4), 341-61.

Gouges, Olympe de. 1791. *The Declaration of the Rights of Woman*. Available at ⟨http://chnm.gmu.edu/revolution/d/293/⟩.

Gray, John. 2002. *Straw Dogs*. London: Granta Books.

Grewal, Inderpal and Caren Kaplan. 1994. *Scattered Hegemonies: Postmodernity and Transnational Feminist Practices*. Minneapolis, MN: University of Minnesota Press.

Griffin, Susan. 1978. *Woman and Nature: The Roaring Inside Her*. New York: Harper & Row.

Grosz, Elizabeth. 1995. *Space, Time and Perversion: Essays on the Politics of Bodies*. New York: Routledge.

Grosz, Elizabeth. 2011. *Becoming Undone: Darwinian Reflections on Life, Politics, and Art*. Durham, NC: Duke University Press.

Gruen, Lori and Kari Weil. 2012. Animal Others—Editors' introduction. *Hypatia*, 27(3), 477-87.

Grusin, Richard. 2017. *Anthropocene Feminism*. Minneapolis, MN: University of Minnesota Press.

Guattari, Felix. 1995. *Chaosmosis: An Ethico-aesthetic Paradigm*. Sydney: Power Publications.

Guattari, Felix. 2000. *The Three Ecologies*. London: Athlone Press.

Habermas, Jürgen. 2003. *The Future of Human Nature*. Cambridge: Polity.

Halberstam, J. Jack. 2012. *Gaga Feminism*. Boston, MA: Beacon Press.

Halberstam, Judith M. and Ira Livingston (eds.). 1995. *Posthuman Bodies*. Bloomington, IN: Indiana University Press.

Hall, Stuart. 1979. The great moving right show. *Marxism Today*, January, 14-20.

Hallward, Peter. 2006. *Out of this World: Deleuze and the Philosophy of Creation*. London: Verso Books.

Hanafin, Patrick. 2018. Posthuman rights, a micropolitics of. In: Rosi Braidotti and Maria Hlavajova (eds.) *Posthuman Glossary*. London: Bloomsbury Academic, pp. 352-5.

Haraway, Donna. 1985. A manifesto for cyborgs: Science, technology, and socialist feminism in the 1980s. *Socialist Review*, 5(2), 65-107.

Haraway, Donna. 1988. Situated knowledges: The science question in feminism as a site of discourse on the privilege of partial perspective. *Feminist Studies*, 14(3), 575-99.

Haraway, Donna. 1990. *Simians, Cyborgs and Women*. London: Free Association Press.

Haraway, Donna. 1997. *Modest_Witness@Second_Millennium. FemaleMan*[©]_ *Meets_ Oncomouse*[™]. New York: Routledge.

Haraway, Donna. 2003. *The Companion Species Manifesto: Dogs, People and Significant Otherness*. Chicago, IL: Prickly Paradigm Press.

Haraway, Donna 2004[1992]. The promises of monsters: Aregenerative politics for inappropriate/d Others. In: *The Haraway Reader*. New York: Routledge, pp. 63-124.

Haraway, Donna. 2016. *Staying with the Trouble: Making Kin in the Chthulucene*. Durham, NC: Duke University Press.

Harding, Sandra. 1986. *The Science Question in Feminism*. Ithaca, NY: Cornell University Press.

Harding, Sandra. 1991. *Whose Science? Whose Knowledge?* Ithaca, NY: Cornell University Press.

Hardt, Michael and Antonio Negri. 2000. *Empire*. Cambridge, MA: Harvard University Press.

Harman, Graham. 2010. *Towards Speculative Realism*. Washington, DC: Zero Books.

Harman, Graham. 2014. *Bruno Latour: Reassembling the Political*. London: Pluto Press.

Hayles, N. Katherine. 1999. *How We Became Posthuman: Virtual Bodies in Cybernetics, Literature and Informatics*. Chicago, IL: University of Chicago Press.

Hayles, N. Katherine. 2005. *My Mother Was a Computer: Digital Subjects and Literary Texts*. Chicago, IL: University of Chicago Press.

Herbrechter, Stefan. 2013. *Posthumanism: A Critical Analysis*. New York: Bloomsbury Academic.

Hester, Helen. 2018. *Xenofeminism*. Cambridge: Polity.

Hill Collins, Patricia. 1991. *Black Feminist Thought*. New York: Routledge.

Hird, Myra. J. and Celia Roberts. 2011. Feminism theorizes the nonhuman. *Feminist Theory*, 12(2), 109-17.

Holland, Eugene. 2011. *Nomad Citizenship: Free-Market Communism and the Slow-Motion General Strike*. Minneapolis, MN: University of Minnesota Press.

hooks, bell. 1981. *Ain't I a Woman: Black Women and Feminism*. Boston, MA: South End Press.

hooks, bell. 1990. Postmodern blackness. In: *Yearning: Race, Gender and Cultural Politics*. Toronto: Between the Lines.

Hörl, Erich. 2013. A thousand ecologies: The process of cyberneticization and general ecology. In: Diedrich Diederichsen and Anselm Franke (eds.) *The Whole Earth: California and the Disappearance of the Outside*. Berlin: Sternberg Press, pp. 121-30.

Hörl, Erich. 2018. General ecology. In: Rosi Braidotti and Maria Hlavajova (eds.) *Posthuman Glossary*. London: Bloomsbury Academic, pp. 172-4.

Hörl, Erich and James Burton (eds.). 2017. *General Ecology: The New Ecological Paradigm*. London: Bloomsbury Academic.

Huggan, Graham and Helen Tiffin. 2009. *Postcolonial Ecocriticism: Literature, Animals, Environment*. New York: Routledge.

Huntington, Samuel. 1996. *The Clash of Civilizations and the Remaking of World Order*. New York: Simon and Schuster.

Irigaray, Luce. 1984. *This Sex Which is Not One*. Ithaca, NY: Cornell University Press.

Irigaray, Luce. 1993. *An Ethics of Sexual Difference*. Ithaca, NY: Cornell University Press.

Käll, Jannice. 2017. A posthuman data subject? The right to be forgotten and beyond. *German Law Journal*, 18(5), 1145-62.

Kelly, Joan. 1979. The double-edged vision of feminist theory. *Feminist Studies*, 5(1), 216-27.

King, Katie. 2011. *Networked Reenactments: Stories Transdisciplinary Knowledges Tell*. Durham, NC: Duke University Press.

Kirby, Vicki. 2011. *Quantum Anthropologies: Life at Large*. Durham, NC: Duke University Press.

Kirksey, Eben and Stefan Helmreich. 2010. The emergence of multispecies ethnography. *Cultural Anthropology*, 25(4), 545-76.

Klein, Naomi. 2014. *This Changes Everything: Capitalism vs. The Climate*. New

York: Simon and Schuster.

Kolbert, Elizabeth. 2014. *The Sixth Extinction*. New York: Henry Holt Company.

Kristeva, Julia. 1980. *Desire in Language: A Semiotic Approach to Literature and Art*. New York: Columbia University Press.

Kroker, Arthur. 2014. *Exits to the Posthuman Future*. Cambridge: Polity.

Kurzweil, Ray. 2006. *The Singularity is Near*. New York: Penguin Putnam.

Laboria Cuboniks. 2015. *The Xenofeminist Manifesto*. Available at http://tripleampersand.org/after-accelerationism-the-xenofeminist-manifesto/

Lambert, Gregg. 2001. *Report to the Academy*. Aurora, CO: The Davis Group Publisher.

Land, Nick. 1992. *The Thirst for Annihilation: Georges Bataille and Virulent Nihilism (an Essay in Atheistic Religion)*. London: Routledge.

Land, Nick. 1993. Making it with Deleuze: Remarks on Thanatos and Desiring-Production. *Journal of the British Society for Phenomenology*, 24(1), 66-76.

Last, Angela. 2017. We are the world? Anthropocene cultural production between geopoetics and geopolitics. *Theory, Culture & Society*, 34(2-3), 147-68.

Latour, Bruno. 1991. *We Have Never Been Modern*. Cambridge, MA: Harvard University Press.

Latour, Bruno. 2004. Why has critique run out of steam? *Critical Inquiry*, 30(2), 225-48.

Latour, Bruno. 2005. *Reassembling the Social: An Introduction to Actor-Network-Theory*. Oxford: Oxford University Press.

Latour, Bruno. 2017. *Facing Gaia: Eight Lectures on the New Climatic Regime*. Cambridge: Polity.

Lau, Carolyn. 2018. Posthuman literature and criticism. In: Rosi Braidotti and Maria Hlavajova (eds.) *Posthuman Glossary*. London: Bloomsbury Academic, pp. 347-9.

Lazzarato, Maurizio. 2012. *The Making of the Indebted Man: An Essay on the Neoliberal Condition*. Los Angeles, CA: Semiotext(e).

Lilla, Mark. 2017. *The Once and Future Liberal*. New York: HarperCollins.

Lillywhite, Austin. 2017. Relational matters: A critique of speculative realism and a defense of non-reductive materialism. *Chiasma*, 4(1), 13-39.

Livingston, Julie and Jasbir K. Puar. 2011. Interspecies. *Social Text*, 29(1), 3-14.

Lloyd, Genevieve. 1984. *The Man of Reason: Male and Female in Western Philosophy*. London: Methuen.

Lloyd, Genevieve. 1994. *Part of Nature: Self-Knowledge in Spinoza's Ethics*. Ithaca, NY: Cornell University Press.

Lloyd, Genevieve. 1996. *Spinoza and the Ethics*. New York: Routledge.

Lorimer, Jamie. 2017. The Anthropo-scene: a guide for the perplexed. *Social Studies of Science*, 47(1), 117-42.

Louverture, Toussaint. 2011[1794]. *Lettres à la France*. Bruyères-le-Châtel: Nouvelle Cité.

Lovelock, James. 2009. *The Vanishing Face of Gaia: A Final Warning*. New York: Basic Books.

Lury, Celia, Luciana Parisi and Tiziana Terranova. 2012. Introduction: The becoming topological of culture. *Theory, Culture & Society*, 29(4-5), 3-35.

Lykke, Nina. 2011. This discipline which is not one: Feminist studies as a post-discipline. In: Nina Lykke, Rosemarie Buikema and Gabriele Griffin (eds.) *Theories and Methodologies in Postgraduate Feminist Research: Researching Differently*. New York: Routledge, pp. 137-51.

Lykke, Nina. 2018. Postdisciplinarity. In: Rosi Braidotti and Maria Hlavajova (eds.) *Posthuman Glossary*. London: Bloomsbury Academic, pp. 332-5.

Lyotard, Jean-François. 1979. *The Postmodern Condition: A Report on Knowledge*. Minneapolis, MN: University of Minnesota Press.

Lyotard, Jean-François. 1989. *The Inhuman: Reflections on Time*. Oxford: Blackwell.

MacCormack, Patricia. 2014. *The Animal Catalyst: Towards Ahuman Theory*. New York: Bloomsbury Academic.

Macfarlane, Robert. 2016. Generation Anthropocene: How humans have altered the planet forever. *The Guardian*, 1 April. Available at: ⟨https://www.theguardian.com/books/2016/apr/01/generation-anthropocene-altered-planet-for-ever⟩.

Macherey, Pierre. 2011. *Hegel or Spinoza*. Minneapolis, MN: University of Minnesota Press.

MacKenzie, Adrian. 2002. *Transductions: Bodies and Machines at Speed*. New

York: Continuum.

MacKinnon, Catherine A. 2007. *Are Women Human?* Cambridge, MA: Harvard University Press.

Mahdawi, Arwa. 2018. We live in an age of anxiety—and we can't blame it all on Trump. *The Guardian*, 7 August.

Margulis, Lynn and Dorion Sagan. 1995. *What Is Life?* Berkley, CA: University of California Press.

Marks, John. 1998. *Gilles Deleuze: Vitalism and Multiplicity.* London: Pluto Press.

Massumi, Brian. 1992. Everywhere you want to be: An introduction to fear. In: Joan Broadhurst (ed.) *Deleuze and the Transcendental Unconscious.* Warwick: Warwick Journal of Philosophy, pp. 175-215.

Massumi, Brian. 1998. Sensing the virtual, building the insensible. *Architectural Design*, 68(5/6), 16-24.

Massumi, Brian. 2002. *Parables for the Virtual: Movement, Affect, Sensation.* Durham, NC: Duke University Press.

Matheron, Alexandre. 1969. *Individu et communauté chez Spinoza.* Paris: Les Editions de Minuit.

Mazzei, Lisa A. and Kate McCoy. 2010. Thinking with Deleuze in qualitative research. *International Journal of Qualitative Studies in Education*, 23(5), 503-9.

Mbembe, Achille. 2003. Necropolitics. *Public Culture*, 15(1), 11-40.

Mbembe, Achille. 2017a. *Critique of Black Reason.* Durham, NC: Duke University Press.

Mbembe, Achille. 2017b. Negative Messianism marks our times. *The Guardian*, 3 February.

McNeil, Maureen. 2007. *Feminist Cultural Studies of Science and Technology.* London: Routledge.

Menand, Louis (ed.). 1996. *The Future of Academic Freedom.* Chicago, IL: University of Chicago Press.

Merchant, Carolyn. 1980. *The Death of Nature: Women, Ecology, and the Scientific Revolution.* New York: HarperCollins.

Midgley, Mary. 1996. *Utopias, Dolphins, and Computers: Problems of Philosophical Plumbing.* New York: Routledge.

Mies, Maria and Vandana Shiva. 1993. *Ecofeminism*. New York: Zed Books.

Mignolo, Walter. 2011. *The Darker Side of Western Modernity: Global Futures, Decolonial Options*. Durham, NC: Duke University Press.

Moore, Jason. 2013. Anthropocene, Capitalocene, and the myth of industrialization. *World-Ecological Imaginations: Power and Production in the Web of Life*, 16 June. Available at: ⟨https://jasonwmoore. wordpress.com/2013/06/16/anthropocene-capitalocene-the-myth-of-industrialization/⟩.

Moreton-Robinson, Aileen. 2003. I still call Australia home: Indigenous belongings and place in a white postcolonizing society. In: Sarah Ahmed, Claudia Castada, Anne-Marie Fortier and Mimi Sheller (eds.) *Uprootings/Regroundings: Questions of Home and Migration*. London: Bloomsbury Academic, pp. 23-40.

Moreton-Robinson, Aileen. 2009. Introduction: Critical indigenous theory. *Cultural Studies Review*, 15(2), 11-12.

Morton, Timothy. 2013. *Hyperobjects: Philosophy and Ecology after the End of the World*. Minneapolis, MN: University of Minnesota Press.

Morton, Timothy. 2016. *Dark Ecology: For a Logic of Future Coexistence*. New York: Columbia University Press.

Moulier-Boutang, Yann. 2012. *Cognitive Capitalism*. Cambridge: Polity.

Mullarkey, John. 2013. Animal spirits: Philosopho-morphism and the background revolts of cinema. *Angelaki*, 18(1), 11-29.

Nakamura, Lisa. 2002. *Cybertypes: Race, Ethnicity and Identity on the Internet*. New York: Routledge.

Nakata, Martin. 2007. *Disciplining the Savages, Savaging the Disciplines*. Canberra: Aboriginal Studies Press.

Nancy, Jean-Luc. 2015. *After Fukushima: The Equivalence of Catastrophes*. New York: Fordham University Press.

Nayar, Pramod K. 2013. *Posthumanism*. Cambridge: Polity.

Negri, Antonio. 1991. *The Savage Anomaly: The Power of Spinoza's Metaphysics and Politics*. Minneapolis, MN: University of Minnesota Press.

New York Times Editorial Board. 2014. Notes from the Plasticene epoch: From ocean to beach, tons of plastic pollution. *The New York Times*, 15 June, SR10.

Nixon, Robert. 2011. *Slow Violence and the Environmentalism of the Poor*. Cambridge, MA: Harvard University Press.

Noys, Benjamin. 2010. *The Persistence of the Negative*. Edinburgh: Edinburgh University Press.

Noys, Benjamin. 2014. *Malign Velocities: Accelerationism and Capitalism*. Washington, DC: Zero Books.

Noys, Benjamin and Timothy S. Murphy. 2016. Introduction: Old and new weird. *Genre*, 49(2), 117-34.

Nussbaum, Martha C. 1999. *Cultivating Humanity: A Classical Defense of Reform in Liberal Education*. Cambridge, MA: Harvard University Press.

Nussbaum, Martha C. 2010. *Not for Profit: Why Democracy Needs the Humanities*. Princeton, NJ: Princeton University Press.

Papadopoulos, Dimitris. 2010. Insurgent posthumanism. *Ephemera*, 10(2), 134-51.

Parikka, Jussi. 2015a. *A Geology of Media*. Minneapolis, MN: University of Minnesota Press.

Parikka, Jussi. 2015b. *The Anthrobscene*. Minneapolis, MN: University of Minnesota Press.

Parisi, Luciana. 2004. *Abstract Sex: Philosophy, Bio-Technology, and the Mutation of Desire*. London: Continuum Press.

Parisi, Luciana. 2013. *Contagious Architecture: Computation, Aesthetics, and Space*. Cambridge, MA: MIT Press.

Parr, Adrian. 2013. *The Wrath of Capital*. New York: Columbia University Press.

Parr, Adrian. 2018. *Birth of a New Earth*. New York: Columbia University Press.

Patton, Paul. 2000. *Deleuze and the Political*. New York: Routledge.

Pell, Richard. 2015. PostNatural histories. In: Heather Davis and Etienne Turpin (eds.) *Art in the Anthropocene: Encounters Among Aesthetics, Politics, Environments and Epistemologies*. London: Open Humanities Press, pp. 299-316.

Pepperell, Robert. 2003. The Posthuman Manifesto. *Intellect Quarterly*, Winter. Available at: ⟨https://www.intellectbooks.co.uk/File:download,id=412/Pepperell2.PDF⟩.

Peterson, Christopher. 2013. *Bestial Traces: Race, Sexuality, Animality*. New

York: Fordham University Press.

Peterson, Jordan. 2018. *12 Rules for Life: An Antidote to Chaos*. Toronto: Penguin Random House.

Pinker, Steven. 2007. *The Stuff of Thought*. New York: Viking Press.

Ponzanesi, Sandra and Koen Leurs. 2014. Introduction to the special issue: On digital crossings in Europe. *Crossings, Journal of Migration and Culture*, 4(1), 3–22.

Pope Francis. 2015. Encyclical Letter *Laudato si': On Care for our Common Home*. Rome: The Vatican Press.

Povinelli, Elizabeth A. 2016. *Geontologies: A Requiem to Late Liberalism*. Durham, NC: Duke University Press.

Preciado, Paul. 2013. *Testo Junkie: Sex, Drugs and Biopolitics in the Pharmacopornographic Era*. New York: The Feminist Press at the City University of New York.

Protevi, John. 2001. *Political Physics: Deleuze, Derrida and the Body Politic*. London: Athlone Press.

Protevi, John. 2009. *Political Affect: Connecting the Social and the Somatic*. Minneapolis, MN: University of Minnesota Press.

Protevi, John. 2013. *Life, War, Earth*. Minneapolis, MN: University of Minnesota Press.

Protevi, John. 2018. Geo-hydro-solar-bio-techno-politics. In: Rosi Braidotti and Maria Hlavajova (eds.) *Posthuman Glossary*. London: Bloomsbury Academic, pp. 175–8.

Puar, Jasbir K. 2007. *Terrorist Assemblages: Homonationalism in Queer Times*. Durham, NC: Duke University Press.

Radman, Andrej and Heidi Sohn (eds.). 2017. *Critical and Clinical Cartographies: Architecture, Robotics, Medicine, Philosophy*. Edinburgh: Edinburgh University Press.

Raffnsoe, Sverre. 2013. *The Human Turn: The Makings of a Contemporary Relational Topography*. Frederiksberg: Copenhagen Business School Press.

Rajan, Kaushik Sunder. 2006. *Biocapital: The Constitution of Postgenomic Life*. Durham, NC: Duke University Press.

Readings, Bill. 1996. *The University in Ruins*. Cambridge, MA: Harvard

University Press.

Redfield, Marc. 2016. *Theory at Yale: The Strange Case of Deconstruction in America*. New York: Fordham University Press.

Reich, Wilhelm. 1970. *The Mass Psychology of Fascism*. New York: Farrar, Straus and Giroux.

Rich, Adrienne. 1987. *Blood, Bread and Poetry*. London: Virago Press.

Ringrose, Jessica, Katie Warfield and Shiva Zarabadi. 2019. *Feminist Posthumanisms, New Materialisms and Education*. New York: Routledge.

Roden, David. 2014. *Posthuman Life: Philosophy at the Edge of the Human*. New York: Routledge.

Roden, David. 2018. Speculative posthumanism. In: Rosi Braidotti and Maria Hlavajova (eds.) *Posthuman Glossary*. London: Bloomsbury Academic, pp. 398–401.

Roets, Griet and Rosi Braidotti. 2012. Nomadology and subjectivity: Deleuze, Guattari and critical disability studies. In: Dan Goodley, Bill Hughes and Lennard Davis (eds.) *Disability and Social Theory: New Developments and Directions*. London: Palgrave Macmillan, pp. 161–78.

Rorty, Richard. 1998. *Achieving Our Country: Leftist Thought in Twentieth-Century America*. Cambridge, MA: Harvard University Press.

Rose, Nikolas. 2007. *The Politics of Life Itself*. Princeton, NJ: Princeton University Press.

Rose, Nikolas. 2013. The human sciences in a biological age. *Theory, Culture & Society*, 30(1), 3–34.

Rose, Nikolas. 2016. Reading the human brain: How the mind became legible. *Body and Society*, 22(2), 140–77.

Rosendahl Thomsen, Mads. 2013. *The New Human in Literature: Posthuman Visions of Changes in Body, Mind, and Society after 1900*. London: Bloomsbury Academic.

Rust, Stephen A. and Carter Soles. 2014. Ecohorror special cluster: 'Living in fear, living in dread, pretty soon we'll all be dead'. *ISLE: Interdisciplinary Studies in Literature and Environment*, 21(3), 509–12.

Ryan, Marie-Laure, Lori Emerson and Benjamin J. Robertson (eds.). 2014. *The Johns Hopkins Guide to Digital Media*. Baltimore, MD: Johns Hopkins University Press.

Said, Edward. 1994. *Culture and Imperialism*. London: Vintage.

Said, Edward. 2004. *Humanism and Democratic Criticism*. New York: Columbia University Press.

Sassen, Saskia. 2014. *Expulsions: Brutality and Complexity in the Global Economy*. Cambridge, MA: Harvard University Press.

Savage, Michael. 2018. Richest 1% on target to own two-thirds of all wealth by 2030. *The Guardian*, 7 April.

Sayers, Jentery. 2018. *The Routledge Companion to Media Studies and Digital Humanities*. London: Routledge.

Schreibman, Susan, Ray Siemens and John Unsworth. 2004. *A Companion to Digital Humanities*. Oxford: Blackwell.

Schwab, Klaus. 2015. The fourth industrial revolution. *Foreign Affairs*, 12 December.

Scranton, Roy. 2015. *Learning to Die in the Anthropocene*. San Francisco, CA: City Lights Books.

Semetsky, Inna. 2008. *Nomadic Education: Variations on a Theme by Deleuze and Guattari*. Rotterdam: Sense Publishers.

Semetsky, Inna and Diana Masny (eds.). 2013. *Deleuze and Education*. Edinburgh: Edinburgh University Press.

Serres, Michel. 2008. *The Natural Contract*. Ann Arbor, MA: University of Michigan Press.

Shildrick, Margrit. 2009. *Dangerous Discourses of Disability, Subjectivity and Sexuality*. London: Palgrave Macmillan.

Shiva, Vandana. 1993. *Monocultures of the Mind*. London: Palgrave Macmillan.

Shiva, Vandana. 1997. *Biopiracy: The Plunder of Nature and Knowledge*. Boston, MA: South End Press.

Shumway, David R. 1997. The star system in literary studies. *PMLA*, 112(1), 85–100.

Skinner, Quentin. 2012. *Liberty Before Liberalism*. Cambridge: Cambridge University Press.

Sloterdijk, Peter. 2009. *Rules for the Human Zoo*: A response to the *Letter on Humanism*. *Environment and Planning D: Society and Space*, 27(1), 12–28.

Small, Helen. 2013. *The Value of the Humanities*. Oxford: Oxford University

Press.

Smelik, Anneke and Nina Lykke (eds.). 2008. *Bits of Life: Feminism at the Intersections of Media, Bioscience, and Technology*. Seattle, WA: University of Washington Press.

Snow, C. P. 1998[1959]. *The Two Cultures*. Cambridge: Cambridge University Press.

Sobchack, Vivian. 2004. *Carnal Thoughts: Embodiment and Moving Image Culture*. Berkeley, CA: University of California Press.

Spinoza, Benedict de. 1996[1677]. *Ethics*. London: Penguin Classics.

Spivak, Gayatri C. 1988. Can the subaltern speak? In: Cary Nelson and Lawrence Grossberg (eds.) *Marxism and the Interpretation of Culture*. Chicago, IL: University of Illinois Press.

Spivak, Gayatri C. 1990. *The Post–Colonial Critic: Interviews, Strategies, Dialogues*. New York: Routledge.

Spivak, Gayatri C. 1999. *A Critique of Postcolonial Reason: Toward a History of the Vanishing Present*. Cambridge, MA: Harvard University Press.

Spivak, Gayatri C. 2003. *Death of a Discipline*. New York: Columbia University Press.

Srnicek, Nick. 2016. *Platform Capitalism*. Cambridge: Polity.

Srnicek, Nick and Alex Williams. 2015. *Inventing the Future: Postcapitalism and a World without Work*. London: Verso Books.

St. Pierre, Elizabeth A. 2016. The empirical and the new empiricisms. *Cultural Studies ↔ Critical Methodologies*, 16(2), 111–24.

Stengers, Isabelle. 1997. *Power and Invention: Situating Science*. Minneapolis, MN: University of Minnesota Press.

Stengers, Isabelle. 2011. *Thinking with Whitehead*. Cambridge, MA: Harvard University Press.

Sterling, Bruce. 2012. *The Manifesto of Speculative Posthumanism*. Available at 〈http://www.wired.com/2014/02/manifesto-speculative-posthumanism/〉.

Stimpson, Catherine. R. 2016. The nomadic humanities. *Los Angeles Review of Books*, 12 July.

Stoler, Ann Laura. 1995. *Race and the Education of Desire: Foucault's History of Sexuality and the Colonial Order of Things*. Durham, NC: Duke

University Press.

Strom, Kathryn J. 2015. Teaching as assemblage: Negotiating learning and practice in the first year of teaching. *Journal of Teacher Education*, 66(4), 321-33.

Strom, Kathryn, Eric Haas, Arnold Danzig, Eligio Martinez and Kathleen McConnell. 2018. Preparing educational leaders to think differently in polarized, post-truth times. *Educational Forum*, 82(3), 259-77.

Stryker, Susan and Aren Aizura (eds.). 2013. *The Transgender Studies Reader 2*. New York: Routledge.

Stryker, Susan and Stephen Whittle (eds.). 2006. *The Transgender Studies Reader 1*. New York: Routledge.

Szerszynski, B. 2017. Gods of the Anthropocene: Geo-spiritual formations in the Earth's new epoch. *Theory, Culture & Society*, 34(2-3), 253-75.

Terranova, Tiziana. 2004. *Network Culture*. London: Pluto Press.

Terranova, Tiziana. 2018. Hypersocial. In: Rosi Braidotti and Maria Hlavajova (eds.) *Posthuman Glossary*. London: Bloomsbury Academic, pp. 195-7.

Thompson, John. 2005. Survival strategies for academic publishing. *The Chronicle Review*, 17 June, B6-B9.

Thompson, John. 2010. *Merchants of Culture: The Publishing Business in the Twenty-First Century*. Cambridge: Polity.

Todd, Zoe. 2015. Indigenizing the Anthropocene. In: Heather Davis and Etienne Turpin (eds.) *Art in the Anthropocene: Encounters Among Aesthetics, Politics, Environments and Epistemologies*. London: Open Humanities Press, pp. 241-54.

Todd, Zoe. 2016. An indigenous feminist's take on the ontological turn: 'Ontology' is just another word for colonialism. *Journal of Historical Sociology*, 29(1), 4-22.

Toscano, Alberto. 2005. Axiomatic. In: Adrian Parr (ed.) *The Deleuze Dictionary*. Edinburgh: Edinburgh University Press, pp. 17-18.

Tsing, Anna Lowenhaupt. 2015. *The Mushroom at the End of the World: On the Possibility of Life in Capitalist Ruins*. Princeton, NJ: Princeton University Press.

Tsing, Anna Lowenhaupt, Heather Anne Swanson, Elaine Gain and Nils Bubandt (eds.). 2017. *Arts of Living on a Damaged Planet*.

Minneapolis, MN: University of Minnesota Press.

Ulstein, Gry. 2017. Brave new weird: Anthropocene monsters in Jeff VanderMeer's *The Southern Reach*. *Concentric: Literary and Cultural Studies*, 41(3), 71-96.

Ulstein, Gry. 2019. Age of Lovecraft: Anthropocene monsters in new weird narrative. *Nordlit*, 42.

van Dooren, Thom. 2014. *Flight Ways: Life and Loss at the Edge of Extinction*. New York: Columbia University Press.

Vattimo, Gianni and Pier Aldo Rovatti (eds.). 2012. *Weak Thought*. Albany, NY: State University of New York Press.

Viswanathan, Gauri (ed.). 2001. *Power, Politics and Culture: Interviews with Edward Said*. London: Bloomsbury.

Viveiros de Castro, Eduardo. 1998. Cosmological deixis and Amerindian perspectivism. *Journal of the Royal Anthropological Institute*, 4(3), 469-88.

Viveiros de Castro, Eduardo. 2009. *Cannibal Metaphysics: For a Post-structural Anthropology*. Minneapolis, MN: Univocal Publishing.

Viveiros de Castro, Eduardo. 2015. *The Relative Native: Essays on Indigenous Conceptual Worlds*. Chicago, IL: HAU Press.

Walker, Jeremy and Melinda Cooper. 2018. Resilience. In: Rosi Braidotti and Maria Hlavajova (eds.) *Posthuman Glossary*. London: Bloomsbury Academic, pp. 385-8.

Wamberg, Jacob. 2012. Dehumanizing Danto and Fukuyama: Towards a post-Hegelian role for art in evolution. In: Kasper Lippert-Rasmussen, Mads Rosendahl Thomsen and Jacob Wamberg (eds.) *The Posthuman Condition*. Aarhus: Aarhus University Press.

Wamberg, Jacob and Mads Rosendahl Thomsen. 2016. The Posthuman in the Anthropocene: A look through the aesthetic field. *European Review*, 25(1), 150-65.

Warner, Marina. 2014. Why I quit. *London Review of Books*, 36(17), 42-3.

Warner, Marina. 2015. Learning my lesson. *London Review of Books*, 37(6), 8-14.

Wekker, Gloria. 2016. *White Innocence*. Durham, NC: Duke University Press.

Wennemann, Daryl J. 2013. *Posthuman Personhood*. Lanham, MD: University

Press of America.

West, Cornell. 2018. America is spiritually bankrupt. We must fight back together. *The Guardian*, 14 June.

Whyte, Kyle P. 2013. On the role of traditional ecological knowledge as a collaborative concept: A philosophical study. *Ecological Processes*, 2(7).

Whyte, Kyle P. 2016. Is it colonial déjà vu? Indigenous peoples and climate injustice. In: Joni Adamson, Michael Davis and Hsinya Huang (eds.) *Humanities for the Environment: Integrating Knowledges, Forging New Constellations of Practice*. Abingdon-on-Thames: Earthscan Publications, pp. 88-104.

Whyte, Kyle P. 2017. Indigenous climate change studies: Indigenizing futures, decolonizing the Anthropocene. *English Language Notes*, 55(1-2), 153-62.

Williams, Alex and Nick Srnicek. 2014. #Accelerate: Manifesto for accelerationist politics. In: Robin MacKay and Armen Avanessian (eds.) *#Accelerate#: The Accelerationist Reader*. Falmouth: Urbanomic Media.

Williams, Jeffrey. 2014. *How To Be an Intellectual: Essays on Criticism, Culture & the University*. New York: Fordham University Press.

Wilson, Margaret. 1990. Comments on J.-M. Beyssade: 'De l'émotion intérieure chez Descartes à l'affect actif spinoziste'. In: Edwin Curley and Pierre-François Moreau (eds.) *Spinoza: Issues and Directions*. Leiden: E. J. Brill, pp. 191-5.

Wolfe, Cary (ed.). 2003. *Zoontologies: The Question of the Animal*. Minneapolis, MN: University of Minnesota Press.

Wolfe, Cary. 2010. *What is Posthumanism?* Minneapolis, MN: University of Minnesota Press.

Wolfendale, Peter. 2014. *Object-Oriented Philosophy*. Falmouth: Urbanomic Media.

Woolf, Virginia. 1939. *Three Guineas*. London: Hogarth Press.

Wuerth, Ingrid. 2017. International law in the post-human rights era. *Texas Law Review*, 96(279), 279-349.

Wynter, Sylvia. 2015. *On Being Human as Praxis*. Durham, NC: Duke University Press.

Young, Robert J. C. 1990. *White Mythologies: Writing History and the West*. New

York: Routledge.

Young, Robert J. C. 1995. *Colonial Desire: Hybridity in Theory, Culture and Race*. New York: Routledge.

Yusoff, Kathryn. 2015. Geologic subjects: Nonhuman origins, geomorphic aesthetics and the art of becoming inhuman. *Cultural Geographies*, 22(3), 383-407.

Žižek, Slavoj. 2016. Trump is really a centrist liberal. *The Guardian*, 28 April.

Zuloff, Shoshana. 2019. *The Age of Surveillance Capitalism*. London: Profile Books.

Zylinska, Joanna. 2014. *Minimal Ethics for the Anthropocene*. London: Open Humanities Press.

옮긴이의 말

바야흐로 휴먼이 아니라 포스트휴먼의 시대가 도래한 듯하다. 수많은 담론들이 '포스트휴먼'을 자명한 전제로 간주한 채 쏟아져 나오고 있다. 그러나 인간의 기계화로부터 발전한 '사이보그'와 기계의 인간화로부터 발전한 '인공지능'이 수렴하는 어느 지점에서 '서둘러' 포스트휴먼의 정체성을 찾는 경우가 대부분이다. 과연 포스트휴먼은 누구일까? 인간은 왜 포스트휴먼으로 변화하고 또 해야 하는가?

4차 산업혁명으로 축약되는 첨단 기술과학의 발전, 인지 자본주의나 플랫폼 자본주의로 분화하는 선진 자본주의의 가속화, 기후변화와 코로나바이러스로 나타나는 인류세의 환경 위기, 이 모든 문제적 현상들이 공통으로 가리키고 있는 곳은 바로 '인간'이다. 인간은 내부의 불평등과 부정의뿐만 아니라, 인간 외부의 기술 및 환경과의 관계 같은 이슈에서도, 이제는 문제를 해결하고 관리하는 주체라기보다는 오히려 문제를 일으키거나 제어되어야 하는 비판적 대상이 된 것 같다. 포스트휴먼의 등장은 인간에 대한 비판과 재정의를 요구한다. 인간이 지금껏 어떤 존재였고 장차 어떤 존재여야 하는지를 다시 성찰해야 하는 것이다. 이는 또한 인간의 자기 이해와 인간에 대한 지식을 생산해왔던 기존의 인문학 역시 재평가되고 새롭게 변화되어야 한다는 것을 의미한다. 인문학은 왜 쇠퇴하는가? 인문학은 이제 어떤 지식을 제공해야 하는가? 자연과학이나 기술공학과 달리, 인문학은 우리의 삶에 특별히 어떤 기여를 할 수 있는가?

인간의 포스트휴먼 되기는 결국 인문학의 포스트인문학 되기와 분리될 수 없다. 인문학자든 아니든, 인문학에 관심 있는 누구든, 인간 자신을 문제 삼으며 포스트휴먼 논제를 정면에서 다루고자 한다면, 또는 전통 인문학으로부터 새로운 포스트인문학으로 기꺼이 진입하고자 한다면, 이 책을 우선 읽어야 할 것이다. 비판적인 포스트인문학 가이드라인이 바로 여기 『포스트휴먼 지식』에 제시되어 있다.

로지 브라이도티는 현대 유럽 철학자이자 페미니스트 이론가이다. 그녀의 지식 생산 작업은 젠더 이론, 비판이론, 사회정치 이론, 문학 이론, 문화 연구, 탈식민주의 연구를 비롯한 여러 담론과 구체적 현장 분석을 교차시키며 항상 다중적이고 집합적이다. 그녀의 책을 읽는 것은 엄청난 양의 참고문헌들이 초학제적으로 연결된 정보의 배치 속으로 들어가는 것이기에 결코 쉽지 않다. 그럼에도 불구하고 이 횡단적 배치의 작업 안에서 포착되는 그녀의 일관된 특징은 언제나 문제가 제기된 현장의 복잡성을 인정하고 문제에 대한 날카로운 비판적 분석을 진행하되 그

해법과 대안은 항상 양극단을 가로지르는 중간 길에서 찾는다는 것, 그러나 이는 결코 변증법적 부정의 방식이 아닌 차이의 공존과 긍정의 윤리적 방식이라는 것이다.

브라이도티의 전반기 연구는 주로 차이의 철학에 기반한 주체성의 확립에 초점을 맞춘다. 『불화의 패턴*Patterns of Dissonance*』(1991), 『유목적 주체*Nomadic Subjects*』(1994), 『변신*Metamorphoses*』(2002), 『트랜스포지션*Transpositions*』(2006) 등에서 그녀는 차이를 부정하여 동일성에 복속시키는 변증법적 주체성과 대결하며 차이를 긍정하는 '유목적 주체성'을 제시하고, 이를 통해 자유주의적 개인주의와 포스트모더니즘적 문화상대주의를 넘어서 윤리적이고 해방적인 다양성의 존중이 가능함을 보여준다.

그녀의 후반기 연구는 비판적 포스트휴머니즘 3부작 『포스트휴먼*The Posthuman*』(2013), 『포스트휴먼 지식*Posthuman Knowledge*』(2019), 『포스트휴먼 페미니즘*Posthuman Feminism*』(2022)으로 진행된다. 여기서는 포스트휴먼의 발생적 조건, 포스트휴먼 주체와 포스트휴먼 지식 생산의 특성과 현황, 포스트휴먼 융합이 사회 운동과 해방의 정치에 미치는 효과 등이 다루어지며, 브라이도티 고유의 비판적 포스트휴먼 철학이 종합되고 있다.

특히 『포스트휴먼 지식』은 '포스트휴먼 융합'으로 설명되는 현 상황의 다층적이고 다방향적인 복잡성을 규명하고, 이로부터 새롭게 출현하고 있는 포스트휴먼 주체성 및 포스트휴먼 지식으로서의 비판적 포스트인문학이 무엇인지를 다루고 있다.

브라이도티에 따르면, '인간*Man/Anthropos*'은 처음부터 단 한 번도 보편적이거나 중립적인 용어였던 적이 없다. 그것은 차라리 특권과 그런 자격에 접근할 권한을 나타내는 규범적 범주이다. '포스트휴먼'은 포스트-

휴머니즘과 포스트-인류중심주의가 수렴하는 지점에서 생성하고 있다. 포스트-휴머니즘이 '대문자 인간/남성Man'의 휴머니즘적 이상을 비판한 다면, 포스트-인류중심주의는 인류Anthropos 예외주의와 이에 따른 생명종들의 위계질서를 비판한다. 문제는 이 두 비판의 계열들이 융합되는 현지점이 상당히 모순적이고 복잡하다는 것이다. '융합convergence'이 왜 문제인가? 포스트-휴머니즘은 대문자 인간(남성) 바깥으로 배제된 성차화되고 인종화된 인간-타자들의 가시화를 추구하며, 여전히 인간의 해방과 인간 개념의 확장을 요구한다. 포스트-인류중심주의는 인류 바깥으로 배제된 인간-아닌 타자들(동물, 식물, 기술적 인공물, 대지, 물, 지구 등)의 존재를 가시화하며, 인간의 활동과 위상의 축소를 요구한다. 서로 불일치하는 두 접근 방식의 융합 지점에서, 변증법적 부정의 방식으로 통합하는 것이 아니라 양자의 요구를 모두 긍정할 수 있는 새로운 방향의 탈출구를 어떻게 찾을 수 있을까? 인간(인류)중심주의를 넘어서면서도, 범-인류와 같은 텅 빈 연대나 인간의 멸종이라는 공포로 귀결되지 않는 방식으로, 어떻게 인간과 인간-아닌 존재자들이 다 함께 공존하며 삶을 긍정할 수 있을까?

『포스트휴먼 지식』은 그 해답을 제공한다. 포스트휴먼 주체와 포스트휴먼 지식은 바로 이런 융합의 곤경을 다수의 가능성과 다방향의 실험으로 전환하면서 발견하게 되는 새로운 출구와 같다. 포스트휴먼 주체는 인간과 인간-아닌 것이 모두 섞여 있는 혼종적 다양체로서 '모두-여기에-함께-있지만-하나가-아니고-똑같지도-않은 우리'이며, 포스트휴먼 지식은 이 '우리'가 놓여 있는 현실적 조건들에 비판적으로 개입하면서 그 '우리'를 구성하는 초학제적 실천 작업이다. 포스트휴먼은 사이보그나 트랜스휴먼의 방식으로 그 정체성이 분명한 실체라기보다는, 현재의 복잡한 권력 지형 가운데 어렵게 그 해답을 찾아가고 있는 일종의 실천적 프로젝트이다. 포스트휴먼과 그에 관한 지식은 현재 생성 중에 있다. 그것이 무엇인지는 결국 우리가 어떤 방향으로 얼마나 달라지느냐에 달려 있다.

신유물론과 비판적 포스트휴머니즘

내가 보기에 포스트휴먼 주체는 바로 신유물론자, 다시 말해 역동적이고 복잡한 사회적 담론 과정을 현장에 기반하여 생각하는 자, 그러나 사회적, 정치적 정의의 문제를 날카롭게 주시하면서 긍정적 윤리학에 헌신하는 자이다.(78-79쪽)

브라이도티의 포스트휴먼 철학은 주로 들뢰즈(그리고 과타리)의 철학과 페미니즘 이론에 기초한다. 그녀는 두 이론적 원천으로부터 가져온 개념들의 연결과 배치를 통해서 포스트-휴머니즘과 포스트-인류중심주의가 융합하는 현재의 포스트휴먼 조건으로부터 '비판적 포스트휴머니즘'을 도출한다.

그녀의 비판적 포스트휴머니즘은 신유물론 철학에 기반한다. 신유물론은 최근 부상하고 있는 담론으로서 물질을 수동적 질료가 아닌 능동적 생성의 원동력으로 이해하는 '물질 일원론'이다. 포스트구조주의라는 범주가 등장할 때 그랬듯이, 신유물론 역시 다양한 스펙트럼을 갖는데,

마누엘 데란다의 강도적 유물론, 캐런 바라드의 행위적 실재론, 캉탱 메야수의 사변적 유물론, 제인 베넷의 생동하는 물질론 등이 포함된다. 신유물론으로 묶이는 이론들의 공통된 뿌리는 들뢰즈의 철학이다. 들뢰즈의 철학을 신유물론으로 재정의한 원조 철학자가 바로 브라이도티이다.

　브라이도티는 들뢰즈의 철학을 생기적 유물론, 신유물론, 신-스피노자주의 유물론 등으로 정의하는데, 핵심은 들뢰즈의 스피노자 해석에 기초한 내재성의 존재론이다. 스피노자는 초월적 신을 자연과 동일시하고, 모든 개체들을 그 자연의 동등한 표현으로 보는 존재론적 평등성을 제시한다. 능동적으로 산출하는 자연(실체)과 그 효과로서 산출된 자연(양태)이 동일한 하나의 자연이라는 스피노자의 자연주의는 초월적 신의 존재에 의존하지 않고도 만물의 생성 변화와 개체들의 존재 이유를 물질적 자연에 근거하여 설명할 수 있게 한다. 스피노자의 자연 개념은 들뢰즈-과타리에 와서 '기관 없는 신체'나 '욕망하는 기계' 등으로 표현되는 생기적 물질, 탈지층화되고 탈영토화된 물질적 에너지로 변환한다. 이 생기적 물질은 지질학적 지층, 물리-생물학적 지층, 인간-문화적(언어-기술적) 지층 등으로 분화된 여러 지층들의 공통된 존재론적 바탕이며, 유기적 조직화나 신체적 형상화가 어떠하든 모든 배치물들이 존재론적 위계 없이 함께 뿌리박고 있는 내재면이다. 유기물이든 무기물이든, 인공물이든 자연물이든 다양한 존재자들은 이 물질적 에너지의 상이한 표현들로서 잠시 자신의 시공간을 점유하고 있을 뿐이며, 그들의 안정성은 빠르거나 느린 에너지 흐름들의 속도와 강도적 변용에 따른 상대적인 응축에 지나지 않는다.

　물질과 생명, 자연과 인공의 대립을 넘어서는 이 '생기적 물질'을 브라이도티는 지능적intelligent이고 자기조직화autopoiesis하는 '조에-물질'로 재정의하면서 신유물론을 제시한다. 자기조직화하는 물질의 생기적 본성인 '조에'는 주권과 규칙에 의해 규제되는 비오스(사회 속에서 구성된 인간의 생명)와 보호받지 못하며 폭력에 노출되어 있는 조에(살아 있는 모든 존재자들의 생명)의 구분을 넘어선다. 이 조에는 푸코의 생명권력이 관리했던 비오스도, 취약하고 벌거벗은 생명으로 아감벤이 살려냈던 조에도 아니다. 물질-조에는 인간이든 비-인간(동식물, 지구 생태, 기술적 인공물)이든 유기적인 형태로 자기조직화할 수 있는 생산적인 힘, 결코 소진되지 않는 잠재적 퍼텐셜이자 무한한 포텐시아이며, 현실화된 모든 이분법적 대립과 범주적 구분들을 횡단하며 가장 심층의 자유를 표현하려는 존재론적 욕망이다. 브라이도티의 조에 평등주의는 이 조에-물질의 존재론적 일원론에 근거한다.

이러한 신유물론 프레임 안에서 사고력은 인간의 특권적 역량도 아니고 이성의 초월적 의식에 국한된 것도 아니다. 사고력 역시 조에-물질적 차원에서 재해석된다. 사고는 존재론적 관계성, 즉 변용하고 변용되는 역량(포텐시아)의 표현이며, 인간적인 것이든 비-인간적인 것이든 신체화된 주체가 다양한 관계 양상에 진입할 수 있는 관계적이고 정서적이며 상호협력적인 능력에 상응한다. 지식을 생산하는 능력은 인간에게만 국한된 특권이 아니라 모든 살아 있는 물질과 자기조직화하는 기술적 네트워크에 산포되어 있다. 인간과 비-인간의 상호협력적 '생태-지혜'가 가능한 이유다. 기술 역시 자연과 문화의 이분법을 넘어서는 관계적 역량이다. 다양한 형태의 기술적 매개는 인간이든 비-인간이든 다양한 존재자들 사이의 상호접속과 관계 맺음을 가능하게 하며 이를 통해 신체적 변용의 관계성을 현실화한다. 물질-조에의 관계적 역량으로 이해된 기술은 선진 자본주의의 이윤-추구적 공리계에 의해 초코드화된 기술의 협소한 의미를 넘어선다.

브라이도티의 신유물론에는 또한 신체화되고 뿌리박혀 있는 주체의 구성을 강조하는 '장소의 정치학'(리치)과 '상황적 지식론'(해러웨이)의 페미니즘 이론들이 결합된다. 장소location는 공간(지리-정치적, 생태적 차원)과 시간(역사적 기억, 계보학적 차원)의 중첩 지점으로서 정치적 주체성을 근거 짓는 중요한 요소다. 상황적 지식은 지식이라는 것이 객관적, 중립적이고 총체적, 보편적인 것이 아니라 항상 부분적이고 위치에 기반한 것이며, 자신이 분석하는 바로 그 구조에 자신이 연루되어 있다는 인식 조건을 강조한다. 신체화되고 뿌리박혀 있으며 관계적이고 정서적인 존재는 초월적 이성과 인정의 변증법에 기초하지 않으며, 비오스와 조에의 구분을 넘어서는 '자연문화' 연속체인 인간과 비-인간 행위자들의 배치로 주체성을 구성한다.

초월적 보편주의와 이원론적 대립들(물질/생명, 자연/기술, 인간/비-인간 등)을 거부하는 브라이도티의 신유물론에 따르면, 인간의 형상이든 비-인간의 형상이든 모든 존재자들은 자기 나름의 지능과 창조성을 지니고 각자의 존재 역량에 따라 다양한 장소와 영토에서 다양한 방식으로 신체화되어 자연-물질-조에-욕망을 표현한다. 살아 있는 물질의 퍼텐셜리티는 신체화되고 뿌리박혀 있는 모든 개체들, 인간과 인간-아닌 모든 존재자들의 관계망, 즉 '조에/지오/테크노 배치'를 구성하며 흘러간다. 현실 자본주의의 이윤 원칙과 그에 따른 구조적 불평등에 의한 초코드화에 저항하면서 잠재적 퍼텐셜을 현실화하는 횡단적 주체의 배치들, 생명적-지리적-기술적 힘들의 상호작용 네트워크로 구성되는 주체는 인간과 인간-아닌 것의 관계망이자 배치이다. "조에/지오/테크노 중심적 평등주의는 포스트휴먼 사상의 핵심이다"(142쪽).

마르크스주의가 대표하는 구-유물론이 생명/물질, 인간/자연, 주체/객체의 대립을 전제하고, 역사 발전의 주체로서 인간을 강조하는 인간중심주의적 특징을 보였다면, 브라이도티가 주장하는 신유물론은 기존의 이분법적 대립을 해체하고, 살아 있는 물질의 존재론적 일원론 속에서 탈-인간(인류)중심주의를 강조한다. 인간도 비-인간과 마찬가지로 살아 있는 물질의 변조이자 분자적 요소들의 유동적 배치이며, 인간, 생명체, 기계 등이 동등한 행위자로서 상호협력적으로 공진화하기에 존재론적으로 평등하기 때문이다. 그녀의 신유물론 철학은 특히 유럽 파시즘을 지탱해온 인간(인류)중심주의를 신랄하게 비판한다. 성별화되고 인종화된 위계질서를 통해 불평등을 자연화하는 권력에 대한 집단적 욕망을 비판하고, 평평하게 획일화된 수동적 자연을 이질생성heterogenesis과 혼종성heterogeneity으로 가득한 차이의 다양체로 변환시킨다.

브라이도티의 신유물론적 포스트휴머니즘은 무엇보다 포스트휴먼 주체의 생성을 강조한다는 점에서 '사물/객체object 지향성'이 강조되는 현대의 '비인간주의' 경향들과 차별화된다. 브뤼노 라투르의 행위자 네트워크 이론, 그레이엄 하먼의 객체 존재론, 리바이 브라이언트의 평평한 존재론, 티머시 모턴의 초과물 생태론 등이 주창하는 '사물(객체) 지향 존재론'은 주객 이분법을 넘어서는 사물(객체)의 독립된 행위 능력과 존재론적 위상을 강조하고, 지식 생산에서 인간-아닌 이들 행위자들의 중요성을 인정한다. 그러나 브라이도티가 보기에 이들은 지식 생산 과정에서 작용하는 신체화되고 뿌리박힌 주체들의 복잡성을 경시하고, 서로 다른 실체들 간의 관계적 상호접속의 정치적 힘을 간과하며, 4차 산업혁명과 여섯 번째 대멸종이 융합하고 있는 현재의 권력 지형과 정치적 조건에서 고통받고 있는 타자들의 문제를 다루지 않는다. 탈신체화되고 탈환경화된 계산적 지성 개념에 기초하여 인류에 국한되지 않는 자율적 지성의 기술적 실험을 강조하는 사변적 포스트휴머니즘, 과학기술적 합리성을 활용하여 인간의 결함과 한계를 교정하고자 로봇공학과 인공지능 주도의 인간 향상 프로그램을 추진하는 트랜스휴머니즘 역시, 신체화되고 뿌리박힌 주체의 조건과 포스트휴먼 주체 생성의 윤리적, 정치적 차원들을 간과하기는 마찬가지다.

브라이도티의 포스트휴먼 프로젝트는 비합리적인 생기론도 아니고, 냉담한 합리성의 비인간주의도 아니다. 조에/지오/테크노 배치로서 인간과 비-인간의 네트워크를 존재론적 단위로 놓으면서도 인간-타자에 대한 무관심과 돌봄의 결여를 간과하지 않는다. 현대의 지리-정치학적 권력 관계 안에서, 선진 자본주의의 생명정치와 죽음정치의 효과들이 계급, 젠더, 인종, 생명종의 위치에 따라 다르게 표출됨을 주시하며 다양한 현장들에서의 고통과 불행에 대한 분석을 놓치지 않는다.

포스트휴먼 주체성과 긍정의 윤리학

긍정의 윤리학은 역량강화를 목표로 하는 근본적인 관계성에 기초한다. 이는 생산적이고 서로 힘을 주는 방식으로 다양한 타자들과 관계 맺는 능

력 증대시키기, 그리고 이런 윤리적 성향을 현실화할 공동체 창조하기를
의미한다.(247쪽)

주체성은 브라이도티의 전·후반 작업 전체를 관통하는 일관된 주제
다. 그녀에게 주체는 단선적이고 실체적인 존재가 아니라, 물질적으로
신체화되고 뿌리박혀 있으며 차이적, 정서적, 유목적, 관계적인 구성물
이다. 전작『포스트휴먼』에서는 '언어적 전회'(주체 형성에서 언어적 기호
체계와 의미 문화의 중요성을 강조하는 경향)를 이끈 포스트구조주의 및 정
신분석과 대결하면서, 상징계에 포획되고 언어적으로 구조화된 주체 개
념 대신에, 신유물론의 프레임으로 포스트휴먼을 '유목적 주체성'으로
개념화하는 데 초점을 두었다. 반면,『포스트휴먼 지식』에서는, 한편으
로는 범-인류의 추상적 형태로 휴머니즘적 주체성을 되살리려는 경향,
다른 한편으로는 주체성을 아예 지우려는 사물(객체) 지향적 비인간주
의 경향, 이 둘 사이의 중간지대에서 '인간과 인간-아닌 것의 혼종적 다
양체'이자 '조에-지오-테크노 배치'로 구성되는 포스트휴먼 주체성이
강조된다. 포스트휴먼 주체는 인간만이 아니라 지구(땅, 물, 식물, 동물, 박
테리아), 기술적 행위자들(플라스틱, 전선, 셀, 코드, 알고리듬)과 같은 인간-
아닌 존재들과도 동등하게 관계 맺고 하나의 배치를 구성한다. 신유물
론의 프레임 안에서, 주체성은 인간만의 배타적 특권이 아니라, 어디까
지나 비-인간 타자들과의 횡단적 관계 맺음 속에서 기술적으로 매개된
신체들이 생성할 수 있는 것에 대한 경험적, 강도적 실험 가운데 출현
하는 것이다. 포스트휴먼 주체는 그동안 누락되었던, 그러나 새롭게 구
성되며 도래하고 있는 민중이며, 결코 범-인류의 보편적 하나로 환원될

수 없는 다양체로서의 '우리'이다. 이 "우리는 - (모두) - 여기에 - 함께 - 있지만 - 하나가 - 아니고 - 똑같지도 - 않다"(87쪽).

브라이도티의 포스트휴먼 주체 되기는 항상 들뢰즈-스피노자에 따른 긍정과 기쁨의 관계적 윤리학에 기반한다. 들뢰즈-스피노자의 윤리적 관점에서, 산출하는 자연(생기적 물질)의 동등한 표현 양태인 모든 개체들은 코나투스적 욕망(조에-물질의 포텐시아)을 지니며, 이는 타자와의 관계 속에서 변용하거나 변용될 수 있는 신체의 능력과 이에 상응하는 사유 능력에 따라 다른 정도로 실현된다. 따라서 어떤 타자와 어떻게 관계 맺느냐에 따라서 각 개체의 존재 역량은 강화되거나 약화될 수 있는데, 기쁨과 슬픔의 정서가 바로 그 역량 강화와 약화를 표현해준다.

브라이도티는 물질-조에 평등주의에 기초하여 인간Man/Anthropos 바깥으로 배제된 인간human만이 아니라 비-인간non-human 타자들에게도 열려 있는 다양한 관계 맺음을 긍정하고 이를 통해 존재 역량을 강화하는 기쁨의 윤리를 강조한다. 부정적 정서는 개체의 행위 역량을 파괴하고 타자와의 관계 맺기 능력을 감소시킨다. 긍정의 윤리는 부정적 정서를 산출하는 관계들이 집단적 실천을 통해 긍정적인 것으로 바뀔 수 있다는 믿음을 전제한다. 긍정의 윤리는 고통과 폭력의 실재 자체를 부정하는 것이 아니라, 그것들을 발생시킨 원인과 조건에 대한 '적합한 인식'을 통해서 자신의 존재 역량을 증대시키는 방향으로 삶의 배치를 능동적으로 변화시킬 수 있음을 강조한다. 존재 역량을 약화시키는 포테스타스(권력의 제한적, 반동적 측면)의 포획에서 벗어나 존재 역량을 강화하는 포텐시아(권력의 실재적, 능동적 측면)의 현실화를 인도하는 것이 긍정의 윤리학이다.

부정적인 관계 및 정서를 긍정적인 것들로 바꾸기 위해서는 적극적이고 집단적인 실천이 요구되며, 부정적 현실에 대한 적합한 인식에 도달하려는 상호협력적 노력이 필요하다. 정치적 실천은 관심과 욕망을 공유하는 주체들이 만날 수 있는 공통의 평면을 창조하는 것이다. 그것은 타자들과의 다중적인 상호접속을 긍정하고 강화하기 위한 인지적, 정서적, 감각적 수단들을 현실화하면서, 잠재적인 것을 현실화하는 횡단적 주체들을 구성하려는 집단적 노력이다. 포스트휴먼 지식을 생산하는 비판적 포스트인문학은 바로 이러한 의미에서 윤리적, 정치적 실천이다. 새로운 연대와 횡단적 접속을 통해 인간에 대한 이해를 갱신하며 포스트휴먼 주체를 형상화하는 데 필요한 개념적 도구들을 제공하기 때문이다.

포스트휴먼 지식과 비판적 포스트인문학

비판적 포스트인문학은 위기와 분열의 증후이기는커녕, 현대 지식 생산의 새로운 생태 – 지혜적, 포스트휴먼적, 포스트 – 인류중심주의적 차원들을 연다. 비판적 포스트인문학은 조에/지오/테크노 – 매개된 관점들을 제공하면서, 인문학을 위한 생태 – 지혜적, 포스트휴먼적, 포스트 – 인류중심주의적 차원들을 강화한다.(174쪽)

브라이도티가 진단한 포스트휴먼 융합의 현재는 인간(인류)중심적인 지배 패러다임의 위기이자 동시에 포스트휴먼적인 대안 패러다임의 생성 기회이다. 들뢰즈-베르그송에 기초한 브라이도티의 시간 이해에 따르면, 현재는 과거-현재-미래의 선형적 흐름 속에서 단지 지나가는 한 순간으로 이해될 수 없다. 현재는 잠재적인 과거와 현실화될 미래가 중첩되어 있는 복합체로서 끊임없이 잠재성이 현실화하는 분열과 생성의 지점이다. 포스트휴먼 융합으로 특징지어지는 '현재' 역시 우리가 되기를 멈추고 있는 것(현실화된 것, 위기에 처한 것)이면서 동시에 우리가 생성 중에 있는 것(잠재성의 현실화로 도래하는 것)이 복합적으로 얽혀 있다. 다시 말해, 현재는 인간Man/Anthropos과 그의 인문학Humanities이 쇠퇴하고 있는 현장이면서, 동시에 포스트휴먼으로 도래하는 민중missing people과 그의 포스트인문학PostHumanities이 생성하고 있는 현장이다.

 '지도그리기'는 다방향의 흐름들이 융합하고 있는 현재의 지형을 탐색하면서 길을 찾아가는 브라이도티의 인식론적 방법론이다. 지도그리기는 들뢰즈-과타리의 개념으로서 '사본'에 대립하는 것이다. 사본이 원본을 복사하고 원본의 동일성을 재현하는 것이라면, 지도그리기는 직접 경험하고 실험하면서 길을 그려나가는 것이다. 사본이 초월성의 사유이자 수목형 사유에 해당한다면, 지도그리기는 내재성의 사유이자 리좀적 사유에 해당한다. 이미 다 정해져 있는 사본을 따라서 길을 가는 것이 아니라, 걸어가면서 길을 만들고 지도를 그려내는 것이다. 브라이도티는 현재의 다층적이고 복잡한 문제 상황에 대한 정확한 지도그리기를 강조하는데, 이는 단 하나의 대항-패러다임을 제시하기 위해서가 아니다. 주체 형성의 사본으로 작동하던 '인간(인류)' 패러다임으로부터 벗어나서(탈-동일화, 탈-영토화, 낯설게하기), 참조할 주체성의 어떠한 규범적 모델도 없이, 다방향으로 개방된 다양한 실험과 변용의 강도를 견디며 지속가능한 어떤 배치로서 '여기에 – 함께 – 있지만 – 하나가 – 아니고 – 똑같지도 – 않은' 포스트휴먼 주체를 생성하려는 것이다.

『포스트휴먼 지식』은 포스트휴먼 주체와 포스트휴먼 지식 생산을 도모하는 일종의 지도그리기이다. 한편에서는 이론의 피로(지식 사회 내 신자유주의적 가치의 전면화, 비판이론의 쇠퇴, 대학의 기업화), 탈노동의 피로(인지 자본주의 및 플랫폼 자본주의의 대두, 고도의 기술적 매개로 인한 사회-경제적 불평등의 심화), 민주주의의 피로(우익 포퓰리즘 및 민족주의적 반지성주의의 득세, 증오·불화·혐오·분열의 정치의 만연)를 호소하며, 사실상 휴머니즘과 인류중심주의 그 이후를 상상할 여력이 고갈되었다고 한탄한다. 그러나 브라이도티가 보기에는, 제도화된 분과학문적 지식들과 전통 인문학을 안팎으로 가로지르며 급속하게 새로운 앎의 형식들이, 즉 '포스트휴먼 지식들'이 활발하게 생성되고 있다. 그녀에 따르면, 우리는 피로한 것이 아니라 소진된 것이다. 소진은 치료해야 할 병적 상태가 아니라 창조적 생성이 가능한 잠재적 상태이다.

이 잠재성을 현실화하기 위해 브라이도티는 '비판적 사유'를 강조한다. 푸코의 지식-권력론에 따라, 그녀는 권력을 단일 실체가 아니라 다층적이고 역동적인 하나의 과정으로 이해한다. 권력 관계의 제한하는 힘(포테스타스, 혹은 포획)과 긍정하는 힘(포텐시아, 혹은 역량강화)은 주체 형성 과정에서 동시에 공존할 수 있다. 포스트휴먼 지식을 생산하는 사유는 한편으로는 포테스타스로서의 권력이 주체를 형성하는 관계에 대한 날카로운 지도그리기와 낯설게 바라보기를 통해 기존 현실에 대한 '비판'을 수행하면서, 동시에 다른 한편으로는 다르게 사유하기와 상상하기를 통해 새로운 개념과 관계들을 창안하고 포텐시아의 잠재적 역량을 발굴하여 대안적 주체들을 현실화하는 '창의성'을 발휘해야 한다.

　포스트휴먼 융합 안에서는 두 종류의 지식경제가 상호작용하고 있다. 한편으로는, 신자유주의 통치 아래 기업화된 대학의 제도화된 분과학문들처럼 이윤-추구 자본의 재영토화에 가까운 '다수 과학'이 있고, 다른 한편으로는 비판적, 횡단적 실천으로 이윤보다 실험적 호기심이 주도하는 비제도권의 '소수 과학'이 있다. 그러나 핵심은 다수 과학과 소수 과학이 서로 단순히 대립하는 것이 아니라 인접해 있으며 섞여 있다는 것이다. 포스트휴먼 담론의 양적 확산은 분명하다. 인간이 아닌 비-인간 행위자, 기술적 인공물, 사물, 동물, 식물, 대지, 물 등 새로운 연구 대상들도 지식의 영역에 대거 등장했다. 디지털 인문학, 생태 인문학, 환경 인문학, 의료 인문학, 신경 인문학, 진화 인문학, 시민 인문학, 공동체 인문학, 노마드 인문학 등 인문학의 위기이기는커녕 다양한 방식으로 재발명된 인문학이 오히려 호황을 누리고 있다. 그러나 문제는 인간-아닌 대상들을 다루며 포스트휴먼 연구를 자처하는 초학제적인 분야들이 신자유주의 학술 시장의 신흥 탐구 분야로서 확산되고 있을 뿐, 새로운 개념적 실천을 생산하는 질적 변화는 거의 수반하지 않고 있다는 것이다. 자본의 적극적인 지원을 받아 인간 향상 프로그램을 추진하는 트랜스휴머니즘 연구소는 여전히 대문자 인간의 휴머니즘을 강화하는 포스트휴먼 담론의 '다수 과학'을 대표한다. 기업의 녹색 경제 프로젝트와 구분되지 않는 환경 인문학이나, 다양한 종류의 텍스트와 시청각 기록 자료의 디지털 데이터베이스화 작업에 몰두하는 디지털 인문학 역시 마찬가지다.

　포스트휴먼 담론들의 양적 확산 속에서 어떻게 포스트-휴먼적이고 포스트-인류중심적인 질적 변화를 담보한 '비판적 포스트휴먼 지식'을 식별할 수 있는가? 위기에 처한 인간과 인문학의 반복에 그치는 것이 아니라 포스트휴먼 주체 생성에 기여하는 포스트휴먼 지식으로서 '비판적 포스트인문학'은 어떻게 생산될 수 있는가?

포스트휴먼 지식의 역할은 현실적인 것(다수 과학의 제도적 자본화에서 예측할 수 있는 여백들)과 잠재적인 것(소수 과학에 의한 대안적 형성물들의 구성)이 동시에 공존하는 현재에 '비판적 참여'를 함으로써 잠재적인 것에서 가능한 현실화의 여분을 포착하여 작동시키는 것이다. 포스트휴먼 지식이 되려면, 초학제성, 비-이윤성, 비판적 성찰성, 비-선형적이고 횡단적인 생성력, 긍정의 윤리적 태도, 도래할 민중의 역량강화 등이 요구된다. 포스트휴먼 지식을 생산하는 사유는 철학, 예술, 과학의 평행론을 전제하며, 초학제적, 혼종적 상호접속에 열려 있으며, 다방향의 횡단적 동맹과 관계적 활동으로 이루어진다. 그것은 새로운 정서적, 횡단적 배치를 생성하기 위해 잃어버린 연결고리들을 되찾고, 지배적인 지식 생산 시스템들을 가로지르며, 윤리적, 정치적, 대안적 힘들을 공동 창조할 주체들을 활성화하고, 이들에게 적합한 표현과 이론적 도식을 제공한다.

비판적 포스트인문학은 한편으로는 수백 년 묵은 인문학의 전통을, 다른 한편으로는 선진 자본주의의 이윤 주도적 지식 자본화를 모두 가로지르면서, 포스트휴먼 주체 생성에 힘을 실어주는 인문학의 질적 변화를 인도해야 한다. 비판적 포스트인문학은 인간만이 아니라 인간-아닌 존재자들도 주제적으로 다루며, 이질적 담론들의 횡단적 소통과 초학제적 연결을 방법론으로 삼는다. 비판적 포스트인문학은 인지 자본주의가 주도하는 지식의 자본화와는 질적으로 다른 프로젝트다. 그것은 긍정의 윤리가 주도하는 횡단적 포스트휴먼 주체성을 구성함으로써 공동 세계에서 집단적 실천을 통해 소수 과학적 지식을 생산한다. 그것은 이해와 지식을 훈련과 돌봄에 결합하여, 포스트휴먼 융합에서 나타난 부정의와 폭력, 고통과 상처, 소진과 불안의 부정적 사례들에 대해 비판과 치유의 기능을 수행한다. 비판적 포스트인문학은 비판적이면서 그만큼 창의적이어야 한다. 지식 생산이 자본의 재영토화에 급속히 포섭되는 현재의 조건들 속에서, 질적 차이를 만들어낼 수 있고 또 만들어내야 하기 때문이다.

『포스트휴먼 지식』에는 이러한 포스트휴먼 지식 생산과 비판적 포스트인문학의 생성을 독려하기 위해 현재 진행되고 있는 다양한 초학제적 실천 사례들이 풍부하게 제시되어 있다. 포스트휴먼 법리학, 포스트휴먼 미학과 예술 이론, 포스트휴먼 교육학, 포스트휴먼 장애학, 포스트식민주의 환경 인문학, 초국가적 환경문학, 포스트식민주의 디지털 인문학 등. 나아가 이 책에는 지식 생산이 더 이상 대학과 같은 공식적 학문 기관의 특권이 아니게 된 현실에서, '포스트휴먼 대학'으로의 혁신이 어떻게 가능한지에 대한 구체적인 지침들도 친절하게 제시되어 있다. 대학의 궁극적 목표는 어디까지나 비판적 사고와 창의적 대안을 가르치는 데 있음을 강조하면서, 브라이도티는 대학 공동체 역시 소비 자본주의의 경쟁 가속화 속도에서 벗어나서 비경쟁적인 공동 배움과 상호협력의 윤리적 비전 아래 포스트휴먼 주체의 역량강화에 기여할 것을 제안한다.

로지 브라이도티는 2022년 6월 13일 '긍정의 윤리학: 우리는 뿌리박혀 있지만 흘러간다Affirmative Ethics: We Are Rooted But We Flow'를 주제로 고별 강연을 하며 위트레흐트 대학에서 은퇴하였다. 이것으로 그녀의 학술 활동 자체가 마감되는 것은 물론 아닐 것이다. 나는 2014년 홍콩 수런 대학에서 열린 '새로운 인문학과 들뢰즈의 문화적 만남에 관한 콘퍼런스 Conference on Deleuze's Cultural Encounters with the New Humanities'에서 그녀를 만난 적이 있다. '인문학의 대상을 휴먼에서 포스트휴먼으로 확장하라'는 그녀의 호탕하고 확신에 찬 강연, 따뜻하고 친절한 시선과 매우 친화적인 몸짓이 기억에 남는다. 개방적이고 관계적이며 타자에 대한 존중이 배어 있는 겸손하면서 당당한 태도는 출판된 책들을 통해 전해지고 있는 그녀의 신념과 이론적 실천의 진정성을 느끼게 하기에 충분했다. 브라이도티는 포스트휴먼 시대를 앞서 조망하고 비판적 포스트인문학의 선구자로서 포스트휴먼 주체성을 실현한 걸출한 철학자이다. 이 책은 인문학과 대학의 혁신을 고민하는 사람들에게 더할 나위 없이 유용하겠지만, 무엇보다 비판적 포스트휴머니즘 또는 비판적 포스트휴먼 이론으로 정의할 수 있을 그녀의 철학 세계로 인도하는 좋은 길잡이가 될 것이다.

끝으로, 매우 오랜 시간 기다려주었을 뿐 아니라 섬세하고 정확한 교정 작업으로 큰 도움을 준 아카넷의 박수용 팀장님과 학술팀 여러분에게 감사드린다. 그리고 번역 작업을 함께 하면서 횡단적 소통의 지식 생산과 공동 번역의 긍정적 가능성을 체험시켜준 든든한 동료 송은주 선생님에게도 지면을 빌려 깊은 감사를 드린다.

2022년 6월
옮긴이들을 대표하여
김재희

찾아보기

신유물론 24, 77, 133, 142
    "생기론"을 참조하라.
신체 32-34, 80
    ____화되고 뇌로 구현되어 있는 29, 89, 116, 245, 268
    ____화되고 뿌리박혀 있는 28-29, 43, 72, 76-77, 200
    ____화된 경험주의 57, 79-81
    ____화된 노동 57
실천praxis 40, 87, 102, 116
실험 25, 75, 102, 129, 236

ㅇ

아감벤, 조르조 22, 263
안트로포스 16, 23, 26, 77-78, 97, 100-101, 136, 149, 155, 233, 244
알라이모, 스테이시 125, 251
언어 128, 162
    ____의 중요성 195, 254
LBGTQ+
    _____와 더하기의 정치학 60-61
    _____ 이론 148, 166-167, 220
여섯 번째 대멸종 15, 63, 75, 83, 98, 112, 133, 150, 199, 239, 259
여성학 164-167
'역사의 종말' 주장 31
영, 로버트 239
예술적 실천 191, 201-204
예외주의 14, 69, 85, 101, 197
오스베리, 세실리아 181, 213
왕립 과학 171, 175-176
외국인 혐오 53, 59, 61, 73, 98

외부 93, 109, 194, 248, 253, 261, 266
욕망
    ____과 되기 255
    ____과 인내 249, 265-267
    ____의 긍정성 88, 102-103, 232, 265
    ____의 존재론적 구조 267
    ____의 종말 265-267
울프, 버지니아 167
울프, 케리 147
워너, 머리나 48-49
웨스트, 코넬 244
위치 이동 190
윈터, 실비아 238-239
윌리엄스, 제프리 44-45, 47, 138
유럽중심주의 83, 163, 237
유물론 24, 36, 133
    "신유물론", "생기론"을 참조하라.
유전공학 127
유전학 56
음벰베, 아실 138
이론 전쟁 44
이리가레, 루스 164
이주 55, 73, 169, 189
이질생성 86
인간 권리(인권) 21, 167, 195-197, 204
인간/인간-아닌 것의 구분 22-23
인간적인/비인간적인 24, 73, 99, 123, 214
인공지능 15, 56, 97, 157, 180
인내 12, 122, 261
    "욕망"을 참조하라.
인류세 16, 51, 62

옮긴이

김재희 | 이화여자대학교 철학과를 졸업하고 서울대학교 대학원에서 앙리 베르그손에 관한 연구로 석사 및 박사학위를 받았다. 이화여대 HK연구교수와 성균관대 초빙교수를 역임했다. 현재 을지대학교 교양학부 교수로 지내면서 포스트휴머니즘과 기술·정보철학 연구에 몰두하고 있다.
지은 책으로『베르그손의 잠재적 무의식』,『시몽동의 기술철학』,『포스트휴먼이 몰려온다』(공저),『디지털 포스트휴먼의 조건』(공저)이 있고, 옮긴 책으로『도덕과 종교의 두 원천』,『에코그라피』,『기술적 대상들의 존재양식에 대하여』 등이 있다.

송은주 | 이화여자대학교 영어영문학과를 졸업하고 동 대학원에서 영문학 박사학위를 받았으며 런던대 SOAS에서 번역학을 공부했다. 이화인문과학원 학술연구교수로 재직 중이며 성균관대 번역테솔대학원에서 강의하고 있다.
지은 책으로『당신은 왜 인간입니까』,『인류세 시나리오』,『포스트휴먼이 몰려온다』(공저)가 있고, 옮긴 책으로『엄청나게 시끄럽고 믿을 수 없게 가까운』,『바디 멀티플』(공역) 등이 있다.

포스트휴먼 지식

1판 1쇄 펴냄 | 2022년 8월 12일
1판 2쇄 펴냄 | 2023년 3월 3일

지은이 | 로지 브라이도티
옮긴이 | 김재희 · 송은주
펴낸이 | 김정호

책임편집 | 박수용
디자인 | 이대웅

펴낸곳 | 아카넷
출판등록 | 2000년 1월 24일(제406-2000-000012호)
주소 | 10881 경기도 파주시 회동길 445-3
전화 | 031-955-9511(편집) · 031-955-9514(주문)
팩시밀리 | 031-955-9519
www.acanet.co.kr

Printed in Paju, Korea.

ISBN 978-89-5733-806-3 93100